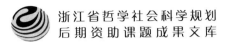

浙江省哲学社会科学规划
后期资助课题成果文库

CREATING, EVALUATING, AND PROMOTING
THE VALUE OF INTERNET PLATFORM

互联网平台
价值创造、评估和提升

段文奇 等 著

社会科学文献出版社
SOCIAL SCIENCES ACADEMIC PRESS (CHINA)

浙江省哲学社会科学规划课题后期资助项目

（课题编号：23HQZZ46YB；课题名称：互联网平台的价值创造及估值方法研究）

致　谢

本书研究过程得到国家自然科学基金面上项目（71571165）和国家社会科学基金重大项目（23&ZD083）的资助，出版过程得到浙江省哲学社会科学规划课题后期资助项目（23HQZZ46YB）的资助。

感谢参与本书研究和写作的王节祥、柏培文两位老师，他们为本书的整体质量和学术创新做出了重要贡献！此外，我的研究生黄文妍、宣晓、姚海涛、李昌学、杨书芳、罗旭东、张旭、李辰、毛艺宁、沈裕杰、宋正子、胡钏钏等人参与了书中部分内容的研究，尤其是黄文妍全程协助我完成了本书的写作工作，在此一并表示感谢！

前　言

党的二十大报告对加快发展数字经济，促进数字经济和实体经济深度融合，打造具有国际竞争力的数字产业集群，做出了战略安排。《"十四五"数字经济发展规划》认为，数字经济是"重组全球要素资源、重塑全球经济结构、改变全球竞争格局"的关键力量，提出坚持"创新引领、融合发展""应用牵引、数据赋能""公平竞争、安全有序""系统推进、协同高效"原则，支持平台在引领发展、创造就业、国际竞争中大显身手，提升互联网平台生态价值创造能力，赋能传统产业转型升级。当前，数字中国建设的重要载体——互联网平台，正面临越发严峻的行业竞争、越发复杂的市场环境、越发严格的行政监管、越发多样的异质需求，价值创造能力不足是当前数字经济发展面临的最大挑战。为提升互联网平台的价值创造能力和价值管理水平，管理者亟须将系统完整的价值管理理论作为指导，以洞察价值创造逻辑并掌握价值提升的理论、方法和策略。

本书针对互联网平台面临的前述挑战，围绕如下目标展开研究：系统构建互联网平台价值管理框架，以创造和提升互联网平台价值为核心，以价值创造整体逻辑和投资者估值逻辑为要点，围绕价值驱动因素探索互联网平台价值创造机理，创新互联网平台价值评估方法，整合互联网平台价值提升策略，为互联网平台管理者理解平台价值创造机理、评估平台价值大小和开展价值提升活动提供系统化的理论支撑，为促进互联网平台健康发展提供具有可操作性的策略方法。为达成上述目标，本书创造性地构建了互联网平台独特的"揭示价值创造机理—创新价值评估方法—整合价值提升策略—实现价值升级目标"的螺旋式价值管理方法框架，蕴含以下三个贯穿全书的基本思路和学术观点。

（1）整合财务驱动因素与非财务驱动因素，系统揭示互联网平台的价值创造逻辑和动态演进过程。着重通过因子分析降维，得到商业模式、用户资源、管理能力与战略网络四个维度，阐明非财务驱动因素对互联网平台价值创造的作用机理，提出有利于互联网平台内部滚动发展和外部战略布局的价值创造路径和价值提升策略，形成系统阐述互联网平台价值创造机理、评估方法和提升策略的专著，为平台开展价值管理提供理论、方法和策略指导。

（2）多维度拓展互联网平台价值评估方法。从平台内部运营、外部评价、生态系统和机器学习等多个角度，探索互联网平台价值评估的创新思路。着力解决传统价值评估不适合互联网平台估值的痛点，实证研究小样本不利于互联网平台价值预测的难点，提出多种价值评估方法，不仅为价值评估理论提供新的视野与思路，还为平台实际估值提供适用方法与工具手段。

（3）基于价值创造定性机理和价值评估定量方法，构建涵盖基础价值、溢出价值、协同价值和生态价值等多层次、立体化的价值提升策略体系。本书提出，互联网平台可以通过优化商业模式提升平台价值创造效率，通过提高用户忠诚度提升平台用户资源的独立价值，通过把握战略网络上的并购机会提升平台用户资源的协同价值，通过提升平台生态系统多样性提升互联网平台的整体价值。

本书以"价值创造—价值评估—价值提升—价值升级"为主线，按照"提出研究问题—相关文献梳理—价值创造破题—驱动因素深化—评估方法创新—智能算法探索—策略体系构建"的逻辑组织全书内容。各章内容简述如下：①第一章对全书主要内容进行概述，提出研究的必要性与迫切性，同时指出全书创新之处；②第二章全面梳理已有相关文献，为后续研究价值创造、驱动因素、评估方法与管理策略奠定理论基础；③第三章以定性分析为主，系统揭示互联网平台的价值创造逻辑和动态演进过程；④第四章实证研究了商业模式、用户资源、管理能力与战略网络对互联网平台价值创造的作用机理；⑤第五章从时间维度、评价维度等拓展基础价值评估模型，创新传统价值评估方法；⑥第六章引入机器学习智能算法以克服样本数不足导致的预测预警误差问题，构造互联网平台的价值预测与财务危机预警模型；⑦第七章构建了多维立体化价值提升策略体系，通过优化商业模式扩大平台所有者内部资源积累，通过提升需求端用户忠诚度升级平台用户资源，通过供给端协同并购增加平台联盟资源，通过提升生态系统多样性获得外部资源拓展。

全书的理论创新与主要贡献如下。

（1）初步构建互联网平台"价值创造—价值评估—价值提升—价值升级"闭环价值管理理论框架，推动互联网平台价值管理领域研究的体系化，为进一步丰富和深化该领域的研究提供了整体框架。此外，研究成果有助于互联网平台管理者深刻洞察价值创造过程、合理运用价值评估方法、科学制定价值提升策略，推动互联网平台生态系统价值创造的效果提升。

（2）基于参与主体和驱动因素两者的互动关系阐明互联网平台价值创造的动态演进逻辑，提供了洞察互联网平台价值创造过程的理论视角。平台所有者和平台提供者决定了互联网平台价值创造的有效供给：对外通过优化商业模式提升平台价值创造效率，对内通过升级管理能力提升平台价值创造效率。需求端用户和供给端用户既是价值创造的主体，同时也是价值创造的结果：需求端用户通过用户资源构建扩大平台价值创造的要素积累，供给端用户通过构建战略网络增加平台价值创造的协作机会。

（3）提出基于价值创造机理并服务于价值提升的互联网平台价值评估方法，为平台利益相关方估计平台发展潜力、制定价值提升策略提供了方法支撑。该方法通过将财务指标和价值创造驱动因素融合构建基础价值模型，并引入生命周期因素，正确解读财务指标在价值评估中的作用，借助机器学习方法提高估值精度和操作效率，拓展了非财务指标在价值评估领域的应用，创新了价值评估的研究方法，克服了已有方法过度聚焦价值评估本身的局限，强化了估值方法对价值提升策略制定的支撑作用。

（4）初步搭建价值创造和价值评估融合、内部运营与外部竞合并重的互联网平台价值提升策略体系，突出了提升价值创造效率的商业模式、深化资源价值的用户忠诚度、变现网络价值的协同并购和提高价值共创程度的生态系统管理。该策略体系的提出，有利于互联网平台聚焦价值创造、把握价值提升全局、推动生态系统合作共赢，有助于提升我国互联网平台的价值创造能力和核心竞争力，间接服务于数字中国战略。

（5）拓展了财务管理领域中价值管理和价值评估方法的已有研究。本书提出价值创造视角下的互联网平台估值方法、收入创造视角下的用户资源定价方法、用户形成能力视角下的用户定价模型、机器学习方法下的互联网平台财务危机预警模型、资源定价视角下的互联网平台并购估值模型等创新模型与方法。这些模型与方法适用于互联网平台，也可以拓展至研发投入高、企业价值变化快的高新技术创新型企业，为财务管理领域中价值管理与价值评估方法的研究提供了独特见解与创新思路。

最后，本书是在前期阶段性成果基础上，融入笔者在互联网平台领域多年来的思考和研究，既是对前期成果的梳理，也是对未来研究思路的厘清，但受限于能力、精力和时间等多方面因素，全书还存在许多需要改进的地方。敬请同行专家和广大读者不吝赐教！

作　者

2024 年 6 月 15 日

目　录

第一章　价值管理：互联网平台面临的新挑战

　　【本章导读】 亚马逊等大型互联网平台市值已经超过 2 万亿美元，庞大的资本聚集与较高的投资者预期赋予平台经济无限可能。大型互联网平台之间形成高高的壁垒，通过封闭经营，抢占更多的流量和资源给自己或者嫡系的产品，从而保有并扩大竞争优势。但是，这种商业策略是不可持续的。互联网具有社会属性，本质上创造的是更包容、开放、多样的环境，因此，从短期看，平台经济的稳定健康发展将有助于满足我国现阶段稳经济、促就业的发展需求；从长远看，互联网平台的价值创造会持续影响我国科技创新水平，是我国构建新发展格局、推动国家经济社会高质量发展的中坚力量。因此，本着互联网"互联"的初心，如何在推进互联网平台互联互通的逻辑体系下，更好地进行平台的价值管理呢？

　　围绕这一主题，本书以平台财务资源与非财务资源为基础，以传统价值管理理论、价值评估理论与资源基础理论等基本理论为落脚点，以互联网平台为研究对象，从价值管理视角揭示互联网平台的发展规律，从价值创造视角丰富互联网平台的管理内涵，拓展互联网平台价值评估方法，开发互联网平台价值评估模型，推动互联网平台价值评估领域的研究创新。因此，作为对笔者近年来研究成果的阶段性总结和梳理，本书在研究内容上特意设计了以下五个板块：互联网平台价值创造过程研究、互联网平台价值创造四大驱动因素的作用机理研究、互联网平台价值评估多维估计方法的实证研究、互联网平台价值预测与预警模型研究、互联网平台价值提升的途径和策略研究。本章基于前述逻辑对研究对象的前沿性、研究方法的科学性和研究内容的合理性进行阐述，为读者呈现全书的概貌。

第一节　问题提出和研究价值

一　研究背景

作为引领新一轮技术革命与产业革命的新型战略性组织形态，以大数据、人工智能、云计算、5G 技术、工业互联网、区块链为代表的数字经济成为我国创新数据要素驱动、培育新型数字产业链、打造数字经济新优势的重要引擎。中国信通院发布的《中国数字经济发展研究报告（2023 年）》显示，2022 年，我国数字经济规模达 50.2 万亿元，占全国 GDP 的比重提升至 41.5%。《"十四五"数字经济发展规划》认为，数字经济是"重组全球要素资源、重塑全球经济结构、改变全球竞争格局"的关键力量，提出坚持"创新引领、融合发展""应用牵引、数据赋能""公平竞争、安全有序""系统推进、协同高效"原则，支持平台在引领发展、创造就业、国际竞争中大显身手，提升互联网平台生态价值创造能力，赋能传统产业转型升级。但是，近几年平台经济发展呈现"双刃剑"特性，一方面促进经济转型、为群众生活提供极大便利；另一方面侵犯用户隐私，大数据杀熟、资本无序扩张，扰乱市场秩序。因此，新时期如何保障互联网平台实现境内外上市融资的目标？如何合理估计其上市价值？如何确定其价值创造能力？如何提升其价值管理水平，最终获得整体价值升级呢？

互联网平台价值创造及估值方法的研究自 2000 年美国互联网股市泡沫破灭开始便引起学者广泛关注。大量研究聚焦平台 IPO 价值与实际价值的偏离，并积极探索互联网平台实际价值的估计方法。随着平台经济的不断发展，以 2022 年 5 月 22 日收盘价格计算，亚马逊市值达到 1.1 万亿美元，阿里集团市值达到 2353 亿美元，腾讯市值达到 3.4 万亿港元。尽管受到疫情影响，互联网平台市值大幅下降并不断反复，但是单个平台市值依旧超过世界上多个国家的国民总财富。

因此，平台经济健康稳定发展将有利于创设公平竞争的社会主义市场经济环境，有利于中小企业接入不同平台端口获得广泛资源与广阔发展空间，有利于政府常态化监管行政举措的实施与落实。

现阶段，平台经济需要互联网平台之间开展良性可持续竞争，保持经济的持续健康稳定发展，而不是少数互联网平台独享资源，形成国家层面的寡头垄断。互联网平台治理的主要问题落脚于平台稳定发展与多元价值创造之间的博弈，而价值创造能力不足是当前互联网平台发展面临的最大挑战。因此，本书将围绕以下目标展开研究：系统构建互联网平台价值管理框架，以创造和提升互联网平台价值为核心，以价值创造整体逻辑和投资者估值逻辑为要点，围绕价值驱动因素探索互联网平台价值创造机理，创新互联网平台价值评估方法，整合互联网平台价值提升策略，为互联网平台管理者理解平台价值创造机理、评估平台价值大小和开展价值提升活动提供系统化的理论支撑，为促进互联网平台健康发展提供具有可操作性的策略方法。

回顾已有文献，围绕互联网平台价值的研究主要有三个方面。第一，大量学者指出非财务因素会影响互联网平台价值创造。在宏观经济角度，经济周期、经济政策会影响市场风险与融资环境，从而影响互联网平台价值（Rong et al.，2021；Lansing，2012；Nekrasov and Shroff，2009；van der Goot et al.，2009）；媒体舆论、个体投资者舆情等社会环境会影响互联网平台价值走势（Keel et al.，2021；Griffin et al.，2011）。在顾客价值角度，互联网平台访问量、客户黏性、客户忠诚度、特殊访客、停留时间、点击率、页面浏览量等客户指标与网络指标会直接影响互联网平台价值（Kübler et al.，2021；Ordanini and Pasini，2010；Demers and Lev，2011；Ghandour，2010）。在公司治理角度，平台管理者的管理能力、董事会监管与企业业绩同样存在相互关系（Xue and Jiang，2021；Garg，2013）。在价值共创角度，平台商业模式与业务创新推动价值网络构建，影响资源使用效率，进而影响平台期权价值（Kandinskaia and Lubián，2021；Aggarwal et al.，

2009；Dechow et al.，2010）。在生态协同角度，互联网平台可以利用强大的催化关系，整合生态关系网络（Hallen and Eisenhardt，2012）；战略联盟可以为互联网平台创造更多异常回报（Tseng and Ho，2021；Cuéllar-Fernández et al.，2011）。

第二，部分学者从传统估值拓展视角，对互联网平台价值进行评估。比如在收益现值法下，为增强电子商务活动估值的准确性，Khoma 和 Kostiuk-Pukaliak（2019）提出采用净自由现金流作为衡量指标；为提升传统 DCF 法估值的适用性，Pekar（2017）运用管理会计报告中网络分析和搜索算法等特征指标进行衡量。在市场比较法下，为克服参数估计误差，Trueman 等（2000）在回归方法上进行比较法的拓展；为克服缺乏可比财务数据的局限，Koller 等（2010）采用市值/访问量模型。在成本加和法下，为克服研发费用占比大的问题，Demers 和 Lev（2011）将费用进行资本化处理；为克服部分指标难以量化的问题，Baik 等（2013）使用数据包络分析等不同方法。可以发现，不同学者从不同角度，对传统企业价值评估方法进行不同层次的拓展运用，在一定程度上克服了部分传统价值评估方法的局限性。但从实证研究结果出发，可以确定的是，对于互联网平台而言，财务指标与股价相关性不高，甚至不存在相关关系（Ghandour，2010；Aghabekyan，2010）。因此，在互联网平台的价值评估问题上，仅依靠传统方法的拓展，从方法上弥补评估的缺陷，不足以解决价值评估的本质问题。

第三，互联网平台生命周期理论解释了不同估值视角下互联网平台价值的不同结论。在初创期，互联网平台的现金流为负，可以使用基于顾客价值的现金流量折现模型（Kemper，2012）。在成长期，互联网平台处于爆炸式增长阶段，可以使用实物期权定价模型（Gao et al.，2018；Koller et al.，2010）。在成熟期，互联网平台拥有较为稳定的现金流，可以使用关键价值要素模型（Koller et al.，2010）。在衰退期，互联网平台经营停滞（陈威如、余卓轩，2013），可以使用 Cox 比例风险改进模型（Cochran et al.，2006）或成本法（杨峰，

2012）进行评估。

目前研究已从方法层面、技术层面与生命周期层面对互联网平台价值估计问题进行了一定程度的探索，但是这些探索之间相互独立，没有形成一套完整的评估体系。有待改进之处具体表现在以下方面。

（1）针对新时期互联网平台价值创造的多元性与复杂性，已有研究关注到互联网平台和传统企业之间具有不同估值逻辑，并提出非财务指标在估值中的重要作用，同时拓展了基于生命周期的阶段模型。但缺乏对财务指标和非财务指标之间相互作用机理的考察，缺乏对非财务驱动因素量化衡量的研究，未在动态层面从互联网平台发展角度展开估值逻辑研究，没有形成一套系统完整的价值管理方法框架。

（2）目前对互联网平台价值估计方法的研究一直处于探索阶段，主要通过特定定量指标来研究其在互联网平台价值估计中的重要作用，没有形成完整的估计方法，导致互联网平台间的并购活动与投资管理业务的价值衡量存在一定偏误。已有的实证研究法普遍存在互联网平台样本数量较少而导致偏误的问题，没有从方法层面创新适合互联网平台的特定价值评估方法。

（3）现有研究是基于互联网平台市值与真实价值存在偏离的现实而进行的探索，而不是在我国平台经济大力发展的背景下，对如何发展互联网平台价值创造与价值管理的研究。我国互联网平台一方面要满足在政策层面促进各大平台互联互通、带动就业、稳定经济的发展需求；另一方面又受制于竞争环境中已然形成的平台垄断、部分互联网平台"跑路"、政策层面稳监管强规制的行为。因此，管理者亟须制定一套系统完整的互联网平台价值管理理论，以洞察价值创造逻辑并掌握价值提升工具。但是，目前尚缺乏互联网平台对标社会主义市场经济与核心价值观的可持续发展战略与科技强国战略主导下的价值管理策略，亟须构建系统完整的互联网平台价值创造与价值管理的方法框架。

　　与已有研究不同，本书尝试系统构建互联网平台价值管理方法框架，以创造和提升互联网平台价值为核心，以价值创造整体逻辑和投资者估值逻辑为要点，围绕价值驱动因素探索互联网平台价值创造机理，创新互联网平台价值评估方法，整合互联网平台价值提升策略，为互联网平台管理者理解平台价值创造机理、评估平台价值大小和开展价值提升活动提供系统化的理论支撑，为促进互联网平台健康发展提供具有可操作性的策略方法。为达到上述目标，本书从互联网平台整体价值创造过程、影响价值创造的关键驱动因素、价值估计方法的进一步探索、价值预测与预警模型、价值提升策略的科学探索五个层面进行分析。本书的基本逻辑架构如图1-1所示。

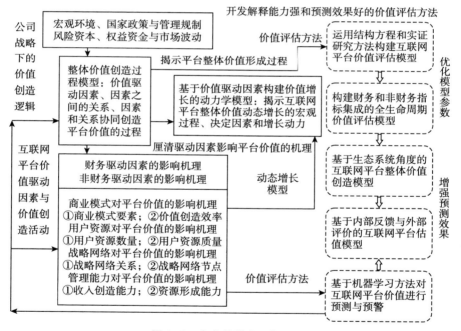

图1-1   本书的基本逻辑架构

　　首先，结合数智化技术趋势和"双循环"国家战略（张云、柏培文，2023），紧跟国家宏观环境、国家政策与管理规制的最新要求，坚持互联网平台健康有序发展，保障中小企业与消费者的利益，顺应新时期的发展要求，把握风险资本动向，稳定权益资金需求，做好市场波动准备，提出互联网平台公司战略下的价值创造逻辑，从而从互联网平台整体价值创造过程出发，揭示价值形成过程与价值增长动力学模型。

其次，研究价值驱动因素与价值创造活动。通过整合财务驱动因素与非财务驱动因素，系统揭示互联网平台的价值创造逻辑和动态演进过程。着重通过因子分析降维，得到商业模式、用户资源、管理能力与战略网络四个维度，进一步探索基于商业模式要素与价值创造效率的互联网平台商业模式对平台价值的影响机理，基于用户资源数量与用户资源质量的互联网平台用户资源对平台价值的影响机理，基于战略网络关系与战略网络节点的互联网平台战略网络对平台价值的影响机理，基于收入创造能力与资源形成能力的互联网平台管理能力对平台价值的影响机理。

再次，拓展互联网平台价值评估方法。运用结构方程和实证研究方法构建互联网平台价值评估模型，构建财务和非财务指标集成的全生命周期价值评估模型，建立基于生态系统角度的互联网平台整体价值创造模型，拓展基于内部反馈与外部评价的互联网平台估值模型，创新机器学习方法在互联网平台价值预测与预警中的运用，从而着力解决传统价值评估不适合互联网平台估值的痛点，实证研究小样本不利于互联网平台价值预测的难点，提出多种价值评估方法，不仅为价值评估理论提供新的视野与思路，也为平台实际估值提供适用方法与工具手段。

最后，重新从方法回归理论，提出涵盖基础价值、溢出价值、协同价值和生态价值等多层次、立体化的互联网平台价值提升策略体系。基于互联网平台价值驱动因素与价值创造活动，提出以下互联网平台价值提升策略：通过优化商业模式提升互联网平台的价值创造效率，通过增加用户忠诚度提升平台用户资源的独立价值，通过把握战略网络上的并购机会提升平台用户资源的协同价值，通过提升平台生态系统多样性提升互联网平台的整体价值。

综上分析，本书构建了"揭示价值创造机理—创新价值评估方法—整合价值提升策略—实现价值升级目标”的螺旋式价值管理方法框架，为提升互联网平台的价值创造能力与价值管理水平建立了一套体系完整的价值管理理论，并通过洞察价值创造逻辑来帮助互联网平台提供者与参与者掌握平台价值发展规律，遵循平台价值估计方法，完善平台价值创造策略。

二　研究问题

站在百年未有之大变局的时代路口，数字经济是新一轮产业革命与科技革命的重要环节，不仅会带来企业生产率提高和创新增加等正面影响，也会带来竞争加剧、成本上升等负面影响（柏培文、喻理，2021）。此外，在中国人口红利逐渐消失的背景下，利用数字经济提升中低技能劳动者权益（柏培文、张云，2021），将为解决劳动力错配问题提供新的手段（Bai and Cheng，2016）。随着以大数据、人工智能为代表的新一代信息技术的快速发展与迭代升级，互联网平台对人们生活越发重要，不仅连接着人们生活的方方面面，同时创造了千万个工作岗位，成为推动我国经济高质量发展的重要引擎。平台越发展、市场越复杂、监管越严格、用户越多样，价值创造能力不足是当前互联网平台发展面临的最大挑战。

基于此，本书研究的主要问题是：新时期，互联网平台的价值创造逻辑是怎样的？互联网平台价值是由哪些因素驱动的？如何更好地估计互联网平台的价值创造情况？如何更好地预测互联网平台的价值？如何实现互联网平台的价值管理？如何丰富互联网平台的价值创造活动？

本书将围绕这些问题，沿着“价值创造—价值评估—价值提升—价值升级”的螺旋式深化路径，针对互联网平台价值创造整体逻辑框架、互联网平台价值评估研究方法、互联网平台价值提升策略路径、互联网平台价值管理途径方法，帮助互联网平台在新时期聚焦价值创造，助力平台经济稳步健康发展。

第二节 研究内容和主要思路

一 研究内容

基于案例分析、文献梳理和前期调研，本书完整构建"揭示价值创造机理—创新价值评估方法—整合价值提升策略—实现价值升级目标"的螺旋式互联网平台价值管理方法框架，主要研究内容如下。

（1）互联网平台价值创造过程研究。针对新时期互联网平台价值创造的多元性与复杂性，运用文献综述法、归纳总结法、案例分析法与实证研究法，构建描述互联网平台价值创造过程的概念模型，提炼价值创造各因素及其相互之间的关系，揭示价值创造过程和逻辑框架，全面刻画互联网平台价值驱动因素创造价值的动力学模型。基于资源基础观，从财务驱动因素与非财务驱动因素两个维度揭示互联网平台价值创造过程，结合电子零售商（阿里巴巴生态系统）、搜索/门户网站（百度生态系统）、内容/社区网站（Facebook 生态系统）三种不同类型的平台系统进行综合分析，运用实证研究法验证模型逻辑框架的可靠性，阐明互联网平台价值创造与驱动因素之间的定量关系，揭示互联网平台价值创造的动态演进过程。

（2）互联网平台价值创造驱动因素研究。针对非财务驱动因素对互联网平台价值创造影响的多元性、难以量化计算的复杂性，运用实证研究法，提炼出商业模式、用户资源、管理能力、战略网络四个维度，深化非财务驱动因素对平台价值创造的作用机理，主要包括从投入-产出角度研究商业模式对互联网平台价值创造的驱动效率，资源基础观视角下用户资源对互联网平台价值创造的驱动情况，管理者的收入创造能力与用户形成能力对互联网平台价值驱动的重要作用，平台间战略联盟网络关系的不同属性对互联网平台价值驱动的影响机理。

（3）基础价值评估模型及其拓展研究。针对传统价值评估模型不适用于互联网平台价值评估而导致平台间并购活动与投资管理业务的衡量存在一定偏误的问题，本书创造性地提炼出适合互联网平台的基础价值评估模型。同时，在基础模型之上，提出基于平台生命周期视角的时变模型、基于外部评价的赋权模型、基于平台生态系统的估值模型。强调处于不同阶段的互联网平台财务指标在估值中被视为投资或费用的不同作用；解决传统赋权估值方法在评价中过于主观的问题，得到更具科学性的熵值修正 G1 法组合赋权；探索互联网平台生态系统的多样性与交互性对平台价值创造的影响机理。

（4）互联网平台价值预测与预警研究。已有的互联网平台价值预测与预警模型一般存在由样本不足导致偏误的问题，本书构建基于机器学习方法的互联网平台价值预测与预警模型，有效解决小样本研究无法满足平台利益相关方对平台价值估计要求的问题。针对频发的互联网平台"跑路"现象，从财务风险管理角度，构建互联网平台财务危机预警模型，全面剖析互联网平台产生财务危机的原因，提高预警模型的实际应用效果，增强平台规范化管理能力。

（5）互联网平台价值提升策略研究。本书在多个实证研究与案例研究的基础上，整合相关研究成果，提出系统提升互联网平台价值的途径和策略。构建基于四条路径（通过优化商业模式提升平台价值创造效率、通过增加用户忠诚度提升平台用户价值、通过协同并购提升平台溢出价值、通过拓展生态系统提升平台整体价值）的互联网平台价值提升策略体系，为互联网平台管理者、平台生态系统参与者、广大投资者等与平台相关的业界人士，提供更优化的互联网平台价值创造策略，分享更先进的平台管理思路，帮助互联网平台实现价值增值。

二 主要思路

如图 1-2 所示，本书建立互联网平台价值创造及评估方法的三维立体研究框架：构建互联网平台价值创造整体逻辑，创新互联网平台价值评估方法，阐明互联网平台价值提升路径，整合互联网平台价值提升策略，帮助互联网平台在新时期聚焦价值创造，助力平台经济稳步健康发展。

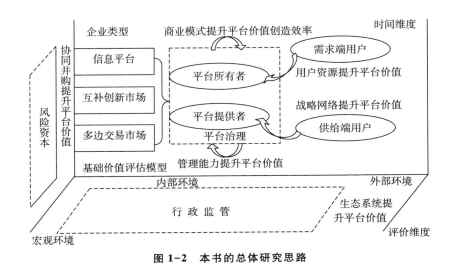

图 1-2　本书的总体研究思路

第三节　研究方法和技术路线

一　研究方法

（1）定性分析和定量分析相结合。本书对互联网平台价值管理、竞争策略、价值创造、价值评估相关理论进行定性归纳，基于资源基础理论对影响互联网平台的财务资源与非财务资源进行详尽梳理，借助概念框架阐明财务和非财务资源在价值创造中的作用机理，权衡财务指标和非财务指标的测度方法，运用回归分析等实证方法检验各指标影响价值创造的有效性，利用聚类分析对指标进行精简和归并。

（2）以回归分析为主的实证研究。基于回归分析，揭示商业模式、用户资源、管理能力和战略网络四大驱动因素影响互联网平台价值创造的作用机理，实证检验互联网平台估值模型的有效性。此外，提出基于 DEA 模型的价值创造效率测度方法，讨论如何嵌入评价信息，利用组合赋权法提高模型的预测效果。

（3）机器学习方法（支持向量机）。鉴于互联网平台样本企业的完整数据公开较少，计量分析等实证方法存在由样本不足导致误差较大的问题，本书创造性地使用支持向量机这种机器学习方法，发挥其在处理小样本方面的优势，提出了基于支持向量机的互联网平台价值预测模型和财务危机预警模型，模型取得了更高的估值精度和更好的预警效果。

（4）案例分析和实证研究相结合。通过理论构建、问卷设计、预调研、正式调研、数据收集、模型验证、模型修正、对策启示等步骤，本书围绕商业模式、用户忠诚度、协同并购和生态系统四个维度，对提升互联网平台价值的途径展开实证研究。同时结合电子零售、搜索/门户、内容/社区、共享出行和外卖团购等典型平台，运用多案例深入研究不同路径的价值提升策略。

二 技术路线

本书的技术路线具体如图 1-3 所示，全书围绕互联网平台价值创造及估值方法进行研究。

（1）广泛阅读文献，融合相关基础理论。利用文献阅读法，从价值管理理论、资源基础理论、价值创造理论、竞争策略理论、生命周期理论、战略网络理论等理论中，通过归纳分析法提取出以企业内部资源与外部资源为基础的价值驱动指标，并将价值驱动指标分类为财务驱动指标与非财务驱动指标。

（2）整合已有文献，分析价值创造机理。通过案例分析法与系统动力学方法，对互联网平台价值创造机理进行分析，从而梳理并整合财务指标驱动价值创造过程、非财务指标驱动价值创造过程及平台整体价值增长过程。建立起互联网平台价值创造过程与增长机理的框架模型，从四个维度六个方面，结合财务驱动指标与非财务驱动指标，实证检验基本价值创造过程模型。

（3）探索非财务驱动因素对价值创造的深入影响。从商业模式、用户资源、管理能力、战略网络四个方面对互联网平台价值驱动因素的影响机理进行研究。利用投入-产出模型，探索商业模式驱动互联网平台价值创造的内在机理；设计用户资源的计算方法，探索用户资

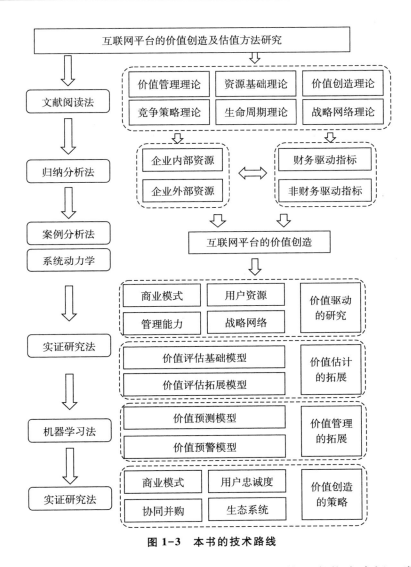

图 1-3　本书的技术路线

源驱动互联网平台价值创造的内在机理；拓展管理者能力内涵，研究管理者能力影响互联网平台价值创造的内在机理；构建战略网络指标，研究网络关系影响互联网平台价值创造的内在机理。

（4）实证检验互联网平台价值评估拓展模型。首先，利用因子分析法与面板数据实证方法，建立互联网平台基本价值评估模型。其次，对基础模型进行拓展，从纵深层面按照时间维度，拓展基于生命周期视角的互联网平台价值评估模型；从宽广层面按照外部评价，拓展组合赋权视角下的互联网平台价值评估模型。运用时间序列 VAR 模型、专家访谈、熵值修正 G1 法等多种方法，对互联网平台价值评估模型进行拓展。

（5）运用机器学习方法拓展互联网平台价值预测与预警研究。运用支持向量机方法，对互联网平台价值评估的预测模型及财务危机预警模型进行探索，从而缓解传统实证研究由于互联网平台数据样本不足而导致的统计量偏小的问题，形成较为准确的预测与预警模型。

（6）探索互联网平台价值创造路径，形成价值管理系统策略。从基于商业模式提升互联网平台价值创造效率、基于用户忠诚提升互联网平台用户价值、基于协同并购提升互联网平台溢出价值、基于生态系统提升互联网平台整体价值四个角度，对互联网平台价值提升策略进行研究，最终形成针对互联网平台的一套完整的价值创造与估值参考方法。

第二章　互联网平台开展价值管理的理论基础

【**本章导读**】学术界关于互联网平台的研究，分别从信息系统、技术平台、运营管理、产业组织、监管政策等不同学科方向展开，主要揭示互联网平台的经济属性、组织形态、市场规律、竞争策略、技术标准和法律特征，着重回答互联网平台是什么、有什么特殊性、该如何发展和确保其发展符合公共利益等问题。尽管这些研究都离不开价值，但对于互联网平台如何开展价值管理却没有深入研究和系统梳理。本书提出了互联网平台价值管理这个重大命题，解释该命题需要建立在现有研究理论贡献的基础上。因此，本章的主要任务是从价值管理视角，对相关研究进行梳理，以回应第一章的管理问题。

价值管理领域的研究，为互联网平台开展价值管理提供了经营理念、管理模式和非会计信息等方面的启示，有助于明确价值管理面临的问题。首先，价值管理强调以企业价值为对象，借助价值评估，实现价值增长目标，对于互联网平台而言，提出了应该以平台价值还是平台生态的价值为对象、如何科学合理地评估价值、平台竞争策略与价值增长的关系等问题。其次，互联网平台如何选择合适的价值管理模式是很大的挑战，无论是现金流还是EVA，抑或是财务与非财务结合的价值管理模式，都只关注价值创造或价值评估的某个方面，缺乏适合互联网平台价值管理的理论框架。最后，非会计信息的重要性对于互联网平台而言是如此显而易见，以至于在互联网发展初期，投资者甚至将支出视为投资，出现亏损越多估值越高这一传统投资者无法理解的现象。

上述互联网平台价值创造和价值评估的相关研究，为本书构建集"价值创造—价值评估"于一体的互联网平台价值闭环管理框架提供了扎实的理论基础。

第一节　价值管理理论基础

一　价值管理内涵

价值管理（Value-Based Management，VBM），又称基于价值的管理，是以企业价值为对象、以企业价值评估为基础、以企业价值增长为目标的综合管理模式（李永强，2016）。价值管理满足了企业提升效率、增强管理灵活性与适应性的需求。价值管理的主要目的是激励公司中的个人或组织，找到更有效率的途径，以完成他们的任务。通过一系列管理决策工具，管理者可以找到价值创造单元与价值毁灭单元，价值管理显著提升了企业的剩余收益，整体上提高了企业的经济绩效和资本利用率（Ryan and Trahan，2007）。

Rappaport（1999）提出了以股东价值为核心的管理计划与绩效评估方法，使得价值评估方法可以应用于实际。不同学者强调了价值管理不同的侧重点。价值管理是一种管理过程，能协调企业战略、绩效衡量与行为保持相对一致，从而达到股东财富最大化。Ameels 等（2002）认为，价值管理是一个集成的管理系统，可以衡量、鼓励与支持净值的创造。Firk 等（2016）进一步指出，VBM 是一套整体管理方法，旨在使企业行动与价值创造保持一致。

二　价值管理模式

价值管理模式包括：基于现金流的价值管理模式、基于 EVA 的价值管理模式以及基于财务与非财务相结合的价值管理模式（刘圻、王春芳，2011）。

（一）　基于现金流的价值管理模式

以现金流作为价值评价的标准分析工具，为企业衡量价值创造奠定了方法基础。Jensen（1986）将自由现金流定义为"当以相关资本成本折现时，在满足所有净现值为正的项目之后所剩余的现金流量"。主流价值评估技术都建立在股票市场价值是未来预期产生的现金流折现的现值这一基本思想上（Francis et al.，2000）。这一思想源于 Rappaport（1999）提出的用现金流贴现测算企业价值的方法。将销售增长率、营业利润率、所得税税率、营运资本投资、固定资产投资、资本成本和公司价值增长期视为企业价值的七大驱动因素，从企业的运营能力、投融资决策能力及资本成本小于投资报酬率的年限进行企业价值的估计与衡量。因此，可以通过提高企业的销售能力和盈利能力、降低税负、压缩投资支出占销售收入的比例、降低资本成本并延长公司价值增长期来提升企业价值（刘圻、王春芳，2011）。

基于现金流的价值管理模式得到了广泛应用。现金流决定了企业的价值创造，反映了企业的盈利质量，决定了企业的市场价值与生存能力。Kaplan 和 Ruback（1995）将高杠杆交易（HLT）的市场价值与其相应现金流量预测的贴现价值进行比较，通过对 1983 年至 1989年完成的 51 个 HLT 样本的估计，研究发现，隐含的风险溢价与公司规模或交易的账面市值比没有显著相关性，但与公司和行业的贝塔值显著正相关，因而使用资本资产定价模型进行贴现的评估方法优于基于账面市值比的方法。经典的贴现现金流（DCF）估值方法可以对互联网企业进行价值预测，在基本模型的基础上辅以微观经济分析和概率加权情景分析。Laitinen（2019）建立了一个数学模型来描述现金流的时间序列发展情况，对芬兰初创企业进行了实证研究，结果表明，贴现现金流方法适合增长缓慢、投资回收期短，但内部收益率高的企业。

尽管贴现现金流方法奠定了企业价值评估的基础，也得到了广泛的应用，但学者们对这种方法评估的准确性存在一定的质疑。比如，贴现现金流的评估方法非常容易受到潜在假设变化的影响，特别是对终值的敏感性分析表明，在永续增长率上只需要微小的变化就会导致终值的巨大差异。

（二）基于 EVA 的价值管理模式

附加经济价值（EVA）反映了企业实际价值创造的能力。其公式为：

EVA＝税后净营业利润−资本成本＝税后净营业利润−资本占用×加权平均资本成本率
＝期初投资资本×（净经营资产利润率−加权平均资本成本）

在 EVA 价值管理模式下，有三大价值驱动因素，包括税后净营业利润、投资资本与资本成本。2010 年，国务院国有资产监督管理委员会对中央企业实施 EVA 考核方法，这极大地促进了 EVA 的推广与应用。相较于传统价值评估方法，EVA 方法有利于规避会计利润的操纵问题，并在一定程度上能对因会计准则调整而产生的偏差进行修正。同时，EVA 方法全面衡量了债务资本成本与权益资本成本，考虑了资金的使用效率。企业可以通过增加现有资产的回报、减少资本的投入并增加投资回报高的项目来提升企业整体创造价值的能力。

大量实证研究对基于 EVA 的价值管理模式进行了检验，主要集中于 EVA 与传统会计指标的比较上。大量学者支持基于 EVA 的价值管理模式。Milunovich 和 Tsuei（1996）对计算机行业的公司进行回归分析，研究发现，EVA 优于收益指标及其他财务指标。因为它考虑了创造利润的资本。EVA 方法有助于投资者对公司进行分析，也便于管理者最大化股东价值。Reddy 等（2011）采用真实公司的财务数据进行案例分析，结果表明，EVA 方法是最适合衡量股东价值的方法。

也有学者对此持怀疑态度。Kim（2006）运用标准普尔 Compustat 数据库中 23 家酒店企业 1995 年至 2001 年的数据计算 EVA，并与传统会计指标的相对信息含量和增量信息含量进行比较。回归结果表明，收益比现金流更能解释酒店企业的市场价值；EVA 在信息含量中几乎没有解释力度；EVA 仅在增量信息含量中，对盈余和现金流以外的信息含量做出了边际贡献。研究并不支持 EVA 在股票市场价值相关方面优于传统会计计量方法的假设。

（三）基于财务与非财务相结合的价值管理模式

随着现代管理会计的不断发展，以价值管理为基础，以价值创造活动为识别点，作业成本管理、战略成本管理、平衡计分卡等创新运用技术得到广泛应用。其中，作业成本管理主要强调管理成本驱动要素带来的制造费用分配优化决策；战略成本管理主要强调战略的制定与执行的优化决策；平衡计分卡将企业价值创造过程依托绩效考核进行拓展、深化，构建财务层面及非财务层面的价值驱动因素，形成一个因果相连的平衡计分模式（刘圻、王春芳，2011）。

平衡计分卡最早由 Kaplan 和 Norton 提出，并在企业绩效评价中得到广泛应用。通过综合应用财务指标与非财务指标，企业不再单独依靠传统的财务指标所包含的历史信息来达成企业持续改进的目的，而是通过对非财务指标的衡量来控制未来的财务表现，非财务维度主要包括客户、内部运营、学习与成长三个指标体系。

随着企业所处的竞争环境日益复杂，无形资源给企业价值创造带来越来越大的影响。无形资源可以衡量企业价值。Kalafut 和 Low（2001）提出价值创造指数，其通过顾客关系、创新、管理能力、质量联盟、品牌价值、技术、社会资源、员工关系与环境等驱动企业价值创造。Maines 等（2002）认为，非财务业绩指标的衡量包括相关性、可比性和一致性、可靠性三个维度。这种无形资源具有稀缺性、难以转移性、不可替代性的特征，显著影响了企业权益价值评估。因此，更多的企业开始关注此类无形资源的培育与挖掘，视财务信息与非财务信息为同等重要的价值评估因素。

在价值管理中，财务因素是对企业未来现金流量进行预测，以及根据投资资本预期回报和资本成本孰高原则共同确定的报表指标；非财务因素通常以企业无形资源作为分析对象，站在企业发展战略层面，确定影响企业估值的关键经营因素。因此，财务因素与非财务因素两者相互作用、相互影响，共同创造企业价值。

三　非会计信息价值

现有研究认识到非会计信息对企业价值具有重要影响，但是如何进行非会计信息的衡量还未达成一致意见。大量学者进行不同角度、不同侧重点的研究。20 世纪 90 年代，Ohlson 不断改进收益法估值模型，在剩余收益理论基础上，依据效用价值理论和基本费用价值理论，提出在美国得到广泛应用的剩余收益估值模型（RIM）。

无形资源从战略管理理论层面，影响企业价值构成。Green 和 Ryan（2005）基于平衡计分卡模型和价值链模型，总结了无形资产估值方法，构建了无形资产评价框架——FIVA（Framwork of Intangible Valuation Areas）。FIVA 是能有效使用企业资源和知识的框架，能发展、保持和提升企业使命与竞争优势。其中涉及的价值驱动因素主要有顾客、竞争者、员工、信息、合作伙伴、流程、服务与技术。

随着对绿色可持续发展的日益重视，投资于可持续解决方案能够获得长久的环境、社会与经济效益。更多企业的价值评估涵盖对企业绿色价值的估计。Yadav 等（2016）运用事件研究法，分析企业绝对绿色得分和绿色排名对股票市场绩效的影响。研究发现，测试环境影响得分中，企业运营活动对环境损害这一指标是影响企业价值提升最重要的指标。Kurnia 等（2020）通过对 2015~2017 年在印度尼西亚证券交易所上市的 43 家矿业、农业和制造业企业的实证研究，发现碳排放披露和公司治理通过财务绩效的改善体现在企业价值中。

综上所述，非会计因素在企业价值管理中的作用受到越来越多学者的关注，研究重点从企业有形资源向企业无形资源递进，并在对企业无形资源的研究上更强调企业对社会福祉的贡献、对社会经济环境的贡献以及对环境可持续发展的贡献。

第二节　互联网平台的价值创造

一　互联网平台的价值创造效率

（一）价值与价值创造

在进一步研究互联网平台价值创造的相关问题之前，我们需要先明确本书所指的价值是什么。Bowman 和 Ambrosini（2000）根据资源基础理论和波特的竞争战略学说，在组织分析层面，指出组织间的价值由两部分组成：①感知使用价值，即价值是主观的，它是由顾客根据他们所提供产品的有用性来定义，总的货币价值是顾客愿意为产品支付的金额；②交换价值，是在商品售卖的时候实现的价值，是买方愿意支付给卖方来获得感知使用价值的金额。

Grönroos 和 Ravald（2011）基于服务逻辑视角指出，价值创造是从资源中创造使用价值的过程，发生在资源的使用和整合过程中，这个过程是动态的。价值不是由供应商创造和交付的，而是在客户创造价值的过程中产生的。互动的过程是供应商积极影响客户体验，从而影响他们使用价值的创造过程。价值共同创造只能发生在互动中。

本书中的价值创造是基于战略管理、战略人力资源管理、市场营销或企业家精神领域所强调的为企业所有者创造价值，是组织层面的价值创造。在此观点下，价值创造是基于客户主观实现的相对价值量，而且这种相对主观的价值量必须可以转换为客户愿意用货币来支付的金额。价值创造水平取决于客户对所考虑的新任务、产品或服务新颖性和适当性的主观评价（Lepak et al.，2007）。

（二）互联网平台特征

互联网平台与传统企业不同，它具有以下七方面的特殊性。

1. 以轻资产结构为主

互联网平台发展前期伴随无形资产的高投入与利润的负增长，通过投资带来更多流量，依靠双边用户交互获得收入，得到更大价值（黄文妍，2016），具有轻资产的特征。因此，在利润报表中单独列示包含开发产品、测试软件、分析数据、改进公司创新与服务等内容的研发费用项目。

2. 双边网络效应

互联网平台存在双边网络效应。一方用户的增加，会带来另一方的网络外部性，增强网络效应，导致另一方用户数量增加，反之亦然。因而，对互联网平台而言，平台价值受到平台连接用户数量的影响（Abhayawansa and Guthrie，2010）。并且这种外部性的实现无法被两边用户内部化，需要依赖平台的交易。在直接和间接网络效应驱动下，一方用户的增加，会带动另一方用户增加，从而不断提升平台价值（黄文妍，2016）。

3. 规模经济效应

互联网平台具有明显的规模经济效应。平台发展初期通过大量的投资吸引用户加入，经过临界点后，用户数量开始爆发式增长。此时，单位用户成本下降。由于平台轻资产的属性，单位用户的边际成本逐渐趋于零，规模效益显著。

4. 高风险性与不确定性

互联网平台具有经营的高风险性与不确定性。处于种子期的互联网平台缺乏现金收入，却需要大量资本投入，以获得用户流量与补贴，更需要满足科研支出、人员工资、产品专利研发等需求。如果商业模式不为市场所接受，则互联网平台会出现投入巨大但收效甚微的问题，从而陷入现金流危机，濒临破产倒闭。因此，互联网平台具有极大的经营风险。

5. 合作网络的密切性

互联网平台通过战略合作，共享用户资源、互通信息资源，拥有一定流量后，通过股权交易或引入风险投资等多种方式，建立长期合作伙伴关系，实现战略伙伴之间的合作与共赢，获得"1+1>2"的收益。

6. 行业领先性

互联网平台需要具有行业领先性。第一，当平台进入一个全新的市场后，最初的进入者更易获得用户，积累原始资源，抢占市场份额。第二，作为行业领导者的互联网平台，具备设定行业标准的能力，具有较大的先发优势。第三，根据网络外部性，这种已有的行业优势将不断积累，帮助互联网平台建立稳定的用户基础并形成生态系统。

7. 流量至上性

互联网平台的用户基础是平台发展的前提，只有在前期获得稳定的用户基础，才能帮助平台拥有相对稳定的网络流量。一般可以利用免费产品或服务吸引用户，对用户进行补贴，形成稳定的用户基础，从而在激烈的竞争中脱颖而出。同时在科研和创新上大力投入，以保持竞争优势，实现价值增长。因此，互联网平台需要建立忠诚的用户基础，以便在激烈的市场竞争中生存下来，获得后期发展。

（三）效率的研究

效率指"有效的因素"，旨在提高劳动生产率，是现代经济学的核心，是衡量投入与产出之间的关系，以低成本匹配高收益作为高效率的判断标准，是企业最大化利用资源的运营需求。一般利用 DEA-CCR 模型与拓展模型进行效率的测度。例如，Sakouvogui（2020）利用美国 37 个州 122 家农业银行 2000 年到 2017 年 12 月的季度面板数据作为研究样本，提出聚类调整的 DEA 模型，改善线性规划包络分析中存在极值数据点和异质性问题。李牧南和张璇（2021）选择我国"工业 4.0"赋能相关大型制造业企业作为分析对象，综合应用数据包络分析方法和 K-means 聚类方法对我国制造业企业研发投入与产出效率进行量化评价。

目前，DEA 方法是广泛使用的非参数效率评价方法，不需要事先设定函数，样本估计更具客观性，是学者广为接受、发展最为成熟、使用最为广泛的方法，可以很好地解决企业效率评价面临的多投入、多产出问题。

（四）企业价值创造效率的研究

目前，对企业价值创造效率的研究并不多见，针对互联网平台价值创造效率的研究几乎没有。仅有的研究是 Xie 等（2021）运用系统动力学方法，提出一个分析框架，研究平台价值实现效率（Efficiency in Value Realization，EVR）与可持续发展转变的过渡比例之间的关系。此处的价值实现效率衡量的是平台和参与者之间的连接，体现平台参与者的运营效率，反映参与者投入平台获得价值增长的比例。同样，这种比例适用于服务平台，体现参与者的反应时间，这种根据反应时间变化的成本会导致参与者利润的变化，并影响其投资决策，进一步影响可持续发展的过渡决策。

蓝莎和苗泽雁（2019）利用 2014~2017 年沪深 A 股上市公司数据和企业内部控制评价报告，实证研究了上市公司内部控制缺陷披露与企业价值创造效率之间的关系。根据战略联盟的不同发展阶段，对资源交换与能力学习效率两种不同价值创造活动进行实证分析，得到社会控制比正式控制在实现价值创造时具有更高效率的结论。

目前缺乏针对互联网平台价值创造效率的研究，亟须进一步探索。

二　影响互联网平台价值创造的财务因素

运用财务数据对特定企业进行价值评估的研究是市场会计研究的一个部分，不同学者在已有方法的基础上不断创新。互联网平台的价值很难评估的主要原因是：第一，这些平台非常年轻，无法通过历史的财务信息去预测未来的盈利走向；第二，整个行业都在以无法预测的速度迅速发展，其他任何科技公司都无法与之类比分析（Trueman et al.，2000）。

Schwartz 和 Moon（2000）运用实物期权的方法和现代资本预算技术建立互联网平台公司估值模型，由状态变量和时间构成一个公司价值的函数。状态变量包括收入、收入的预期增长、亏损结转和现金余额。当公司收入初始增长非常多并包含了足够的波动性，那么估值可以达到一个非常高的水平。此外，估值模型对初始条件和参数的精确度高度敏感，这与观察到的互联网公司股票回报存在惊人的波动是一致的。Balzer 等（2020）将经典 PVGO 模型运用于数字市场的估值研究。PVGO 理论指出，股权市场价值由现有资产的现值（PVEA）与未来投资的价值，即增长机会价值（PVGO）两部分构成。以 PVGO 为因变量，以盈利能力、网络销售额、PVEA 与数字公司为自变量，并保持三年的时间跨度，对 2007~2017 年数字公司的市场价值进行回归分析。结果显示，对于软件与信息市场，资本市场将负盈利视为数字化时代未来的增长机会。没有增长潜力的盈利会失去未来的投资机会。这导致工业企业面临一个悖论：一方面，强大的盈利能力能够保障资金的获取；而另一方面，工业企业面临着数字技术转型升级与行业再造的挑战。

Aghabekyan（2010）考察了互联网公司股权市值与财务和非财务信息之间的关系。通过对在纳斯达克上市的 43 家互联网公司进行实证研究，结果显示，互联网公司的股权账面价值和利润水平，股权账面价值和研发费用，股权账面价值、息税前利润和现金流量水平决定了股权的市场价值。同时，他指出，非财务信息已经嵌入在纳斯达克上市的互联网公司已披露的财务信息中。宣晓和段文奇（2018）从运营、盈利、成长、用户、协同、管理六个能力维度提出互联网平台价值创造概念框架，其中涉及的财务指标包括：运营能力（总资产周转率、应收账款周转率）、盈利能力（销售毛利率）及成长能力（销售收入增长倍数、总资产增长倍数）。

从互联网平台价值创造影响因素的研究中可以发现，财务因素能够解释一定程度的股票估值。互联网平台创造价值的底层逻辑是一致的，但针对不同类型的互联网平台主要指标是不同的。互联网平台存在盈利能力弱，但总收入高的特征，这种特征被视为未来增长的强大潜力，同时，在参考估值时，它们会更关注所处行业的发展。

三　影响互联网平台价值创造的非财务因素

根据资源基础理论，影响互联网平台价值创造的主要因素是无形资源。独特的资源是企业价值创造的源泉，故非财务信息表达的含义与财务信息对应的资源具有同样重要的内涵。因而，构建包含财务信息和非财务信息的预测模型，可以衡量信息与企业价值之间的相关性。

互联网平台价值驱动机理与传统企业价值驱动机理不同。净利润大幅下滑，亏损或 ST、*ST 的上市互联网平台却拥有超高的股票价格。研究发现，财务指标与互联网平台价值之间的关联度不高。网络指标却与平台价值存在显著关系。推动互联网平台估值寻求新的理论解释和构建新方法，突出了对非财务指标影响平台价值创造机理的探索。

表 2-1 总结了已有非财务指标视角下的互联网平台价值评估方法。研究显示，互联网平台的价值受到四个维度——宏观经济、顾客价值、管理能力、生态协同的影响。宏观经济影响企业未来发展，企业所处的世界环境（比如疫情、战争等）、国家所处的经济周期、国家推行的货币政策、政策鼓励的市场利率、社会资本宽裕度等宏观经济指标影响着企业所处行业的发展，影响企业获得资金的能力，并进一步影响企业投资者的整体战略布局。顾客价值、管理能力、生态协同三个方面是从微观角度，对个别公司发展能力的评价。通过三个维度不同指标的衡量，可以评价互联网平台顾客资源的积累程度、企业管理能力的先进程度、企业进入战略联盟的可得程度，最终形成互联网平台的基础价值、期权价值和协同价值。

表 2-1　非财务指标视角下的互联网平台价值评估方法研究进展

研究维度	具体指标	研究内容	研究方法	研究结果	作者（年份）
宏观经济	形势与政策	经济周期	复合证券定价模型	经济周期有放大效应	Semmler 和 Bernard（2012）
		互联网泡沫	一般均衡模型	互联网泡沫可提高福利	Lansing（2012）
		货币政策、市场利率、总融资	多风险的剩余收益模型	融资条件宽松有利于公司实现优化管理、绩效改进和价值创造	Nekrasov 和 Shroff（2009）
		互联网公司 IPO 的存活率	Cox 比例风险模型、Log-logistic 生存模型	市场风险会增加互联网公司不确定性	van der Goot 等（2009）
	行业结构	集中度、进入壁垒、预期回报	—	集中度越小、进入壁垒越高、则对行业的发展越有利	Kenney 和 Pon（2011）
	社会环境	泡沫期间的个体和机构交易	实证研究法	个体投资者多为盲目投资	Griffin 等（2011）
		媒体舆论	瀑布模型	媒体舆论使个体投资者发生羊群行为	Singh（2013）

续表

研究维度	具体指标	研究内容	研究方法	研究结果	作者（年份）
宏观经济	社会环境	"情绪"理论 "名望"理论 "筛选"效应 "监督"效应	内生性增长概念模型、全要素生产率测量	风险资本家的"筛选""监管""名望"等能提高企业的整体效率	Lansing（2012）；Chemmanur 等（2011）；Cumming 和 Dai（2011）
顾客价值	联系管理	互联网公司收入与股票价格的关系	案例研究、报表数据分析	传统价值评估方法并不完全适用，并将研究视角转向顾客资源	Gupta 等（2004）；Trueman 等（2000）
	客户资产	访问量、客户黏性、客户忠诚度	因子分析法	客户的访问量越多、黏性越大、忠诚度越高，则客户对公司越有价值	Ordanini 和 Pasini（2010）；Demers 和 Lev（2011）
	终身价值	特殊访客、停留时间、点击率、页面浏览量	调查了 225 个新西兰电子商务企业	网络指标值越大，公司的顾客价值就越大	Ghandour（2010）
管理能力	企业家才能	知识、经验和关系	数据包络分析法	能力强者从事较高的净内部销售	Wang（2013）
		董事会的监管	构建概念框架	董事会监管与公司业绩间呈倒 U 形关系	Garg（2013）
		薪资奖励红利报酬	两阶段的委托代理模型	薪资报酬可提高绩效，减少道德风险	Banker 等（2013）
	商业模式优化	商业模式	交互跨国企业管理者	商业模式的优化推动价值网络的创建	Nenonen 和 Storbacka（2010）
	业务创新	期权价值、给定资源的效率、收益质量指标	期权定价、数据包络分析	无形资产转化能力越强，资源效率越高，收益质量越大，则企业的期权价值也就越大	Aggarwal 等（2009）；Dechow 等（2010）
生态协同	整合融合	整合价值融合价值	对 9 家互联网公司进行实证研究	互联网公司可以利用强大的直接关系与催化关系，缔结良好的生态关系	Hallen 和 Eisenhardt（2012）
	战略联盟	技术联盟市场联盟	回归分析法、研究战略联盟公告电邮成员	市场联盟是行业成熟或者衰退的标志；技术联盟能产生大规模的经济效应，带来更多的异常回报	Cuéllar-Fernández 等（2011）

资料来源：根据相关文献整理。

综上所述，非财务视角的价值评估方法研究取得一定进展，但还存在需改进之处：①已有研究意识到互联网平台价值评估方法不同于传统价值评估方法，并在传统评估方法上进行拓展与分析，但这种分析停留在用定性与定量方法检验特定非财务指标对价值的影响作用上，没有提出完整的非财务指标估值逻辑框架，没有形成互联网平台价值估计逻辑架构；②互联网平台非财务指标可以划分为顾客价值、管理能力、生态协同等几个方面，已有研究缺乏更细化的影响作用机理分析，没有对分项维度的具体指标进行设计、分析和研究，未落实提升互联网平台整体价值的实践路径。

第三节　互联网平台的价值评估

目前，大量文献尝试对互联网平台进行价值评估，主要方法包括基于财务会计理论的传统方法及对传统方法的拓展，亦有研究设立新的模型来验证评估的效果。通过对文献的阅读与分析，本书整理了评估方法依据的三个理论：资源基础理论、生命周期理论以及战略网络理论。

一　基于资源基础理论的互联网平台价值评估

资源基础理论是广泛运用于互联网平台价值评估的理论。它将组织的绩效与企业特有的、罕见的、难以模仿或难以替代的资源和技术联系起来（Bharadwaj，2000）。不同企业拥有的资源与实施的战略不同，即便是处于同一行业的企业也有不同的资源价值。企业资源基础理论阐述了企业表现、运营结果与其拥有的各类资源相关。不同学者对资源有不同定义，本书认为企业资源是对企业战略有影响的、拥有或控制的、有形或无形的要素。

对于互联网平台而言，资源要素还包括企业能力。因为互联网资源本身与电子商务价值没有直接的正相关关系，而是在创造电子商务能力方面发挥着关键作用。Soto-Acosta 和 Meroño-Cerdan（2008）进一步指出，电子商务能力是电子商务价值的关键驱动因素。Zhong 和 Nieminen（2015）通过建立"RISE 模型"，指出发起企业拥有不同的资源和能力，从而影响了它们在移动支付创新上的合作竞争优势。比如，支付宝的优势资源是阿里巴巴电子商务生态系统，因而能够较好地采用组织间协同创新策略；银联的优势资源是异质性资源和金融监管的垄断。

资源基础理论有两个假设：第一，不同企业控制着不同资源，导致资源的异质性；第二，资源的非流动性导致资源的异质性，这种异质性可以长期保留（Barney，1991）。资源异质性形成的关键条件是此资源具有难以模仿与难以替代的性质（Dierickx and Cool，1989），处于市场失灵或市场不完全的环境中（Peteraf，1993）。因此，有价值的稀缺资源是竞争对手难以模仿、不可替代的资源，企业可以长时间地占据资源来获取持久的竞争优势（Barney，1991）。这类企业拥有的稀缺的资源是企业的价值源泉，能帮助企业得到发展，获得持续竞争优势。本书主要从互联网平台自身的资源与企业整合资源、运用资源的能力两个方面来阐述平台资源对平台价值创造的影响。

二　基于生命周期理论的互联网平台价值评估

（一）企业生命周期与互联网平台价值

根据企业生命周期理论，一般企业的生命阶段包括四个时期：初创期—成长期—成熟期—衰退期。对互联网平台来说，它具有强创新能力、高风险及高收益等特征（Colombo and Grilli，2010），其生命周期不同阶段价值估计的侧重点不同。表 2-2 对不同生命周期阶段的互联网平台价值评估方法进行了总结。

上述研究表明，对于不同生命周期阶段的互联网平台，其价值形成机理有所不同。处于初创期和成长期的互联网平台，往往伴随着大量的投入，处于亏损状态，这种投入一般作为一种对后期的"投资"处理，成为有价值创造的无形资源，比如对销售费用和研发费用的估计就不同于成熟期的互联网平台。处于成熟期和衰退期的互联网平台

表2-2　生命周期视角下的互联网平台价值评估方法研究进展

发展阶段	主要特征	价值评估的目的、需求、要求	研究方法	测度模型
初创期	现金流为负	•补贴用户（陈威如、余卓轩，2013） •天使投资（Hsu，2013）	基于顾客价值的现金流量折现模型（Kemper，2012）	$CV = CE - \sum\limits_{t=0}^{T} \dfrac{FC_t + InvWC_t + InvFC_t + Tax_t}{(1+d)^t} + \dfrac{CV_T}{(1+d)^T} + NA - D$
成长期	爆炸式增长	•基础设施建设（段文奇、惠淑敏，2009） •风险投资（Bertoni et al.，2010）	实物期权定价模型（Koller et al.，2010）； 基于顾客价值的实物期权定价模型（Kemper，2012）	$V_z(t) = \dfrac{\pi_z V_{z+1}(t+1) + (1-\pi_z)V_{z-1}(t+1)}{1+r} + C_z$
成熟期	稳定现金流	•拓展功能服务（段文奇、惠淑敏，2009） •IPO（Puri and Zarutskie，2012）	关键价值要素模型（Koller et al.，2010）	连续价值$_t = \dfrac{NOPLAT_{t+1}\left(1 - \dfrac{g}{RONIC}\right)}{WACC-g}$
衰退期	持续亏损	•经营停滞（陈威如、余卓轩，2013） •蜕变或衰亡	Cox比例风险改进模型（Cochran et al.，2006）； 成本法（杨峰，2012）	$h(t,x) = h_0(t)\exp\left[\sum\limits_{i=1}^{p}\beta_i x_i\right]$

资料来源：根据相关文献整理。

更多关注以财务指标为主的收益性价值。因此,从时间跨度上对互联网平台财务指标与非财务指标进行研究具有同等重要的意义,两者密不可分、相互作用,都影响着互联网平台价值的形成。

(二) 时间效应

已有研究证实了公司价值在某个特定发展阶段,在外部环境相对稳定的条件下随时间变化的动态特征 (赵晶,2012)。本书在此基础上,讨论上市互联网平台财务指标的时间效应,即互联网平台在上市后,在外部环境相对稳定的情况下,财务指标随着时间变化的一般规律。目前。已有文献尚未对财务指标随时间变化的一般规律进行研究,仅有的研究是对上市公司价值的时变性进行探索。赵晶 (2012) 通过研究 2001 年至 2007 年上市公司价值的时变特征,得出我国上市公司价值时变特征呈典型的 U 形曲线;许沿 (2016) 选取 2007~2014 年我国沪深 A 股上市公司半年度数据样本,实证得出我国上市公司价值随时间呈倒 U 形曲线特征。

三 基于战略网络理论的互联网平台价值评估

(一) 战略网络的定义和内涵

战略网络指营利组织间建立的长期、稳定、有目的的联盟关系,获得优于网络外部竞争对手的竞争优势,是一种可以帮助企业提升核心竞争力、优化业务流程、满足核心股东利益的系统,也被视为一种协调合作关系,旨在促进独立组织间合法、正式的长期合作。研究结果表明,战略网络连接了中小组织、战略业务组织、区域组织、供应商及合作伙伴等企业,可以提高企业绩效、总体收益及核心竞争力。

战略网络在本书中具有以下特性:①战略性,从战略规划角度看,战略网络建立各企业间的合作联盟,得到自身独特的竞争优势,帮助企业增强行业内的整体竞争力;②竞合性,战略网络连接企业内部与外部成员,相互间不仅有成员内的紧密合作,还有成员间的竞争合作,具有竞争合作共同作用的长期关系;③长期性,战略网络是一种长期网络关系,连接企业与合作伙伴并获得长远利益;④整体性,战略网络的管理对象是企业所处的整个复杂网络关系，而非某个单一组织；⑤非对称性，战略网络依赖焦点企业构建非对称的网络关系，焦点企业具有较高的行业地位，与网络中其他成员形成非对称关系。因此，本书所指的战略网络是两个或多个企业通过相互入股、联盟合作、共同开发、合资等方式，为达到共同利益，签订协议或契约、获得合作意愿、取得相互信任、建立中长期合作伙伴关系，从而建立的对企业未来发展具有战略意义的经济合作网络组织。

（二）战略网络的形成动机

战略网络形成的最终目的是获得竞争优势、收获经济效益。但由于存在公司异质性，战略网络形成的动机是多方面的。

第一，资源依赖观认为，由于缺乏市场上难以获得的关键资源，一些企业便通过建立联盟关系从合作伙伴处获得这种稀缺的资源。这些资源包括无形资源，如关键技术、管理知识、流程设计，以及依赖大企业获得的信用资质、资本投资者等。通过共享高价值、稀缺、难以模仿和不可替代的资源（称为"VRIN 资源"），联盟双方都创造了更大的价值。

第二，联盟体现了企业对合作伙伴能力的依赖。依据企业能力观，初创企业通过战略联盟，可以共享合作伙伴的特定组织能力，例如分销渠道、制造工艺等，推进其在特定市场新技术、产品或服务的进一步商业化（Alvarez and Barney，2001）。

第三，战略联盟可以帮助企业从网络中获得隐形资源。根据技术学习观，战略联盟中的企业可以获得"接触关系"，即从合作伙伴处学习专业知识（Stuart，2000）。企业间的知识共享行为会对企业价值产生积极影响，通过传播、创造、重组专业知识，帮助联盟企业获得实现目标所需的资源和知识（Coombs，2006）。

第四，联盟可以帮助创业企业获得声誉（Obloj and Capron，2011）。联盟企业间可以互用合作伙伴声誉，形成无形资源，向其他潜在利益相关者发出合法性信号，类似"第三方背书"（Lounsbury and Glynn，2001）。创新型企业价值创造的潜力可以通过良好的合作伙伴声誉，获得极大提高（Davies et al.，2010）。良好声誉甚至会树立进入壁垒，帮助焦点企业获得市场竞争的有利位置（Walsh and Beatty，2007）。

第五，从风险投资角度分析，资本更青睐拥有战略联盟的创业企业。根据资本观，战略联盟被视为企业未来发展的潜力，对风险资本而言，具有价值创造的可能性（Stuart et al.，1999）。由于联盟类似第三方的认可，即联盟伙伴对加入联盟的企业履行尽职调查，所以风险资本认可能够加入联盟的合作伙伴。这种认可也是企业发展中难以模仿的资源，即通过了联盟的质量评估，才具有加入联盟的资格（Stuart et al.，1999；Stuart，2000）。

综上所述，对于互联网平台而言，目前针对战略联盟的研究还存在以下待改进之处：第一，互联网平台与创业企业具有一定的相似性，但对特定资源需求不同，因而获得、考虑联盟的角度不同；第二，尚未形成针对互联网平台战略联盟影响其价值创造的相关逻辑框架与研究机理；第三，有关战略联盟作为一种隐形资源，或通过战略资源得到企业价值创造的隐形资源，影响平台价值创造的研究还不够深入。

（三）战略联盟对企业价值的影响研究

对战略联盟与企业价值之间的关系进行的研究并未得到统一结论，已有研究主要阐述了以下四种不同观点。

第一，战略联盟与企业价值无关。小型制造业的商业战略联盟对价值的直接影响不大（Golden and Dollinger，1993）。不同企业间知识共享联盟对公司 IPO 价值影响不大。

第二，战略联盟与企业价值呈负相关关系。计算机行业案例分析显示，当小型企业与大型企业联盟时，小型企业议价能力较弱，无法获得公平的利益分配和联盟对待。在与更大的合作伙伴联盟过程中，80%的企业家觉得自己受到"不公平的剥削"（Alvarez and Barney，2001）。联盟的形成对软件行业公司的市场估值具有损害作用（Moghaddam et al.，2016），且其高失败率为中小企业的成长和生存带来了严峻考验。

第三，战略联盟与企业价值之间存在"倒 U"形关系。Deeds 和

Hill（1996）对 132 家生物公司展开研究，发现联盟数量与新产品开发成果之间呈先正后负的"倒 U"形关系。Rothaermel 和 Deeds（2004）以 325 家全球生物技术公司参与的 2226 个研发联盟为样本，发现研发联盟数量与联盟管理能力存在"倒 U"形关系。跨国企业不同地理位置分支机构的联盟集中度与企业价值之间呈现"倒 U"形关系（Bos et al.，2017）。

第四，战略联盟与企业价值之间存在显著正相关关系。小型企业与竞争对手建立战略联盟，可以帮助它们与相对成熟的竞争对手展开竞争（Brown and Butler，1995）。战略联盟还可以帮助网络生物技术公司更快地过渡到 IPO，并在 IPO 过程中获得更高估值（Stuart et al.，1999），通过合作伙伴间的学习获取多样化的信息与知识，增加无形资源，提升竞争能力。处于网络中心位置的企业可以通过增加竞争活动的数量和种类获得更大的市场竞争力（Sanou et al.，2016）。

对战略联盟与企业价值之间的关系，已有研究并没有得出统一结论。目前研究存在以下局限性。第一，受到行业的限制。不同行业对特定资源的需求不同，因而战略网络提供的特定资源效果不同，使得战略联盟的作用机理不同。第二，企业选取指标不同，得出不同研究结论。根据现有文献，指标的选取一般围绕市场、用户、技术、财务等方面，而即便是同一行业的企业，在金融、市场、技术和用户方面的表现不尽相同，从而导致研究结论的不同。第三，互联网平台不同于传统企业，具有多行业融合的属性，无法按照传统行业进行分析，因此，亟须针对互联网平台战略联盟进行研究。

本书将从以下几个方面对互联网平台战略联盟角度的研究进行补充。第一，研究对象的一致性。尽管不同的平台业务不同，但所有平台都具有类似的属性，如交叉网络效应、"赢家通吃"、临界效应等，因而本书的研究对象具有共通性。第二，由于互联网平台不同于传统企业，本书在资源依赖观和技术学习视角上增加资本和用户视角，拓展了技术合作、资源协同、用户分享、融资需求四个角度，对互联网平台战略网络形成机理进行梳理。第三，根据战略网络理论，设定网络属性指标，从网络中心度、网络效率、网络密度和网络声誉四个方面实证研究其与互联网平台价值的关系。第四，根据网络属性对其价值的影响关系，进一步提出针对互联网平台的战略网络管理策略，从而为管理者提供联盟指导，提升平台总体价值。

第三章　互联网平台价值创造过程研究

【本章导读】准确把握互联网平台价值创造过程能够帮助我们深刻理解、确定和预测平台价值。互联网平台的价值创造是平台价值驱动因素推动、平台资源由少到多的动态过程。适用传统企业的价值评估方法，不完全适用于互联网平台的实际估值。但是，目前并没有一套针对互联网平台价值创造的完整、系统的研究框架，也没有形成互联网平台价值是如何创造的统一研究逻辑。大量研究只关注互联网平台价值创造中的一个小点，或实证研究了价值创造的某一个或几个驱动因素，缺少将互联网平台价值评估与价值创造具体策略方法关联起来的研究。但是，随着平台经济在我国稳经济、促发展的强国战略中发挥越来越重要的作用，我们需以长远的眼光，强化价值弱项、弥补价值短板，支持互联网平台有序健康发展，创新价值创造体系。

因此，本章重点对互联网平台价值创造过程进行系统研究，旨在提出完整的价值创造逻辑框架，总结归纳价值创造机理路径，帮助互联网平台价值评估找到更为有效、可操作性强的方法，为后续研究奠定理论基础。具体而言，第一，以价值管理视角，帮助互联网平台连接财务、业务指标与平台实际价值创造，从战略决策高度，真正做到补齐短板，找到价值弱项与重要价值创造资源，从而提升平台整体价值创造能力；第二，系统梳理互联网平台价值创造逻辑，明确价值创造机理，不再割裂地看待价值创造过程，帮助互联网平台以整体视角进行战略与管理决策，提升平台运行效率；第三，在市场法估值的基础上，提出基于价值创造视角的价值评估方法，对传统价值评估方法进行拓展，涵盖财务驱动因素与非财务驱动因素，揭示互联网平台价值创造逻辑。

第一节　互联网平台价值创造影响因素

价值的影响因素（驱动因素）受到众多学者关注，是推动、影响价值创造的主要决策变量，是价值创造的有效载体和实现方式。传统的价值驱动因素被归结为投资资本回报率与企业预期增长率。互联网平台不同于传统企业，无法仅从日常经营、投融资决策以及企业资本结构管理来衡量其价值创造。因此，本节将梳理影响互联网平台价值创造的主要因素。

一　互联网平台内部资源

（一）财务资源

财务视角下，资产、权益、现金流三个方面影响了互联网平台价值。首先，资产是实际存在于企业内部的资源，由企业过去交易或事项形成。互联网平台的资本结构决定了企业能够投资的金额、运营的资本成本及未来发展的潜力。Aggarwal 等（2009）研究发现，互联网平台有形资产重置成本与 IPO 价格之间存在显著相关关系。大量学者在进行互联网平台价值评估时，运用资产指标，如现金、非现金资产和负债项目（Sievers et al.，2013），总资产自然对数（Rajgopal et al.，2000），平均资产总规模（Rajgopal et al.，2003b）。因此，互联网平台的资产是衡量平台价值的重要指标。

其次，权益体现了平台所有者对平台净资产的所有权。已有研究从权益角度展开对互联网平台价值影响的研究，涉及的主要指标包括普通股市价、普通股账面价值、每股收益、实收资本、盈余公积、资本公积、未分配利润等（Rajgopal et al.，2000，2003b）。这些指标直接反映了互联网平台所有者在股权市场上的市场价值，是平台价值的直观反映。

最后，任何企业的价值计算都依靠未来预期现金流量与加权平均资本成本。因此，在财务报表中，营业收入、营业利润、利润总额、净利润、销售费用、管理费用、财务费用等都会影响平台现金流。已有研究利用核心盈利来衡量企业经营情况，阐述平台总收入与盈利水平对平台价值的影响（Bondegård and David，2018），反映出较强的平台盈利能力，可以帮助平台获得较高的收益。

（二）经营资源

互联网平台的经营资源体现为平台的管理质量、管理能力及平台特征。第一，管理质量可以从现金流充裕度、收益质量、资源运用效率来衡量。对于高新科技企业来说，企业现金流越充裕，创造价值的质量越高，企业价值越大（Bertoni et al.，2010）。收益质量是企业可以保持稳定盈利与可持续增长的反映，更高的收益质量，带来更稳定的获利，对应更少的坏账损失，拥有更平稳的价值留存，从而提升企业价值（Dechow et al.，2010；Demerjian et al.，2012b）。互联网平台对所拥有资源的利用效率越高，越能够获得更大的效用，对应企业价值越大。因此，管理质量高的互联网平台，将更有可能在未来有更好的发展，获得更大的价值。

第二，从管理能力出发，企业管理能力是企业特有的资源。管理人员的管理经验、董事会人员结构、管理团队规模、分析师预测等是衡量管理能力的重要指标（Sievers et al.，2013；Habib and Hossain，2013；Hilger et al.，2013；Trueman et al.，2000）。企业管理能力直接影响企业财务指标与经营指标。因此，具有较高管理能力的互联网平台可以获得较多用户，提升平台经营业绩。

第三，从互联网平台特征出发，衡量平台网络效应强弱的主要指标包括日人均访客浏览页数、月人均访客浏览页数、日平均使用分钟、月平均使用分钟、总体平均使用分钟、注册用户数量（网络效应强度）、月人均使用天数、线上线下的整合能力、网站知名度等（De-mers and Lev，2011；Demerjian et al.，2012a；Colombo et al.，2010）。平台的特征就是利用网络效应来连接买方与卖方企业，为双方建立起交互关系，从而创造平台价值。

二　互联网平台外部资源

(一) 战略联盟

互联网平台开展战略联盟可以实现通过企业创新性衡量联盟绩效的目标。联盟组合能帮助企业形成市场聚焦战略和关系聚焦战略，增强管理者对联盟伙伴的主动性和信任 (Golonka，2015)，从而在功能、联系数量、治理复杂性和地理位置方面给联盟组合带来积极影响 (Santoso and Wahyuni，2018)。

联盟关系同样是互联网平台的企业资源。Chang (2004) 在对 IPO 市场环境进行控制的前提下，发现初创互联网平台 IPO 时间受到以下影响：参与其中的风险投资公司和战略联盟伙伴的声誉越好，初创公司筹集的资金越多，其战略联盟网络的规模也越大。因此，战略联盟可以作为企业外部资源，以减少风险资本在平台运营过程中面临的不同风险。平台价值的主要测量维度包括战略联盟、风险投资、行业特征指标 (Wang et al.，2012a)。

此外，战略联盟会产生协同价值，带给联盟企业互补资源。比如，技术联盟会产生更多回报，市场联盟能反映企业所处周期，提供潜在价值 (Cuéllar-Fernández et al.，2011)。Park 等 (2004) 基于资源基础观，采用事件研究法，通过调查 69 家电子商务公司 272 个联盟关系，研究电子商务企业联盟如何影响新兴商业部门的企业价值。结果表明，电子商务企业联盟对企业价值具有正向影响。与以往的联盟研究不同，营销联盟产生的企业价值明显大于技术联盟。

(二) 宏观环境

宏观环境对互联网平台的影响可以从四个层面展开。首先，国家政策层面对互联网平台反垄断的规制。由于互联网平台在资本、技术和商业模式上的独特性，拥有数字技术的大型互联网平台形成生态系统后，将业务渗透和扩展到支付、信贷等金融领域 (胡滨等，2021)。随着业务的广度不断扩展和深度不断加深，利用平台的数据与算法，拒绝或限定交易条件、排挤同业竞争者、对新老用户实施差异化定价，降低了市场效率，损害了社会公平。因此，互联网平台的战略发展与价值提升应符合我国数字经济发展的切实需求，遵循国务院反垄断委员会《关于平台经济领域的反垄断指南》，保证市场公平竞争，依法科学高效监管，激发创新创造活力，维护各方合法利益。

其次，受到疫情影响，数字化生活及网络化手段得到大力发展。互联网平台的价值同样体现在企业社会责任治理创新上。作为社会生态圈的资源链接者、资源整合者、资源撬动者等不同角色，互联网平台搭建的生态圈形成了参与整体市场竞争的"超竞争"环境。肖红军和阳镇（2020）提出，互联网平台场域内的公共属性，形成"平台—社会"与"平台—商业生态圈—社会"的双元嵌入路径。平台常常面临旧场域制度压力和新场域制度真空的两难，场域转换时机是平台制度创业成功的关键（贺锦江等，2019）。因此，互联网平台的价值创造绩效除了自身创造的综合价值增值，还包括通过整合平台商业生态圈的社会资源实现社会化配置而创造的共享价值增值（阳镇等，2020）。

再次，从宏观环境中的资本视角理解，互联网平台价值创造受到风险资本影响。商业环境、制度环境、监管框架、宏观因素影响风险资本对平台的投资，具体指标有：行业增长率、企业税收水平、创新强度、风险投资者退出机会、新公司的进入壁垒、劳动力市场僵化、技术政策方案、资本强度、约束养老金和保险公司投资活动、利率、利率差额、GDP 增长率、约束 IPOs 等（Colombo et al.，2010）。风险资本的加入也会影响商业联盟与信息技术发展，从而间接影响互联网平台价值（Melville et al.，2004）。

最后，从宏观环境中信息流动角度分析，信息影响了宏观环境的资产定价。比如媒体影响价格修正和公司最初回报（Liu et al.，2009）。Sullivan 和 Jiang（2010）开发了一个分析框架，使用美国 9 家大型媒体公司数据，解释互联网和媒体融合对它们的并购活动产生了什么影响。研究发现，一个公司将互联网概念与现有业务相关联，将会对并购活动有重大影响。Luo 等（2013）指出传统的在线行为指标（例如谷歌搜索和网络流量）对公司股权价值的预测结果显著低于社交媒体指标，社交媒体具有更高的预测价值。

三　互联网平台价值财务驱动因素

财务信息与互联网平台的价值相关性得到了大量学者的关注。起因是 Trueman 等（2000）检验了互联网平台财务信息与股价的关联性，发现净收入与市场价值之间不存在显著正相关关系。当净收入分解为其组成部分后，毛利与市值呈显著正相关。进一步研究表明，互联网平台负收益的形成并不是因为平台经营绩效表现不佳，相反，这种负收益体现出互联网平台对无形资产的大量投资。但这笔支出一般在会计计量中被列为净收益的减项，而不是作为一种资产进行后期的摊销（Hand，2003）。

另外，采用财务角度的传统价值评估方法对互联网平台进行估值时存在诸多不妥之处。第一，互联网平台缺乏正的现金流，在可预见的未来也有很大的可能不存在正的现金流。历史数据的缺乏以及互联网行业的高度不确定性，导致对其未来进行客观预测存在困难。第二，无法准确地估计互联网平台的贝塔系数。

互联网平台价值财务驱动因素的实证研究涉及销售收入、销售费用、研发费用、毛利、净利润及现金流等指标，具体文献及所用指标如表 3-1 所示。财务驱动因素只能解释部分互联网平台的价值构成，主要解释的内容包括：第一，营业收入与现金流指标是衡量互联网平台市场价值的重要驱动因素；第二，互联网平台的销售费用与研发费用被视为平台发展所投入的资产；第三，对盈利互联网平台而言，股息支付率是重要的价值驱动因素。

表 3-1　互联网平台价值财务驱动因素

作者（年份）	样本	财务驱动因素	结论
Hand（2003）	美国互联网公司 1997 年第一季度至 2000 年第三季度	核心净收入、毛利、销售费用、研发费用	净收益与定价正相关，净亏损与定价负相关，销售费用与研发费用被市场视为资产

作者（年份）	样本	财务驱动因素	结论
Trueman 等（2000）	电子零售商、门户和内容/社区公司共计 63 家公司和 217 个季度盈利公告	毛利、销售收入、销售成本、销售费用、研发费用、总运营费用减去销售成本、净收入、季末账面价值	毛利与股价之间存在显著正相关关系
Yang 等（2003）	23 家优质互联网零售商 1999 年 6 月至 2000 年 12 月的月度数据	净利润、销售收入、销售成本、研发费用、账面价值	净利润与股价之间存在显著正相关关系
Demers 和 Lev（2011）	84 家公开交易互联网公司	市销率、广告费用和研发费用、现金消耗	在营销与开发费用影响价值增值的基础上，指出产生正现金流的能力为互联网公司带来更大的期权价值
Sousa 和 Pinho（2014）	Capital IQ 中 52 家在 2009~2012 年 IPO 的互联网公司	账面价值、总资产、总债务、销售收入、净利润、毛利、销售费用、R&D 费用	净收入被负面定价，R&D 费用被视为投资并正面定价
Cochran 等（2006）	Compustat Research Insight 中 26 家在 1999~2001 年破产的互联网平台	净收入/总资产、现金流量/总负债、总资产	净收入和现金流量比率会降低公司破产的风险，而总资产会增加公司破产的风险；流动性指标对预测破产更有用
Burnie 和 MchAwrAB（2017）	202 家全球互联网平台	净边际收入、收入增长、企业规模、现金消耗、负现金、股息支付率、净债务杠杆、总杠杆	财务报表无法解释大约 2/3 的价格/销售变化。盈利和不盈利的互联网公司的市场价值本质上是不同的。股息支付率是盈利互联网公司的价值驱动因素

资料来源：根据相关文献整理。

四　互联网平台价值非财务驱动因素

已有文献对互联网平台价值非财务驱动因素进行广泛研究，本节选取其中的典型指标，并对其按照基本内容进行分类与归纳，得到互联网平台价值非财务驱动因素，具体如表 3-2 所示。

表 3-2　互联网平台价值非财务驱动因素

模块	具体指标	内容	作者（年份）
宏观环境	融资充裕度	融资条件宽松有利于公司实现优化管理、绩效改进和价值创造	Nekrasov 和 Shroff（2009）
	所属行业	不同行业偏向于不同的业绩评价方式	Francis 等（2000）
	风险资本充裕度	风险资本家的"筛选"、"监管"和"名望"能提高企业的整体效率	Lansing（2012）；Chemmanur 等（2011）；Cumming 和 Dai（2011）
商业模式	无形资产对商业模式的价值	无形资产：声誉、网站流量、技术英语知识资产；战略行动：新产品公告、合作伙伴公告	Kotha 等（2001b）
		资本化的无形资产影响 B2C 互联网企业价值	Demers 和 Lev（2011）
	近 3 个月是否有媒体报道	媒体披露对价值评估与价格修正的影响	Liu 等（2009）
	资源整合能力	线下扩张的战略制定影响企业价值，需要考虑企业线上线下的整合能力	Filson（2004）
		网络公司资源使用率越高，价值越大	Serrano-Cinca 等（2005）
	知名网站	网站知名度："赢家通吃"导致消费者趋向知名网站	Ip（1999）
		声誉营销投资、声誉借贷和媒体曝光	Kotha 等（2001a）
	资源与能力	资源存量：联盟能力、技术能力、人力资源和战略计划；整合能力：高层管理团队如何评估/评价新的想法或机会；企业创新	Liao 等（2009）
管理能力	管理质量	现金流充裕程度越高，创造价值越大	Bertoni 等（2010）
		收益质量提高，可以提升企业价值	Demerjian 等（2012b）
		创始人人力资本	Colombo 和 Grilli（2010）
		董事会外部人员比例、高管和董事持股比例、CEO 经历、技术经验、CEO 年龄、CFO 经验、风险投资参与度、投资银行声望、机构投资者需求	Jain 等（2008）
	企业表现	分析师预测、过去收入、网站使用量	Trueman 等（2000）
		研发费用	Gavious 和 Schwartz（2009）
		包销水平	Bowen 等（2002）
		公司年限	Sievers 等（2013）

模块	具体指标	内容	作者（年份）
管理能力	企业表现	管理团队规模	Hilger 等（2013）
		经理人员是否有管理经验	Habib 和 Hossain（2013）
		企业所处生命周期的差异造成估价的不同	Thomas 和 Gup（2009）
	平台特征	买方卖方企业的存货滞留，则存货成本大	Demerjian 等（2012a）
		注册用户数量（网络效应强度）	Hand（2001）
		日人均访客浏览页数、月人均访客浏览页数、日平均使用分钟、月平均使用分钟、总体平均使用分钟、月人均使用天数	Lazer 等（2001）
		媒体报道数量、股票回报的波动性、访问次数、网站停留时间、页面浏览量、跳出率、网站数量	Burnie 和 MchAwrAB（2017）
		受欢迎的网站享有更高的商誉	Lazer 等（2001）
		专利与资产收益率（ROA）、销售增长呈负相关	Artz 等（2010）
用户资源	网络视角	特殊访客、停留时间、点击率、页面浏览量指标值越大，公司顾客价值越大	Ghandour（2010）；Trueman 等（2000）
	交易视角	交易量、交易成本、交易数、交易质量、购买率（实际买家数量与总访客数之比）、点击率（独立访问者的数量除以网上冲浪的人数）	Matook（2013）；Yang 等（2003）
	基础设施视角	用户友好性、易访问性、基础设施质量、软件质量	Matook（2013）
	客户视角	访问量、客户黏性、客户忠诚度指标越高，客户价值越大	Demers 和 Lev（2011）
战略网络	联盟资源	联盟总数、营销联盟、技术联盟	Wang 等（2012a）
		合作联盟、联盟种类、联盟规模、联盟能力差异	Ozcan 和 Overby（2008）
		是否与美国在线（AOL）建立联盟、是否与十大互联网流量公司建立联盟、联盟公司数量	Demers 和 Lev（2011）
		公司网络中心、网络效率、网络密度、网络声誉、市场联盟能力	Swaminathan 和 Moorman（2009）

续表

模块	具体指标	内容	作者（年份）
战略网络	联盟资源	技术能力、价值标准、管理水平能为电子商务联盟财团带来更多过程收益	Xia 等（2012）
	风险资本	风险投资总数、风险投资公司	Wang 等（2012a）
		是否存在风险资本支持	Colombo 和 Grilli（2010）
		收入增长、一轮风投中风险资本投入的金额、一轮风投中天使集团投入的金额	Cavallo 等（2019）
		风险资本家的"筛选"、"监管"和"名望"能提高企业的整体效率	Lansing（2012）；Chemmanur 等（2011）；Cumming 和 Dai（2011）
	组织关系	新生组织与支持者的关系强度与网络平台成功发展相关	Newbert 等（2013）
	区块链价值	交易成本、增值服务、组织边界、自动决策	Angelis 和 da Silva（2019）

资料来源：根据相关文献整理。

　　本书将互联网平台价值非财务驱动因素分为宏观环境、商业模式、管理能力、用户资源、战略网络五大模块。其中，宏观环境主要衡量互联网平台所处的资本市场与行业环境，价值驱动因素包括融资充裕度、市场投资者情绪、所属行业、风险资本充裕度等测度变量。商业模式主要从互联网平台能否合理运用资源与能力的综合素质视角展开，主要衡量无形资产带来的价值、媒体报道带来的价值、资源整合能力带来的价值、声誉带来的价值等测度变量。管理能力主要从互联网平台管理角度衡量管理质量、企业表现与平台特征，通过创始人人力资本、管理团队、董事会情况、互联网平台特征等变量进行测量。用户资源是基于用户访问、浏览、交易等的全方位指标，涵盖网络视角、交易视角、基础设施视角与客户视角。战略网络主要从协同战略与组织整体架构出发，包括联盟资源、风险资本、组织关系及区块链价值等方面。

　　本节基于资源基础理论，从互联网平台内部资源与外部资源出发，根据已有文献的归纳总结，将互联网平台价值影响因素分为财务驱动因素与非财务驱动因素。财务驱动因素中的核心指标为营业收入与现金流指标、销售费用与研发费用；非财务驱动因素从宏观环境、商业模式、管理能力、用户资源、战略网络五大模块进行分析。以上分析为本书后续进一步深入研究奠定了理论基础。

第二节　互联网平台价值创造机理

围绕互联网平台价值驱动因素如何创造互联网平台价值这一问题，本节从财务因素驱动企业盈利能力与成长能力、非财务因素驱动企业资源创造角度，阐述互联网平台价值创造的核心逻辑。

一　基于财务因素的盈利成长机理

前述分析表明，互联网平台价值受财务驱动因素与非财务驱动因素影响。平台价值创造能力与营业收入、现金流指标、销售费用、研发费用等有密切关系，本节将研究互联网平台财务因素是如何创造价值的。

（一）财务因素与盈利能力

互联网平台财务因素可以反映企业盈利情况。核心盈利指平台总收入与盈利水平对平台价值的影响（McVay，2006），一般通过营业收入与现金流水平进行反映。比如阿里巴巴、百度与 Facebook（脸书）三家互联网平台，比较其中每股收益、主营业务收入与经营活动产生的现金流量净额指标。如图 3-1 所示，阿里巴巴每股收益从 2019 年 3 月的 33.95 元下降至 2020 年 3 月的 7.1 元，此后逐渐减少。其主营业务收入与经营活动产生的现金流量净额自 2021 年 3 月以来有明显下滑。如图 3-2 所示，百度每股收益从 2016 年 12 月的 319.47 元上升至 2018 年 12 月的 786.36 元，之后下降至 2019 年 12 月的 56.84 元，直至 2020 年 12 月、2021 年 6 月保持在 9 元左右。这种先上升后下降的趋势在主营业务收入中表现明显，经营活动产生的现金流量净额同样存在类似趋势。如图 3-3 所示，Facebook 每股收益总体呈上涨趋势，伴随主营业务收入与经营活动产生的现金流量净额的上涨，但这种趋势在 2020 年 12 月以后保持平稳水平。

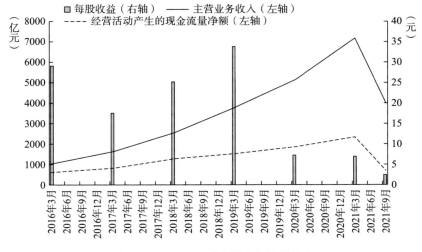

图 3-1 阿里巴巴财务因素与盈利能力

资料来源：根据公开财务报表整理得到。

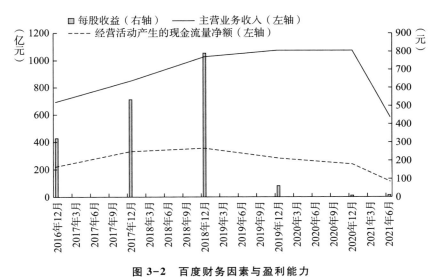

图 3-2 百度财务因素与盈利能力

资料来源：根据公开财务报表整理得到。

图 3-4 从盈利能力维度提炼了财务因素驱动价值创造的机理：互联网平台财务数据反映企业运营情况。在企业日常经营中，可以通过

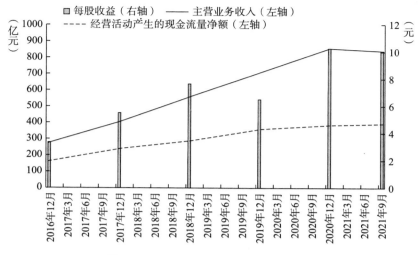

图 3-3　Facebook 财务因素与盈利能力

资料来源：根据公开财务报表整理得到。

财务报表反映营业收入与现金流指标，体现出对互联网平台盈利能力的影响，进而对平台价值产生作用。

图 3-4　财务因素—盈利能力作用机理

（二）财务因素与成长能力

互联网泡沫时期，学者们对互联网平台价值驱动的财务因素从销售费用、研发费用两个角度进行评价，并将这两类费用视为对互联网平台未来发展的投资，予以积极定价（Sousa and Pinho，2014）。已有文献指出，对销售费用与研发费用的投入越多，市场反馈效果就越好。如图 3-5 所示，阿里巴巴销售费用从 2016 年的 16.314 亿元增长到 2019 年的 50.673 亿元，增长幅度达到 210.61%；研发费用从 2016 年的 17.060 亿元增加至 2020 年的 57.236 亿元，增长幅度达到 235.50%。

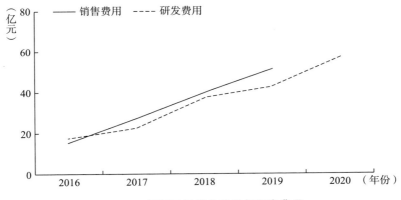

图 3-5 阿里巴巴销售费用与研发费用

资料来源：根据公开财务报表整理得到。

从网易的销售费用、研发费用来看，网易的销售费用从 2016 年的 44.82 亿元增长至 2018 年的 95.26 亿元，在 2019 年有所下降，至 62.21 亿元，而 2020 年进一步提升至 107.04 亿元；研发费用 2016 年至 2020 年都保持向上增长，从 2016 年的 30.47 亿元增长至 2020 年的 103.69 亿元（见图 3-6）。

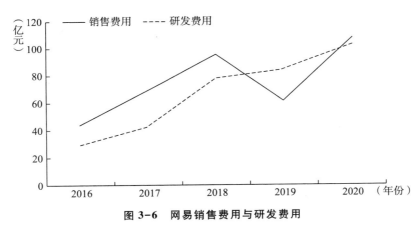

图 3-6 网易销售费用与研发费用

资料来源：根据公开财务报表整理得到。

结合财务报表中的利润数据可以看出，互联网平台销售费用和研发费用的投入与营业利润的增长有一定关系。但是，第一，通过近 20 年的发展，现阶段互联网平台已经形成较为稳固的生态系统，其销售费用与研发费用依旧会给企业成长带来巨大影响。第二，2020年疫情给不同类型、不同行业的互联网平台带来的打击是不同的，它们从疫情中恢复经营也有不同节奏，应该单独分析疫情发生以来互联网平台价值变化情况。第三，根据我国科技强国战略，2021年12月24日《科学技术进步法》经过第二次修订，国家创新体系建设、效能提升需要更多研发投入。互联网平台是数据与信息交互的场所，是人工智能等重要战略科技领域，本书认为互联网平台价值创造应包含研发费用的投入情况。因此，如图3-7所示，本书从成长能力维度提出财务因素驱动互联网平台价值创造的机理：在互联网平台的财务因素中，销售费用与研发费用将会影响互联网平台的成长能力，从而对平台价值创造产生作用。

图3-7　财务因素—成长能力作用机理

二　基于非财务因素的资源创造机理

拥有有价值的稀缺资源，是企业创造价值的基础。对互联网平台来说，平台资源体现在平台特有的商业模式、管理能力、用户资源与联盟网络四个方面。互联网平台的商业模式与管理能力决定了平台所拥有的用户资源与联盟网络。本节将基于电子零售商、搜索/门户网站、内容/社区网站三种不同类型的互联网平台，对非财务因素（作为企业资源）在企业价值创造中的作用进行分析。

（一）电子零售商：阿里巴巴

阿里巴巴的商业模式最初为1999年建立的具有中国特色的阿里巴巴B2B电子商务平台，主要面向中小型企业，通过"会员收费""支付、物流收费"建立最初的盈利模式。之后于2003年建立"淘宝网"，主要采用C2C模式，并辅以支付宝解决网络营销支付的安全和信用问题。2008年5月开通B2C"淘宝商城"，通过场租、佣金、搜索排名、网站广告及其他网站增值服务等进行盈利（卓骏等，2012）。此后，阿里巴巴形成 B2B2C 复合模式：通过淘宝卖家向中小企业大规模采购商品，再卖给国内消费者（黄文妍，2016）。阿里巴巴进一步拓展 C2M 模式的产业合作，将打造 10 个产值过百亿元的数字化产业集群，截至 2021 年获得中国零售市场移动月活跃用户 8.74 亿，共计拥有 621 家战略投资公司。2013 年 1 月 10 日，阿里巴巴宣布对集团现有业务架构和组织进行调整，成立 25 个事业部，服务阿里巴巴商业生态系统（见图 3-8），主要包括五个部分，即信用体系、金融体系、物流体系、小企业工作平台、大数据系统。

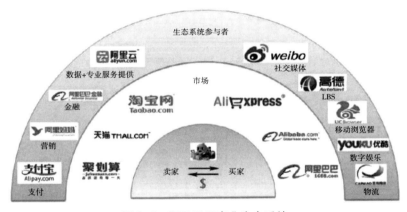

图 3-8　阿里巴巴商业生态系统

资料来源：《阿里巴巴：构建商业生态系统新时代》，2020 年 9 月 24 日，http://www.360doc.com/content/20/0924/20/71709076_937429789.shtml。

从财务报表盈利能力与收益质量指标可以发现，自 2016 年以来阿里巴巴的营业成本不断提升，销售成本率从 2016 年的 33.97% 增长至 2021 年的 58.72%；盈利能力有所减弱，净资产收益率由 2016 年的 39.32% 下降至 2021 年的 17.6%，但近几年基本维持在一个较为稳定的水平（见图 3-9）。如图 3-10 所示，阿里巴巴收益质量经历了上升、回落后，同样保持在一个较为稳定的水平。营业利润占利润总额的比例从 2016 年的 36.74% 增长至 2018 年的 87.35% 再回落至 2021 年的 51.97%。经营活动产生的现金流量净额占营业收入的比例逐年下降，经营活动净收益占利润总额的比例经历了先上升后回落的过程。

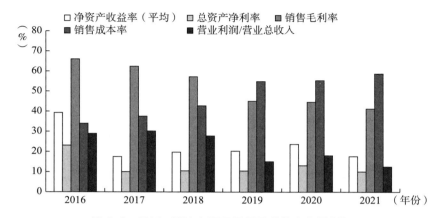

图 3-9   2016~2021 年阿里巴巴盈利能力主要指标
资料来源：根据公开财务报表整理得到。

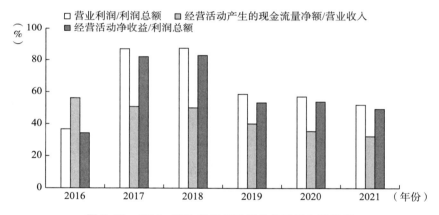

图 3-10   2016~2021 年阿里巴巴收益质量主要指标
资料来源：根据公开财务报表整理得到。

针对用户资源，本节选取移动月活跃用户数（MAU）衡量。如图 3-11 所示，阿里巴巴移动 MAU 由 2016 年第一季度的 4.10 亿人增长至 2020 年第四季度的 9.02 亿人，在 2016~2019 年基本保持 14% 的增长率，而 2020 年增长率有所下降，为 6.62%。

针对管理质量，本节选择员工总数作为管理数量的衡量指标，选择财务报表中每股净资产、每股经营活动产生的现金流量净额、每股营业总收入间接测度管理质量。表 3-3 结果显示，阿里巴巴员工总数

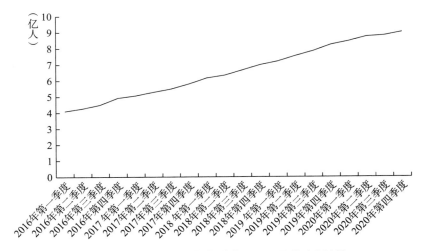

图 3-11　2016~2020 年各季度阿里巴巴移动 MAU
资料来源：根据公开财务报表整理得到。

由 2016 年第四季度的 36446 人增长至 2020 年第四季度的 117600 人。
其中 2019 年第四季度增长率最高，达 56.12%，2020 年第四季度增长
率回落至 13.41%。

表 3-3　2016~2020 年阿里巴巴员工数及其增长率

单位：人，%

指标	2016 年 第四季度	2017 年 第四季度	2018 年 第四季度	2019 年 第四季度	2020 年 第四季度
员工总数	36446	50097	66421	103699	117600
增长率	—	37.46	32.58	56.12	13.41

资料来源：根据 Wind 数据资料整理得到。

　　表 3-4 结果显示，衡量管理质量的间接指标都保持 2016 年至
2019 年持续稳定增长、2019 年至 2021 年有所下降的趋势。这种趋势缓
慢维持至 2021 年。每股净资产由 2016 年 3 月 31 日的 87.85 元增长至
2019 年 3 月 31 日的 192.91 元，后下滑至 2020 年 3 月 31 日的 35.62 元。
每股经营活动产生的现金流量净额由 2016 年 3 月 31 日的 22.97 元增长
至 2019 年 3 月 31 日的 58.36 元，后下滑至 2020 年 3 月 31 日的 8.42 元。
每股营业总收入由 2016 年 3 月 31 日的 40.88 元增长至 2019 年 3 月 31

日的 145.67 元，后下滑至 2020 年 3 月 31 日的 23.75 元。

表 3-4 阿里巴巴管理质量衡量指标

单位：元

指标	2016 年 3 月 31 日	2017 年 3 月 31 日	2018 年 3 月 31 日	2019 年 3 月 31 日	2020 年 3 月 31 日	2021 年 3 月 31 日
每股净资产	87.85	111.41	143.40	192.91	35.62	43.62
每股经营活动产生的 现金流量净额	22.97	31.76	48.67	58.36	8.42	10.69
每股营业总收入	40.88	62.57	97.31	145.67	23.75	33.07

资料来源：根据公开报表整理得到。

  阿里巴巴商业生态系统相当复杂，在此仅以阿里云为代表进行阐述。将阿里云生态系统 2016 年至 2018 年列为成熟期，2018 年以后列为进化期。阿里巴巴于 2017 年 6 月，联合 200 多家 IoT 产业链企业宣布成立 IoT 合作伙伴联盟，标志着 IoT 将进入生态化发展的"快车道"。[①] 2019 年 9 月，阿里巴巴小程序繁星计划峰会正式发布了 Serverless 小程序，表明阿里巴巴场景中台、技术中台、业务中台和生态中台面向小程序的商业开放跃迁到一个新阶段，在阿里巴巴 12 亿全球用户、千万级精准商家、2500+能力接口基础上，小程序将成为阿里巴巴商业操作系统对内融通和向外延伸的原子容器。[②]

  通过 Wind 数据库，获取阿里巴巴 2017 年 1 月 3 日至 2021 年 1 月 3 日的股价，并将上述分析与股价结合。从图 3-12 走势看，阿里巴巴股票价格在 2017 年至 2019 年呈"倒 U"形发展趋势，2019 年至 2020 年总体呈上升趋势，2020 年底有所回落。2017 年至 2019 年的"倒 U"形股票价格走势反映了企业管理能力、收益质量与生态联盟的利好消息。2019 年至 2020 年的总体上升趋势，反映了管理能力、用户资源与生态联盟对企业价值创造的积极推动作用。而 2020 年底

[①] 《阿里巴巴成立首个 IoT 生态联盟》，2017 年 8 月 4 日，https://developer.aliyun.com/article/158619。

[②] 《刚刚，阿里巴巴小程序生态联盟重磅启动》，2019 年 9 月 27 日，https://baijiahao.baidu.com/s? id=1645824051866908020&wfr=spider&for=pc。

股价有所回落，这与管理质量指标的下降相统一。

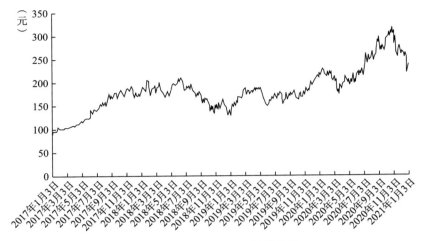

图 3-12　阿里巴巴股票价格走势

资料来源：Wind 数据库。

　　上述分析解释了阿里巴巴价值创造机理。对阿里巴巴平台而言，管理能力、商业模式中的收益质量、用户资源和生态联盟与互联网平台价值变动趋势较为一致，因而，管理能力、商业模式中的收益质量、用户资源与生态联盟是重要的价值驱动因素。对电子零售商而言，互联网平台发展的重要价值影响因素是用户资源，可以通过管理能力提升来建立被市场接受的商业模式，或者通过管理能力获得联盟资源，占据有利生态位置，最终得到稳固的用户基础，为获得有质量的收益奠定基础，帮助互联网平台创造价值。具体而言，阿里巴巴平台管理能力—价值创造作用机理如图 3-13 所示。

图 3-13　阿里巴巴平台管理能力—价值创造作用机理

（二）搜索/门户网站：百度

　　百度是以搜索引擎起家的一家 AI 公司，目前其核心业务为搜索服务与交易服务的组合（Baidu Core）。百度通过提供互联网广告服务收取广告费用，也围绕搜索引擎提供在线营销服务，包括面向商家的竞价排名服务，面向普通用户的百度搜索、百度 App、好看视频等，同时涵盖 IE 搜索伴侣、新闻和图片技术化搜索，是最大的中文搜索引擎。百度通过"百度百科""百度贴吧""百度知道"等服务推进与其他企业的战略合作，共同打造 C2C 和 B2C 市场。此外，百度的另一核心业务为智能云服务。通过为用户提供云服务解决方案，对个人用户收取百度云盘的服务费用。百度的其他业务主要围绕 AI 进行技术开发，包括智能驾驶等技术探索。

本节在此选择财务报表中的营业利润率（营业利润/营业总收入）、销售成本率（营业总成本/营业总收入）、净利润率（净利润/营业总收入）、息税前利润率（息税前利润/营业总收入）、EBITDA率（EBITDA/营业总收入）来衡量百度的盈利能力。选择营业利润/利润总额、经营活动产生的现金流量净额/营业收入、经营活动净收益/利润总额来衡量收益质量。

图 3-14 结果显示：2017~2020 年，百度的销售成本率一直居高不下，净利润率除 2019 年外均保持较为稳定的态势。图 3-15 结果显示：百度收益质量在 2019 年发生大幅下降，主要原因为核心业务收

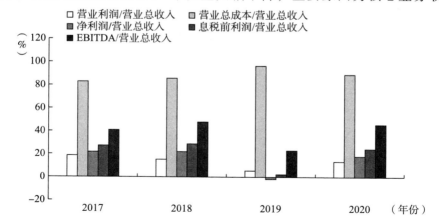

图 3-14 百度盈利能力主要指标

资料来源：根据公开报表整理得到。

入增速呈波动下降趋势，旗下的爱奇艺业务亏损较大。

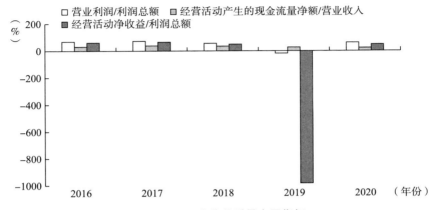

图 3-15　百度收益质量主要指标

资料来源：根据公开报表整理得到。

　　针对用户资源，本节选择流量获取投入成本（traffic acquisition costs）来表达。主要原因是百度的移动 MAU 只能获得 2016 年的公开数据，后续随着百度 App 上线、爱奇艺上市，移动 MAU 的披露并不统一，且披露格式在不断调整，单独年度的数据不具有连续性，因而可比性较弱。表 3-5 数据显示，百度流量获取投入成本在 2016 年和 2017 年都保持稳定增长，年度增长率分别为 18.05% 和 14.42%；2018年的年度增长率为近几年最高，达到 34.78%；在 2019 年内该指标下降率为 5.88%。2020 年不再披露此数据，但财务报告显示，流量获取投入成本不断下降。

表 3-5　百度流量获取投入成本

单位：亿元，%

时间	2016 年第一季度	2016 年第二季度	2016 年第三季度	2016 年第四季度	年度增长率
流量获取投入成本	22.33	29.08	25.94	26.36	18.05

时间	2017 年第一季度	2017 年第二季度	2017 年第三季度	2017 年第四季度	年度增长率
流量获取投入成本	21.85	24.78	25	25	14.42

续表

时间	2018 年第一季度	2018 年第二季度	2018 年第三季度	2018 年第四季度	年度增长率
流量获取投入成本	23	27	34	31	34.78
时间	2019 年第一季度	2019 年第二季度	2019 年第三季度	2019 年第四季度	年度增长率
流量获取投入成本	34	32	32	32	-5.88
时间	2020 年第一季度	2020 年第二季度	2020 年第三季度	2020 年第四季度	年度增长率
流量获取投入成本	下降、数值未披露				—

资料来源：根据财务报告资料整理得到。

　　针对管理质量，本节选择员工总数作为管理数量的衡量指标，选择财务报表中每股净资产、每股经营活动产生的现金流量净额、每股营业总收入三个财务指标间接测度管理质量。表 3-6 结果显示，百度员工总数处于波动状态，2016 年至 2017 年下降了 7.86%，2017 年至 2018 年上升了 11.88%，2018 年至 2019 年下降了 6.92%，2019 年至 2020 年上升了 16.63%。

表 3-6　百度员工总数及其增长率

单位：人，%

指标	2016 年	2017 年	2018 年	2019 年	2020 年
员工总数	41000	37779	42267	39343	45887
增长率	—	-7.86	11.88	-6.92	16.63

资料来源：根据 Wind 数据资料整理得到。

　　图 3-16 结果显示，衡量管理质量的间接指标中每股净资产、每股营业总收入于 2016 年至 2020 年都保持较为稳定的增长，每股经营活动产生的现金流量净额 2018 年至 2020 年略有下降。每股净资产由 2016 年的 2657.13 元增长至 2020 年的 5455.38 元。每股经营活动产生的现金流量净额由 2016 年的 640.95 元增长至 2018 年的 1029.54 元，后下滑至 2020 年的 722.62 元。每股营业总收入由 2016 年的 2031.55 元增长至 2020 年的 3197.28 元。

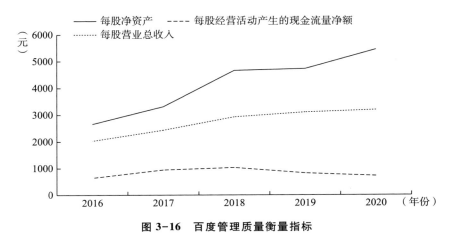

图 3-16　百度管理质量衡量指标

资料来源：根据 Wind 数据资料整理得到。

百度平台生态系统同样比较复杂，百度的投资版图涉及 308 家企业。百度联盟生态合作伙伴大会于 2019 年 5 月在四川召开。百度大脑生态合作伙伴计划即"燎原计划"，旨在为合作伙伴提供技术、客户、营销、企业运作和投资等全方位支持。帮助伙伴成功，共享 AI 未来。具有语音、图像、自然语言处理、视频、增强现实、知识图谱、数据智能七大方向，超过 100 项技术能力，官网显示合作伙伴至少有 100 家。通过 Wind 数据库，获取百度 2017 年 1 月 3 日至 2021 年 1 月 3 日的股价，并将上述分析与股价结合。百度股票价格 2017 年至 2020 年呈先上升后下降的趋势，其中 2018 年处于较高位置，2020 年处于较低位置（见图 3-17）。这种趋势与百度的盈利能力与收益质量走势相一致，反映了商业模式对百度的影响更大，用户资源与生态联盟对百度的价值创造有积极的推进作用。

对百度而言，商业模式是最为重要的价值驱动因素。主要原因是百度在"百度核心"（Baidu Core，即搜索服务与交易服务的组合）业务外还在布局 AI 市场，抢抓智能云、智能驾驶等领域中的机遇。由于爱奇艺业务不断亏损，需要在商业模式上尝试将用户资源转化为稳定的现金流。用户资源与生态联盟可以为百度带来较大的流量与强大的合作伙伴，比较而言，管理能力在价值驱动中的贡献表现较为一

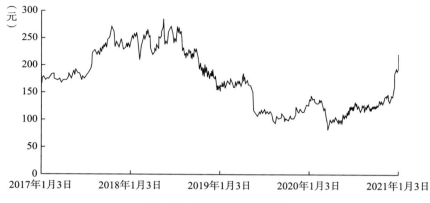

图 3-17　百度股票价格走势

资料来源：Wind 数据库。

般。百度平台商业模式—价值创造作用机理如图 3-18 所示。

图 3-18　百度平台商业模式—价值创造作用机理

（三）内容/社区网站：Facebook

　　Facebook 是美国 Meta 互联网平台下的社交媒体网站。用户通过个人电脑、平板电脑和智能手机等联网设备访问 Facebook 网站，注册用户可以发布文本、照片和多媒体，并与网站上相互关联的"朋友"进行共享。用户还可以通过 Facebook Messenger 直接与之交流，加入共同兴趣小组，并收到关于他们 Facebook 朋友的活动和他们关注的页面通知。Facebook 的主要盈利模式为广告业务收入。

　　本节选择财务报表中净资产收益率（平均）、总资产净利率、销售毛利率、销售成本率与营业利润/营业总收入来衡量 Facebook 盈利能力，选择营业利润/利润总额、经营活动产生的现金流量净额/营业收入、经营活动净收益/利润总额来衡量收益质量。

　　表 3-7 结果显示：2016 年至 2019 年，Facebook 净资产收益率与总

资产净利率经历先上升后下降的过程，其中 2018 年为最高点。2016 年至 2020 年，销售成本率总体呈上升趋势，销售毛利率总体呈减小趋势。营业利润占营业总收入的比例在 2016 年至 2020 年保持一定程度的波动状态，总体呈下降趋势。Facebook 收益质量较高，主营业务为企业主要利润来源。这从侧面说明，Facebook 平台商业模式较为单一。

表 3-7　Fackbook 盈利能力与收益质量

单位：%

指标	2016 年	2017 年	2018 年	2019 年	2020 年
盈利能力					
净资产收益率（平均）	19.76	23.86	27.91	19.96	25.42
总资产净利率	17.87	21.32	24.32	16.02	19.92
销售毛利率	86.29	86.58	83.25	81.94	80.58
销售成本率	13.71	13.42	16.75	18.06	19.42
营业利润/营业总收入	44.96	49.70	44.62	33.93	38.01
收益质量					
营业利润/利润总额	99.27	98.10	98.23	96.67	98.47
经营活动产生的现金流量净额/营业收入	58.28	59.57	52.43	51.37	45.07
经营活动净收益/利润总额	99.19	98.07	98.20	96.67	98.47

资料来源：根据公开报表整理得到。

针对用户资源，本节选取移动 MAU 进行衡量。表 3-8 显示，Facebook 移动 MAU 由 2016 年第一季度的 16.54 亿人增长至 2020 年第四季度的 27.97 亿人，在 2016 年至 2019 年，年度增长率略有下降，但保持在 5% 以上，2020 年的年度增长率达到 7.45%。

表 3-8　Facebook 移动 MAU

单位：百万人，%

时间	2016 年第一季度	2016 年第二季度	2016 年第三季度	2016 年第四季度	年度增长率
移动 MAU	1654	1712	1788	1860	12.45

时间	2017 年 第一季度	2017 年 第二季度	2017 年 第三季度	2017 年 第四季度	年度增长率
移动 MAU	1936	2006	2072	2129	9.97
时间	2018 年 第一季度	2018 年 第二季度	2018 年 第三季度	2018 年 第四季度	年度增长率
移动 MAU	2196	2234	2271	2320	5.65
时间	2019 年 第一季度	2019 年 第二季度	2019 年 第三季度	2019 年 第四季度	年度增长率
移动 MAU	2375	2414	2449	2498	5.18
时间	2020 年 第一季度	2020 年 第二季度	2020 年 第三季度	2020 年 第四季度	年度增长率
移动 MAU	2603	2701	2740	2797	7.45

资料来源：根据财务报告资料整理得到。

　　针对管理质量，本节选择员工总数作为管理数量的衡量指标，选择财务报表中每股净资产、每股经营活动产生的现金流量净额、每股营业总收入三个财务指标间接测度管理质量。表 3-9 结果显示，Facebook 员工总数处于不断上升的状态，由 2016 年底的 17048 人增长至 2020 年底的 58604 人，基本保持较高的增长率。

表 3-9　Facebook 员工总数及其增长率

单位：人，%

指标	2016 年底	2017 年底	2018 年底	2019 年底	2020 年底
员工总数	17048	25105	35587	44942	58604
增长率	—	47.26	41.75	26.29	30.40

资料来源：根据 Wind 数据资料整理得到。

　　图 3-19 结果显示，衡量管理质量的间接指标中每股净资产、每股经营活动产生的现金流量净额、每股营业总收入都保持了增长趋势。其中，每股净资产由 2016 年的 20.47 美元增长至 2020 年的 45.03 美元，增长率达到 120%。每股经营活动产生的现金流量净额由 2016 年的 5.57 美元增长至 2020 年的 13.60 美元，增长率达到 144%。每股营业总收入由 2016 年的 9.56 美元增长至 2020 年的 30.17 美元，增长率达到 216%。

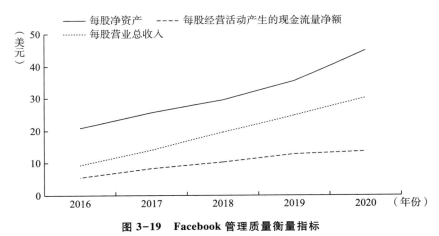

图 3-19　Facebook 管理质量衡量指标

资料来源：根据 Wind 数据资料整理得到。

　　Facebook 的战略联盟是为重新整合传统的商业模式和营销模式，以创造长期的商业价值，并专注于四大主要方面：人、技术、见解、创新体验。其主要的服务对象是平台的商业模式。通过 Wind 数据库，获取 Facebook 2017 年 1 月 3 日至 2021 年 1 月 3 日的股价，并将上述分析与股价结合，发现 Facebook 股票价格总体呈阶段性上升趋势。2019 年与 2020 年分别出现一个低点。这种趋势与商业模式中反映的盈利能力与收益质量变动趋势相一致。

　　因而对 Facebook 而言，其商业模式是价值创造的主要驱动因素。Facebook 的盈利模式较为单一，广告收入占比较大。因此，保持商业模式的盈利能力是平台价值创造的主要源泉。平台的管理能力与战略联盟关系都是为扩大用户基础从而获得稳定的广告收入而服务的。Facebook 平台商业模式—价值创造作用机理如图 3-20 所示。

图 3-20　Facebook 平台商业模式—价值创造作用机理

三 互联网平台价值创造的核心逻辑

（一） 互联网平台价值增长内涵

从企业价值增长内涵出发，价值增长是企业竞争能力升级、组织规模扩大、管理水平稳固、市场份额提升、盈利能力增强的过程。因此，对于互联网平台而言，价值增长的内涵包括如下方面。

（1） 平台资源由少及多不断积累的动态过程，这个过程是平台发展所必须经历的过程。对互联网平台来说，其面临的是未知而多变的复杂环境，需要遵循实体经济与互联网深度融合的总方向（王节祥等，2018），更需要特定的商业模式来维持价值的稳定增长。

（2） 互联网平台的价值增值依赖平台内部资源的不断积累，从而达到平台资源的丰富与平台能力的提升效果。从用户资源、管理能力与生态联盟三个方面展开资源的积累，通过拥有或控制稀缺资源，达到价值增值的目的。用户资源可以帮助互联网平台获得流量资源。具有高市场占有率的互联网平台，即便盈利能力弱，处于亏损状态，也具有平台价值。比如，亚马逊平台一直处于亏损状态，但其所有者仍将收益投入研发创新，以获得流量。资本市场投资者对其未来发展的预期持乐观态度。管理能力体现为高管的异质性与平台运营效率。生态联盟为互联网平台发展提供所需资源，包括技术、资本等稀缺但对平台发展必不可少的资源。

（3） 互联网平台的价值增值是创建循环、不断投资、不断收获、不断增长、建立开放（或封闭）的过程。当互联网平台经过种子期迅速占领市场后，需要形成"赢家通吃"局面，稳固市场地位。之后增加资本投入，不断提升行业地位，收获用户资源与流量资源，从而保证平台价值的动态增长。因此，互联网平台的价值创造是一个动态增长的过程。在这个过程中，生态系统参与者和平台具有互补性和依赖性双重特征，双方通过提升互补性和降低依赖性的解耦机制来提升各自绩效（王节祥等，2021a）。

（二）互联网平台价值增长逻辑

资源积累与资本运作是互联网平台价值增长的一般逻辑，两者相互作用、相辅相成。具体而言，互联网平台的资源积累包括通过商业模式确定的盈利模式带来财务资源的积累；通过销售费用、研发费用投入带来用户资源增加的流量资源积累；通过管理能力积累，提升平台运营效率，加速资源积累速度；通过缔结联盟关系获得自身难以获取的资源，最终获得平台必需的资源。平台拥有了更多资源，将会吸引风险资本入驻，从而开启另一轮资源增长，这反映在运营效率的提升、财务资源的增加与盈利能力的增强等多个方面。

第一，财务资源与平台资源相互转换的过程。在特定商业模式下，互联网平台通过前期不断投入资本，增加用户流量，实现用户资源积累，反馈到网络指标的不断增长上，促进财务指标优化，形成正反馈机制，获取第一轮投资的成功，实现平台资源的初始积累。进一步地，更多风险资本入驻将会提升平台管理能力，进一步增加平台资源，为用户带来更好体验，增加流量数据，提升平台市场占有率。因此，互联网平台投资能力反映在财务资源与平台资源的相互转换上。具体体现为：①通过投资提升企业的管理能力，从而积累用户资源；②通过用户资源稳固企业的生态圈位置，从而吸引更多风险资本与权益资金的投入，最终形成两个方面相互促进、不断发展的价值创造过程。

第二，财务资源与平台资源共同积累的过程。以互联网平台为主体，通过运营产生市场销售费用及一般行政管理费用，这些数据按照财务权责发生制，反映在公开的财务报告中，体现为研发费用、管理费用、销售费用等的增加。之后，平台通过运营获得营业收入与现金流，反映在利润表与现金流量表中，体现为平台的盈利能力与运营能力增强。若互联网平台具有更强的运营能力，那么其有可能获得更多收入与现金流，从而创造更多价值。

第三，资本运作与资源积累相互作用的过程。盈利能力提升、收益质量增加或平台资源增长都是互联网平台价值被创造的表现。风险资本与外部权益资金不仅发挥着支持平台运作的作用，同样也具有外部"监管"作用，从而达到互联网平台整体水平提升的目的。互联网平台价值创造过程如图 3-21 所示。

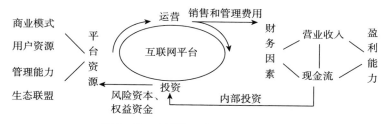

图 3-21　互联网平台价值创造过程

互联网平台价值动态增长表现为三个阶段。第一阶段是平台内部资源积累阶段。依托特定商业模式，互联网平台初期可以吸引到部分用户，达到用户流量增加或盈利能力提升的目的。在此过程中，互联网平台的管理能力不断升级，实现平台资源的第一阶段积累，形成初期价值创造的正反馈机制。

第二阶段，引入风险资本，对平台进行进一步的投资与监管，稳固平台市场占有率与盈利能力。一般互联网平台在上市前都会经历三轮以上融资过程，不断保有并扩大市场份额，提升行业竞争力。此阶段的互联网平台价值动态增长包含两个层次的意义：资源的积累与资本的运作。互联网平台通过价值网络与资源积累进行价值创造，打破传统企业通过供应链与现金流进行价值创造的模式（黄文妍，2016）。

第三阶段，互联网平台成功上市后，庞大的用户基础与海量的数据支持帮助其建立以平台为中心的生态系统。以商业模式为落脚点的平台发展，奠定了互联网平台所处的生态位置。通过战略联盟，开放平台会获得更多的用户流量，巩固其网络地位，增加平台资源。在其发展的过程中，管理能力得以不断提升，风险资本或许会退出，权益资金进入，互联网平台开始接受公众监管。其行为也开始与公众息息相关。可以从图 3-22 互联网平台价值动态增长过程中看出互联网平台价值增长的一般规律。

综上所述，互联网平台价值创造机理可以总结为两种。第一，以

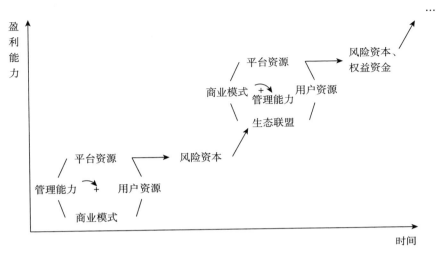

图 3-22　互联网平台价值动态增长过程

财务因素为驱动的盈利成长机理，着重关注财务报告中营业收入与现金流指标所反映的运营情况，从而从数据结果导向影响互联网平台价值。第二，以非财务因素驱动的资源创造机理，即通过前述的非财务要素（商业模式、用户资源、管理能力、生态联盟）实现互联网平台特殊的、有效的资源积累，通过资本运作，达到平台盈利能力整体提升的目的。

第三节　互联网平台价值创造过程的实证检验

参考 Amit 和 Zott（2001）提出的"电子商务企业价值创造模型"，本节从四个维度六个方面实证分析互联网平台价值创造模型，通过多元 OLS 回归方法，对 1986～2015 年于纽约证券交易所和纳斯达克上市的互联网平台展开实证研究。

一　财务指标驱动下的价值创造过程

（一）基本模型与指标构建

互联网平台具有高风险与高收益的特征，是双边市场中的平台，提供的互联网信息服务占营业总收入的 50% 以上（宣晓、段文奇，2018）。不同于传统企业，互联网平台的成长轨迹并非线性，平台的价值创造远远超越了价值链上的价值实现、战略网络中的企业关系或企业核心竞争力的开发所带来的价值增值（Amit and Zott，2001）。本节将沿用 Amit 和 Zott（2001）提出的"电子商务企业价值创造模型"，对互联网平台价值创造过程进行实证研究。基本模型围绕效率、锁定、互补和创新四个互为依赖的互联网平台价值创造维度。效率提升平台的基础价值，反映在财务指标的运营、盈利和成长能力上（Ma-took，2013；Santosuosso，2014）；锁定形成用户资源，提升平台用户基数及用户忠诚度（Ordanini and Pasini，2010）；互补产生协同能力，通过服务需求匹配程度、平台用户交互程度及商业模式要素匹配程度实现资源互补，缔结良好网络关系（Hallen and Eisenhardt，2012）；创新强调由变革带来价值创造，基于熊彼特式创新，利用创造性破坏，提升平台价值（Wang，2013）。互联网平台价值创造整体概念框架如图 3-23 所示。

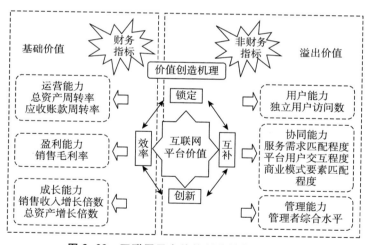

图 3-23　互联网平台价值创造整体概念框架

　　财务指标主要衡量互联网平台运营效率转化为平台盈利与成长性的能力，反映平台基础价值。Baik 等（2013）通过简单的财务比率与企业盈利能力之间的关系来衡量企业运营效率，采用的指标为总资产周转率。Santosuosso（2014）同样采用财务比率指标研究效率与公司盈利能力、股票市场价值和经营现金流之间的关系。其中，财务报表中的效率变量包括总资产周转率（销售收入净额/平均总资产）、存货周转率（销售成本/平均存货余额）、应收账款周转率（赊销收入净额/应收账款平均余额）和每个员工的收入（销售收入/员工人数）。本节使用总资产周转率、应收账款周转率衡量互联网平台的运营能力。

正如 Trueman 等（2000）所示，将互联网平台的净收益分解为其组成部分时，毛利与其价格呈显著正相关。毛利润反映了一家公司目前的经营业绩，这种经营情况是长期一致的。因而，本节采用销售毛利率来体现互联网平台的盈利能力。

对于成长能力的衡量，Libby 等（2004）基于对平衡计分卡的研究，在财务角度使用销售回报、人均销售收入、销售增长等指标。Sievers 等（2013）在风险资本估值中运用总资产倍数法对估值结果进行对比。因此，本节采用销售收入增长倍数、总资产增长倍数衡量互联网平台的成长能力。

综上，整理得到如表 3-10 所示的互联网平台财务指标驱动的价值创造衡量表。

表 3-10　互联网平台价值创造财务指标

价值指标	衡量维度	评估指标	参考文献
财务指标	运营能力	总资产周转率	Baik 等（2013）；Santosuosso（2014）
		应收账款周转率	
	盈利能力	销售毛利率	Trueman 等（2000）
	成长能力	销售收入增长倍数	Libby 等（2004）；Sievers 等（2013）
		总资产增长倍数	

（二）实证研究设计

实证研究按照企业价值评估市场法进行，选取标杆企业价值作为标准，在财务方面，从平台运营能力、盈利能力和成长能力三个方面，通过参考已有成熟研究运用的合适指标，构建互联网平台价值评估框架。通过与多位专家研讨，得到互联网平台价值评估的指标体系。具体指标参数如表 3-11 所示。

表 3-11　以标杆企业价值为基准的互联网平台价值评估财务指标体系

指标	解释	计算
标杆企业价值（P_{bm}）	标杆企业股票价格	会计年度年末标杆企业收盘价
总资产周转率比（ATO_j/ATO_{bm}）	待评估企业与标杆企业总资产周转率的比	总资产周转率 = 销售收入净额/平均总资产
应收账款周转率比（RTO_j/RTO_{bm}）	待评估企业与标杆企业应收账款周转率的比	应收账款周转率 = 赊销收入净额/应收账款平均余额
销售毛利率比（PM_j/PM_{bm}）	待评估企业与标杆企业销售毛利率的比	销售毛利率 = 销售毛利/销售收入
销售收入增长倍数比（GR_j/GR_{bm}）	待评估企业与标杆企业销售收入增长倍数的比	销售收入增长倍数 = 本年营业收入/上一年营业收入
总资产增长倍数比（GA_j/GA_{bm}）	待评估企业与标杆企业总资产增长倍数的比	总资产增长倍数 = 本年总资产/上一年总资产

二　非财务指标驱动下的价值创造过程

（一）基本模型与指标构建

仅通过财务指标对互联网平台进行价值评估存在很大局限性，依托"电子商务企业价值创造模型"，本节沿用锁定、互补和创新三个维度对非财务驱动指标展开研究。第一，锁定指消费者进行重复购买、厂商被鼓励去维持和改善用户关系，从而增加的用户转移成本（Amit and Zott，2001）。Trueman 等（2000）通过实证研究，指出财务指标与互联网平台的低价值相关，平台指标（独立用户访问数和页面浏览量等）与股价的高价值相关。因而本节采用独立用户访问数来反映用户关系中的锁定维度。

第二，互补指无论何时，一组产品提供的价值比单独产品提供的价值总和要高。本节将基于平台服务与用户需求、同边和跨边网络用户、商业模式构成要素的协同能力来反映互联网平台的互补性（宣晓、段文奇，2018）。在此使用服务需求匹配程度、平台用户交互程度、商业模式要素匹配程度进行衡量。

第三，创新指为市场引入新产品或服务，提供新方法下的生产、分配、营销与开发新市场的能力。此处用管理能力进行衡量，定义为管理者综合水平。

综上所述，可以整理得到如表 3-12 所示的互联网平台非财务指标驱动的价值创造衡量表。

表 3-12　互联网平台价值创造非财务指标

价值指标	衡量维度	评估指标	参考文献
非财务指标	用户能力	独立用户访问数	Livne 等（2011）
	协同能力	服务需求匹配程度	Trueman 等（2000）
		平台用户交互程度	Newbert 等（2013）；Hallen 和 Eisenhardt（2012）；Nenonen 和 Storbacka（2010）
		商业模式要素匹配程度	
	管理能力	管理者综合水平	Demerjian 等（2012b）

（二）实证研究设计

实证研究按照企业价值评估市场法进行，以标杆企业价值为标准，在非财务指标的选取方面，选择用户能力、协同能力、管理能力三个方面的主要指标，通过已有研究中出现的成熟指标，构建互联网平台价值评估框架，并通过与多位专家的研究讨论，得到互联网平台价值评估指标体系。具体指标参数如表 3-13 所示。

表 3-13　以标杆企业价值为基准的互联网平台价值评估非财务指标体系

指标	解释	计算
独立用户访问数比（U_j/U_{bm}）	待评估企业与标杆企业独立用户访问数量的比	独立用户访问数为每天访问该网站的独立 IP 数
服务需求匹配程度比 $[(S-R_j)/(S-R_{bm})]$	待评估企业与标杆企业服务需求匹配程度的比	人均页面浏览数无量纲化处理
平台用户交互程度比 $[(U-U_j)/(U-U_{bm})]$	待评估企业与标杆企业平台用户交互程度的比	每百万网民访问网站人数赋值处理

指标	解释	计算
商业模式要素匹配程度比 $\left[(B-B_j)/(B-B_{bm})\right]$	待评估企业与标杆企业商业模式要素匹配程度的比	页面浏览数全球排名赋值处理
管理者综合水平比 (MG_j/MG_{bm})	待评估企业与标杆企业管理者综合水平的比	采用 DEA-Tobit 两阶段模型，产出指标为主营业务收入和独立访客量；投入指标为主营业务成本、销售和管理费用、固定资产净值、净经营租赁、研发费用、商誉以及除商誉外的无形资产

三　平台整体价值的整合与提升过程

（一）基础实证模型

互联网平台价值创造的基本模型，涵盖包括总资产周转率、应收账款周转率、销售毛利率、销售收入增长倍数、总资产增长倍数在内的财务指标以及包括独立用户访问数、服务需求匹配程度、平台用户交互程度、商业模式要素匹配程度、管理者综合水平在内的非财务指标。通过设定 $\alpha_1 \sim \alpha_{11}$ 的对应系数来放大标准化方法处理后的指标变异程度。具体模型为：

$$\ln(P_j) = \ln\alpha_0 + \alpha_1 \ln(P_{bm}) + \alpha_2 \ln(ATO_j/ATO_{bm}) + \alpha_3 \ln(RTO_j/RTO_{bm}) +$$

$$\alpha_4 \ln(PM_j/PM_{bm}) + \alpha_5 \ln(GR_j/GR_{bm}) + \alpha_6 \ln(GA_j/GA_{bm}) + \alpha_7 \ln(U_j/U_{bm}) +$$

$$\alpha_8 \ln\left[(S-R_j)/(S-R_{bm})\right] + \alpha_9 \ln\left[(U-U_j)/(U-U_{bm})\right] + \alpha_{10} \ln\left[(B-B_j)/(B-B_{bm})\right] +$$

$$\alpha_{11} \ln(MG_j/MG_{bm}) + \varepsilon$$

$$(3-1)$$

其中，j 为待评估互联网平台，bm 是标杆企业。P 表示企业价值，可比因素特征指标包括总资产周转率（ATO）、应收账款周转率（RTO）、销售毛利率（PM）、销售收入增长倍数（GR）、总资产增长倍数（GA）、独立用户访问数（U）、服务需求匹配程度（$S-R$）、平台用户交互程度（$U-U$）、商业模式要素匹配程度（$B-B$）、管理者综合水平（MG）。各指标全部取对数处理，通过估计系数 $\alpha_1 \sim \alpha_{11}$ 检验互联网平台的价值模型。

（二）样本选取和数据来源

以在纽约证券交易所和纳斯达克上市的互联网平台为研究对象，样本涉及年份为 1986～2015 年，以 2015 年 12 月 31 日的股票收盘价为价值基准，主要数据来源于同花顺（iFinD）数据库、全球性流量排名网站 Alexa。通过随机抽取 1 家企业为标杆企业，获得 80 家互联网平台初始观察值，剔除已经退市以及数据不完整或者指标极端异常的企业，最终得到年度观测值 660 个。为消除极端异常值的影响，对所有连续变量进行 1% 的 Winsorize 处理。

（三）样本描述性统计分析

表 3-14 为变量描述性统计结果，包括观测值（Obs）、均值（Mean）、标准差（Std）、最小值（Min）、最大值（Max）、中位数（Media）、第 25 百分位数（P25）和第 75 百分位数（P75）。样本总体稳健，不存在极端数据。Pearson 相关性检验结果显示，多数变量之间的相关系数小于 0.3，方差膨胀因子小于 5（VIF = 4.34），模型参数相对独立，不存在严重的多重共线性问题。

表 3-14　变量描述性统计结果

变量	Obs	Mean	Std	Min	Max	Media	P25	P75
$\ln(P_j)$	660	3.219	1.469	−0.010	7.150	3.050	2.080	4.130
$\ln(P_{bm})$	660	3.091	2.014	−0.010	7.150	2.910	1.480	4.820
$\ln(ATO_j/ATO_{bm})$	660	0.068	0.902	−2.770	2.020	0.100	−0.425	0.610
$\ln(RTO_j/RTO_{bm})$	650	0.498	1.442	−2.260	4.280	0.230	−0.380	1.290
$\ln(PM_j/PM_{bm})$	660	0.104	0.858	−2.230	1.570	0.135	−0.405	0.750
$\ln(GR_j/GR_{bm})$	660	0.097	0.469	−1.830	2.240	0.090	−0.080	0.260
$\ln(GA_j/GA_{bm})$	660	0.077	0.552	−1.080	1.870	−0.010	−0.300	0.340
$\ln(U_j/U_{bm})$	660	3.534	4.031	−4.690	12.630	3.170	0.745	6.150
$\ln[(S-R_j)/(S-R_{bm})]$	660	0.103	0.190	−0.270	0.620	0.075	−0.030	0.210
$\ln[(U-U_j)/(U-U_{bm})]$	660	0.222	0.365	−0.340	2.460	0.180	0.000	0.340
$\ln[(B-B_j)/(B-B_{bm})]$	660	0.225	0.251	−0.340	0.690	0.180	0.000	0.410
$\ln(MG_j/MG_{bm})$	660	−0.016	0.188	−0.490	0.390	−0.020	−0.150	0.080

（四）回归分析和模型校正

基本模型通过效度检验，说明衡量指标具有合理性。本节将运用逐步回归法，按照回归结果，剔除结果显著性不高及异常的指标，对模型进行修正。检验结果如表 3-15 所示。

全变量回归模型（1）中，应收账款周转率比（RTO_j/RTO_{bm}）的 t 检验值为 -1.76，P 值为 0.078；销售收入增长倍数比（GR_j/GR_{bm}）的 t 检验值为 0.72，P 值为 0.474，二者未通过 1% 的显著性水平检验。

模型（2）逐步回归检验结果进一步支持了模型（1）的结果，删除了应收账款周转率比（RTO_j/RTO_{bm}）和销售收入增长倍数比（GR_j/GR_{bm}）两个指标。另外，按照市场法估值一般规律，价值估计模型中的指标参数具有趋同性，需要剔除系数为负的指标。因此，在模型（3）中，剔除了系数为负的评估指标总资产周转率比（ATO_j/ATO_{bm}）和商业模式要素匹配程度比 $[(B-B_j)/(B-B_{bm})]$。修正后的模型通过 F 检验，具有较好的拟合效果。

表 3-15　互联网平台价值评估模型构建效度以及衡量指标合理性的实证检验

影响变量		模型（1）	模型（2）	模型（3）
常数项	α_0	2.413 *** (20.27)	2.325 *** (21.85)	2.295 *** (21.30)
解释变量	$\ln(P_{bm})$	0.100 *** (3.59)	0.115 *** (4.40)	0.099 *** (3.78)
	$\ln(ATO_j/ATO_{bm})$	-0.250 *** (-3.59)	-0.252 *** (-4.12)	
	$\ln(RTO_j/RTO_{bm})$	-0.070 * (-1.76)		
	$\ln(PM_j/PM_{bm})$	0.360 *** (5.17)	0.376 *** (5.78)	0.418 *** (6.74)
	$\ln(GR_j/GR_{bm})$	0.117 (0.72)		

续表

影响变量		模型（1）	模型（2）	模型（3）
解释变量	$\ln\,(GA_j/GA_{bm})$	0.513 *** (3.99)	0.582 *** (6.32)	0.649 *** (7.04)
	$\ln\,(U_j/U_{bm})$	0.186 *** (4.16)	0.175 *** (4.18)	0.086 *** (4.36)
	$\ln[\,(S-R_j)/(S-R_{bm})\,]$	1.679 *** (5.34)	1.557 *** (5.00)	1.157 *** (4.02)
	$\ln[\,(U-U_j)/(U-U_{bm})\,]$	0.574 *** (2.77)	0.515 *** (2.50)	0.512 ** (2.46)
	$\ln[\,(B-B_j)/(B-B_{bm})\,]$	-2.215 *** (-2.84)	-1.791 *** (-2.59)	
	$\ln\,(MG_j/MG_{bm})$	1.127 *** (3.51)	1.131 *** (3.74)	0.727 *** (2.54)
Prob>F		0.000	0.000	0.000
R^2		0.328	0.328	0.306
Obs		650	660	660

注：*、**、*** 分别表示在 10%、5%、1% 的水平下显著，括号内为 t 值。

综上所述，优化后的模型包括如下参数：标杆企业价值（P_{bm}）、销售毛利率比（PM_j/PM_{bm}）、总资产增长倍数比（GA_j/GA_{bm}）、独立用户访问数比（U_j/U_{bm}）、服务需求匹配程度比 [$(S-R_j)/(S-R_{bm})$]、平台用户交互程度比 [$(U-U_j)/(U-U_{bm})$]、管理者综合水平比（MG_j/MG_{bm}）。修正后的互联网平台价值评估模型为：

$$P_j = \alpha_0 \times P_{bm}{}^{\alpha_1} \times (PM_j/PM_{bm})^{\alpha_2} \times (GA_j/GA_{bm})^{\alpha_3} \times (U_j/U_{bm})^{\alpha_4} \times$$
$$[\,(S-R_j)/(S-R_{bm})\,]^{\alpha_5} \times [\,(U-U_j)/(U-U_{bm})\,]^{\alpha_6} \times (MG_j/MG_{bm})^{\alpha_7} \tag{3-2}$$

本节提出的互联网平台价值评估模型为后续互联网平台价值创造与估值方法的进一步探索建立了基本标杆，揭示了财务驱动因素与非财务驱动因素如何共同影响互联网平台价值。

第四章　互联网平台价值创造驱动因素的作用机理

【本章导读】互联网平台主要通过商业模式确定平台盈利来源；通过吸引用户增强用户黏性，获得用户资源；通过提升管理能力指导平台做出决策；通过联盟与风险资本介入，提升平台价值创造能力。本章主要运用实证研究方法，从商业模式、用户资源、管理能力、战略网络四个维度，阐释互联网平台价值创造驱动因素的作用机理。

第一，商业模式对价值创造的影响具有动态全局的特征，在互联网平台确定盈利模式、获得成长能力方面具有重要作用。目前缺乏对商业模式影响互联网平台价值创造过程的研究。本章创造性地从价值创造效率层面，选取投入-产出指标，利用数据包络分析法，测度互联网平台价值创造效率，揭示商业模式对互联网平台价值创造的作用机理。

第二，用户资源被视为互联网平台价值的代理指标，用户创造收入的能力测度了价值创造效果，但目前缺乏对用户资源本身价值的探索。用户本身具有资源属性，可以通过创造收入捕获价值、通过产生协同和拓展业务获得价值、通过传递积极信号吸引价值。这部分价值在以往的研究中缺乏探讨。本章创新性地提出了用户资源的计算方法，揭示了用户资源对互联网平台价值的作用机理。

第三，已有文献关注管理者能力对互联网平台收入创造的影响，但对互联网平台而言，管理者的其他能力同样重要，通过不同的战略决策，管理者能力会影响平台资源积累与资本运作的实际效果，从而影响到平台价值。在管理能力对平台价值创造的作用机理中，本章创造性地丰富了管理者能力内涵，通过对美国上市互联网平台的管理者用户形成能力数据进行实证研究，揭示管理者用户形成能力对互联网平台价值的重要作用。

第四，随着我国平台经济的不断发展，传统互联网平台尝试更多跨界合作，市场中形成了大型平台生态系统，中小企业在其中交互、相互联系，通过战略网络形成高效的联盟关系，获取有利于企业发展的关键稀缺资源，保持企业的竞争优势。在战略网络对平台价值创造的作用机理中，本章创造性地构建了战略网络指标，实证研究了34家互联网平台战略联盟公告对平台价值的影响，从不同网络关系的不同属性研究其对互联网平台价值的不同影响。

第一节 商业模式对平台价值创造的作用机理

商业模式是互联网平台价值创造的解释维度之一，反映公司的运营和产出系统，为互联网平台价值创造构建理论视角（Wirtz et al.，2010）。不同商业模式的互联网平台之间的价值差异非常大。本节将着重从商业模式驱动互联网平台价值创造角度，对平台价值创造效率进行分析。

一 商业模式创造平台价值的内在逻辑

（一）商业模式内涵

商业模式一词是在 20 世纪 90 年代信息和通信技术（ICT）发展与互联网公司出现的时候提出的，吸引了大量从业者与研究者的兴趣。随着互联网泡沫在 2000 年破灭，商业模式一词不断传播，并在商业计划、商业战略、价值创造、全球化、组织设计等不同领域与框架内广泛使用，涉及营销、管理、信息技术等各种专业（Casadesus-Masanell and Ricart，2010；DaSilva and Trkman，2014）。

第一，商业模式是企业已实现战略的反映。Casadesus-Masanell 和 Ricart（2010）指出，商业模式是企业的逻辑、经营方式，表现为如何为利益相关者创造价值。它是一个全局性的动态概念，呈现跨界合作与多层次特征（Beattie and Smith，2013）。它可以将技术特征和潜力作为输入，并通过客户和市场转化为经济输出，是企业在技术革新中获取价值并将技术商业化的手段，解决了企业是如何创造收入的问题（Chesbrough and Rosenbloom，2002）。

第二，商业模式体现了企业资源的有效利用情况。基于资源基础理论和交易成本理论，将有限的资源进行整合从而获得最大效益是商业模式的关键所在（DaSilva and Trkman，2014）。商业模式中包含的难以模仿、不可转让、不能替代、具有互补性、具有生产力的资源，是企业价值的源泉。此类资源不仅包括基础设施，也涵盖人力、技术、合作伙伴，还包括利用企业的各种资源所获得的服务（Chanal and Caron-Fasan，2010）。

第三，商业模式是企业价值创造和价值获取的方式。Amit 和 Zott（2001）指出，商业模式是基于熊彼特"创造性破坏"行为的一种创新，这种创新体现在市场、产品、分销渠道、生产流程上，还体现在交换机制和交易架构上。商业模式在企业建立之初被用来设计企业创造价值的架构、价值的传递与捕获机制，反映公司如何创造价值（Teece，2010；DaSilva and Trkman，2014）。

综上所述，商业模式是从企业整体战略出发，对企业资源实施有效利用的手段，从而帮助企业创造与获取价值。

（二）商业模式构成要素

自信息技术获得众多学者关注以来，大量研究对商业模式的构成要素进行探索，笔者整理已有文献得到如表 4-1 所示的商业模式构成要素一览表。

表 4-1 商业模式构成要素

年份	作者	构成要素	要素数量（个）
1999	Markides	产品创造、用户价值、基础设施、资金、营销战略	5
2000	Stewart 和 Zhao	用户选择、企业利润、价值实现、策略控制、差异化、经营范围	6

续表

年份	作者	构成要素	要素数量（个）
2001	Hamel	顾客界面、核心战略、资源能力、价值网络	4
2001	Amit 和 Zott	环境约束、目标、利益相关者活动	3
2005	Osterwalder 等	价值主张、销售渠道、成本架构、顾客细分、盈利形式、价值体现、资源能力、目标对象、网络关系	9
2013	Timmers	收益产生源头、产品内容结构、参与者收益、参与者角色、销售策略	5
2013	Morris 等	差别来源、价值实现、企业边界、定价模式、核心资源与能力、盈利方式	6
2014	Bocken 等	价值主张、价值获取、价值创造和传递	3
2017	刘凯宁等	盈利渠道、用户价值、内部价值、价值链构成	4
2017	Massa 等	业务运作方式、业务属性、业务认知模式	3
2018	李鸿磊	价值提出、盈利模式、关键资源、价值渠道、利益相关者、收支方式、互补组合、交易结构	8
2018	Fjeldstad 和 Snow	客户关系、分配机制、价值主张、价值创造、产品与服务	5
2020	迟考勋	价值获取、价值定位、价值创造	3
2021	朱明洋等	价值创造、顾客主张、利益相关者价值传递、价值获取	4

（三）商业模式效果评价

Hamel（2001）指出，决定商业模式财富潜力的四个因素分别是高效性、独特性、适宜性、营利性。随着互联网的发展，非财务指标越来越多地被提及。其中，客户价值的重要性得到高度关注。如 Gupta 等（2004）提出使用客户价值来评价商业模式。与传统企业不同，大多数互联网企业为高新企业，虽然它们的成长速度快、成长潜能大，但在收益方面却表现出负增长。

在衡量互联网平台商业模式以及创新带来的企业价值时，有学者考虑了顾客价值。Sabine（2013）通过文献梳理和总结，认为可以从顾客角度来测度企业经营业绩，具体分为顾客服务、顾客忠诚、顾客满意、顾客认知等方面。Abhayawansa 和 Guthrie（2010）在回顾现有文献的基础上，说明智力资本对资本市场的重要性，提出使用智力资本评估企业价值的方法。Wirtz 等（2010）指出，决定企业成功与否的商业模式包含 8 个方面，分别是客户价值、设计范围、定价、收入来源、连接活动、执行、能力、可持续性。其中息税前利润、投资回报率、资本回报率、已动用资本回报率、现金流量是评价商业模式的绩效指标。

结合上述文献，本章认为商业模式是一个动态概念，能对价值创造和价值获取进行阐述，互联网平台价值创造的四个维度分别为创新、效率、锁定和互补。

（四）商业模式创新

商业模式创新涉及产品创新、过程创新，通常花费巨大且耗时长久。目前，商业模式创新的主要论述包括开放式创新、合作创新和服务创新。Chanal 和 Caron-Fasan（2010）以 CrowdSpirit 为例，指出开放式创新能够让更多人参与到创新中。Bergvall-Kåreborn 和 Howcroft（2014）认为，苹果公司的成功在于外部数字内容的有效采购。通过第三方开放平台来汇集应用开发人员的专业知识，以推动苹果公司新产品和应用程序的开发，为苹果公司的发展捕获或创造价值。Ritala 等（2014）通过研究亚马逊案例，认为与竞争对手合作这一商业模式能提高市场地位，创造新市场，提高资源利用效率，提高公司的竞争地位。Cuéllar-Fernández 等（2011）指出，相比于采取收购方式来获得更多的资源，成立联盟成为所有行业中最为重要的战略。联盟是一种合作，包括产品、服务、知识的交换、共享及共创。企业联盟可以在业务或者资源上进行战略互补，从而为企业带来协同价值。Joha 和 Janssen（2012）提出大多数电子政府的服务创新聚焦于创造新的服务，聚焦于一定数量的商业模式集合，更容易提高服务创新水平。Zoric（2011）认为，专注于服务用户，将会把用户价值落实到目标、需求和使用场景。

（五）商业模式对企业价值的影响

商业模式的总目标是实现价值主张，其中，价值创造是途径（项国鹏等，2014）。具体而言，第一，从运营角度看，商业模式是一种运营方式，结合了顾客需求、价值链的核心资源、企业经营，体现了企业如何为利益相关者创造价值（Johnson et al.，2008；Priem et al.，2018）。第二，从战略角度看，商业模式是战略组合，包含顾客选择、差异化产品、市场定位组合、企业成长选择、市场进入形式。第三，从系统角度看，商业模式影响企业定位、核心资源与能力，是结构或体系，具有系统性（Johnson et al.，2008）。

　　在商业模式影响企业价值的研究中，优化商业模式能提升企业价值的观点得到众多学者的证实。较多学者主张从商业模式的构成要素，如客户、资源、渠道等方面进行研究。Magretta（2002）认为，类别不同的商业模式产生的企业绩效也不同，未来企业家的竞争优势体现在商业模式上。也有学者将商业模式作为中介变量或者调节变量进行分析，把商业模式作为创业环境、创业机会、创业能力与创业企业价值的中介变量。Ng 等（2013）通过文献回顾和实证研究得出三个观点：首先，价值驱动因素对商业模式或新商业模式非常重要；其次，企业可以通过驱动因素的改变来提高绩效；最后，网络结构或伙伴关系是商业模式形成的关键。

二　衡量商业模式价值创造的主要指标

　　本章构建互联网平台价值创造效率这个广义概念来衡量企业价值创造的相对大小，分析互联网平台在一定时期内资本投入与产出之间的关系。互联网平台价值创造效率按照各类资本要素投入与互联网平台价值增值之比来衡量，反映互联网平台给予利益相关者回报能力的强弱，可以衡量平台价值创造能力，表明平台发展的动力，体现平台实现价值创造的有效程度。效率值越高，则互联网平台资源利用效果越好。

　　采用 DEA 模型对互联网平台价值创造效率指标进行计算，输入指标和输出指标之间的关系需要符合经济意义上投入和产出之间的关系，即决策单元输入指标值越大，输出指标值也就越大。在决策单元输出指标值相同的情况下，输入指标值越小越有效；在决策单元输入指标值相同的情况下，输出指标值越大越有效（杨宏林等，2015）。投入指标为互联网平台为产生价值进行的投资，包括应付职工薪酬

（*PEC*）、销售和管理费用（*SG&A*）、主营业务成本（*COGS*）、无形资产（*Intan*）、固定资产净值（*PP&E*）、研发费用（*R&D*）。产出指标采用互联网平台财务价值与用户价值来衡量，包括经济增加值（*EVA*）、单位活跃用户收入（*ARPU*）、总页面浏览量（*PV*）、月度活跃用户数（*MAU*）、独立访客数量（*UV*）。

三　商业模式驱动平台价值创造的效率模型

（一）样本选取

本节选取 61 家互联网平台作为研究样本，样本为在我国或美国证券市场公开上市、拥有典型双边平台特征且 51% 以上的业务收入与互联网有关的平台。剔除已经退市、数据不完整的企业样本，最终确定 53 家互联网平台为研究对象。财务数据通过各公司年报获取，主要数据库为 Wind 数据库，非财务数据通过全球性流量排名网站 Alexa、艾媒数据咨询网等公开渠道获取。对数据进行无量纲化处理，具体方法如下：

$$y_{ij} = 0.1 + \frac{x_{ij} - m_j}{M_j - m_j} \times 0.9 \qquad (4-1)$$

其中，$m_j = \min(x_{ij})$，$M_j = \max(x_{ij})$，$i = 1, 2, \cdots, n$，$y_{ij} \in [0.1, 1]$。

（二）变量说明

（1）被解释变量。由 DEA 模型计算得到互联网平台价值创造综合效率。

（2）解释变量。本章解释变量为基于网络效应理论、共生营销理论、企业资源基础理论和战略网络理论，以及商业模式视角提出的五个关键因素，包括社群、锁定、跨界、定制和创新。

（3）控制变量。为准确反映商业模式对互联网平台价值创造效率的影响，选取企业规模、企业年龄、资产负债率、总资产周转率为控制变量。

各变量定义如表 4-2 所示。

表 4-2 价值创造效率的主要影响因素及测度方法

变量类型	变量名称	变量含义	测量方法	相关文献
被解释变量	价值创造效率（*Eff*）	企业投入资本进行价值创造的投入与产出效率	DEA 模型	Demerjian 等（2012a）
解释变量	社群（*Social*）	以社群用户互动频率来计，对社群类型按照不同等级进行划分	0 为无社群；1 为消费型；2 为兴趣型；3 为品牌型；4 为社交型	王昕天和汪向东（2019）
	锁定（*Lockin*）	企业会员类型	付费会员制取值为2；积分会员制取值为1；无会员制取值为0	岳云嵩和李兵（2018）
	跨界（*Cross*）	企业跨界数量	以主营业务构成分析中的行业数量来计	陈艳莹和鲍宗客（2013）
	定制（*Custom*）	以顾客参与定制程度来计，对定制类型按照不同等级进行划分	0 为无定制；1 为消费型；2 为适应型；3 为选择型；4 为合作型	张余华（2010）
	创新（*Innovate*）	企业的研发投入	研发费用总额/主营业务收入	Aghabekyan（2010）
控制变量	企业规模（*Size*）	企业的市场竞争力	总资产账面价值的自然对数	Frijns 等（2012）
	企业年龄（*AGE*）	企业成立的年限	企业经营年限加 1 后取自然对数	Demerjian 等（2012a）
	资产负债率（*LEV*）	企业的风险水平	总资产/总负债	池国华等（2013）
	总资产周转率（*ATO*）	企业的盈利能力	销售收入/总资产	Santosuosso（2014）

四 基于 DEA 模型的互联网平台价值创造效率测度

（一）互联网平台价值创造效率测度的实证分析

1. 互联网平台价值创造效率的相关性分析

相关性分析可以从投入产出角度说明变量之间存在一定的关系。因此，本节采用 SPSS 22.0 软件对投入产出指标进行相关性分析，观察各变量间的皮尔逊相关系数是否符合要求，结果如表 4-3 所示。根据表 4-3 可知，每项投入与每项产出均具有相关性，表明选取的投入、

表 4-3 互联网平台价值创造效率投入与产出指标间的相关系数

变量	PEC	COGS	SG&A	PP&E	Intan	R&D	EVA	PV	UV	MAU	ARPU
PEC	1										
COGS	0.778**	1									
SG&A	0.747**	0.692**	1								
PP&E	0.854**	0.612**	0.895**	1							
Intan	0.810**	0.579**	0.811**	0.887**	1						
R&D	0.688**	0.397**	0.825**	0.896**	0.911**	1					
EVA	0.675**	0.333*	0.704**	0.819**	0.962**	0.920**	1				
PV	0.707**	0.381**	0.401**	0.591**	0.585**	0.449**	0.548**	1			
UV	0.742**	0.398**	0.451**	0.636**	0.641**	0.514**	0.607**	0.994**	1		
MAU	0.634**	0.357**	0.597**	0.728**	0.724**	0.659**	0.717**	0.600**	0.636**	1	
ARPU	0.734**	0.502**	0.605**	0.744**	0.731**	0.679**	0.676**	0.593**	0.630**	0.649**	1

注：*、** 分别表示双尾 t 检验值在 10%、5% 的水平下统计显著。

产出指标是合理的，据此建立的 DEA 实证模型有效。

2. 互联网平台价值创造效率测度

为衡量和分析互联网平台价值创造效率，本节使用 DEAP 软件，采用投资导向的 DEA 模型，对 53 家互联网平台（DMU）进行投入指标与产出指标的分析，得到互联网平台价值创造效率取值范围为 0～1。具体结果如表 4-4 所示。

表 4-4　互联网平台 DEA 测算结果

序号	DMU	综合效率	纯技术效率	规模效率	规模报酬
1	阿里巴巴	1.000	1.000	1.000	-
2	百度	0.244	1.000	0.244	drs
3	京东	0.955	0.960	0.995	drs
4	网易	0.334	1.000	0.334	drs
5	新浪微博	1.000	1.000	1.000	-
6	拼多多	0.455	0.476	0.957	irs
7	爱奇艺	0.284	0.300	0.949	irs
8	搜狐	1.000	1.000	1.000	-
9	58 同城	0.160	0.915	0.174	drs
10	携程	0.135	0.929	0.145	drs
11	猎豹移动	0.730	0.738	0.989	drs
12	汽车之家	0.423	0.797	0.531	drs
13	唯品会	0.155	0.587	0.263	drs
14	世纪互娱	1.000	1.000	1.000	-
15	斗鱼	0.667	0.721	0.925	irs
16	欢聚时代	0.578	1.000	0.578	drs
17	易车	0.408	0.412	0.989	irs
18	前程无忧	0.593	0.739	0.803	drs
19	房天下	0.094	0.127	0.738	drs
20	好未来	1.000	1.000	1.000	-
21	哔哩哔哩	0.479	0.752	0.637	drs
22	途牛旅游网	0.314	0.436	0.722	drs
23	荔枝	0.540	0.805	0.670	drs

序号	DMU	综合效率	纯技术效率	规模效率	规模报酬
24	蘑菇街	0.312	0.356	0.878	irs
25	趣头条	1.000	1.000	1.000	–
26	人人网	0.935	1.000	0.935	drs
27	搜狗	1.000	1.000	1.000	–
28	陌陌	0.420	0.616	0.681	drs
29	万国数据	0.275	0.287	0.958	irs
30	掌趣科技	1.000	1.000	1.000	–
31	人民网	0.976	0.977	0.999	irs
32	腾讯控股	0.622	1.000	0.622	drs
33	三六零	0.329	1.000	0.329	drs
34	顺网科技	0.403	1.000	0.403	drs
35	苏宁易购	0.102	0.161	0.632	drs
36	三七互娱	1.000	1.000	1.000	–
37	昆仑万维	0.658	0.681	0.965	irs
38	美团点评	0.250	0.320	0.779	irs
39	同程艺龙	0.194	0.888	0.218	drs
40	网宿科技	0.601	0.807	0.745	drs
41	巨人网络	0.816	0.938	0.870	drs
42	朗玛信息	1.000	1.000	1.000	–
43	完美世界	0.340	0.459	0.741	drs
44	映客互娱	0.487	0.494	0.986	drs
45	东软集团	0.180	0.758	0.238	drs
46	科大讯飞	0.256	0.827	0.310	drs
47	网龙	0.546	0.955	0.572	drs
48	二三四五	1.000	1.000	1.000	–
49	游族网络	0.745	0.842	0.884	drs
50	东方财富	0.514	0.996	0.517	drs
51	吉比特	0.661	0.994	0.665	drs
52	二六三	0.930	0.958	0.970	drs
53	第一视频	0.767	0.774	0.991	irs
	均值	0.582	0.788	0.746	

注：irs 表示规模报酬递增；drs 表示规模报酬递减；–表示 DEA 有效。

（二）互联网平台价值创造效率的结果讨论

1. 互联网平台价值创造效率整体分析

表4-5显示，11家互联网平台综合效率为1，其中7家在美国上市，4家在中国上市。我国互联网平台的价值创造效率还有很大的提升和改进空间，总体效率分布存在较大差异。其中，11家互联网平台（占比20.8%）综合效率为1，达到生产前沿面；13家互联网平台（占比24.5%）综合效率处于0.6和1之间；29家互联网平台（占比54.7%）综合效率小于0.6。

表4-5　互联网平台 DEA 综合效率分类

效率分类	DMU 个数（个）	所占比重（%）	DEA 类别
1	11	20.8	有效
[0.6, 1)	13	24.5	无效
[0, 0.6)	29	54.7	
合计	53	100.0	—

对价值创造效率较低的企业进行分析。以房天下和苏宁易购为例，纯技术效率低使平台整体效率低下。因此，需要增加技术研发的投入，提高科技转化为生产力的能力与效率，强化研发支持与技术转化，加快完善管理制度，提高企业创造价值的动力和能力。对于东软集团而言，由于企业整体效率低下、规模效率低下，企业规模不经济，这对企业的价值创造效率产生了重大影响。针对企业规模不经济的情况，要形成一个科学的系统，确定规模经济，使投入和产出达到最佳结果。

2. 互联网平台价值创造效率比较

根据互联网平台上市地点，本节将53家互联网平台分为美国上市平台和中国上市平台两大类别，如表4-6所示。

由表4-6可知，共计24家互联网平台在中国上市，纯技术效率均值为0.826，规模效率为0.727，综合效率为0.599。中国上市互联网平台价值创造效率较高，资源浪费少。在美国上市的29家互联网

表 4-6   互联网平台价值创造效率均值比较

上市地点	DMU 个数（个）	综合效率	纯技术效率	规模效率
中国	24	0.599	0.826	0.727
美国	29	0.569	0.757	0.762

平台综合效率为 0.569，纯技术效率为 0.757，均低于规模效率 0.762。美国上市互联网平台综合效率低于中国上市互联网平台，主要原因是美国上市互联网平台纯技术效率较低，应进一步提升投入资源的技术配置效率。

本节采用 DEA 模型，以应付职工薪酬（*PEC*）、销售和管理费用（*SG&A*）、主营业务成本（*COGS*）、无形资产（*Intan*）、固定资产净值（*PP&E*）、研发费用（*R&D*）为投入指标；以经济增加值（*EVA*）、单位活跃用户收入（*ARPU*）、总页面浏览量（*PV*）、月度活跃用户数（*MAU*）、独立访客数量（*UV*）为产出指标，分析中国 53 家互联网平台在 2019 年的价值创造效率。本节比较了美国上市平台和中国上市平台的效率差异。研究发现，我国互联网平台价值创造效率差异大，总体效率水平不高。随着我国科技强国的加快建设，互联网平台要提升纯技术效率，需要增加科技研发的投入，增强投入转化为实际成果的能力，只有真正将技术技能落实到产品业务上，才能提升平台效率，减少由效率低下导致的整体规模不经济现象，减小对价值创造造成的负面影响。

第二节   用户资源对平台价值创造的作用机理

用户资源是影响电子零售商的主要价值驱动因素。独立用户访问数和页面浏览量等互联网平台用户价值指标逐渐被视为平台价值的代理指标。本节基于资源基础理论，将互联网平台的用户视为平台资源，它具有创造收入、产生协同效应、增强平台交互，从而增加平台价值的作用（宣晓、段文奇，2019）。

一　用户资源创造平台价值的内在逻辑

用户资源对互联网平台价值创造的影响机理基本围绕用户创造收入的过程展开（Livne et al.，2011；Frey et al.，2013）。用户资源对企业价值创造的贡献不仅仅局限于客户本身（Gupta，2009），本节在已有文献（具体见表4-7）基础上，提出以下几点思考。

第一，将用户视为资源，可以帮助互联网平台创造收入，从而提升价值。根据资源基础理论，用户是有价值、稀缺、不可完全模仿和替代的资源。因此，用户可以为互联网平台带来超额利润，获得市场优先位置，增强平台持续的市场竞争力（Becerra，2008）。例如，亚马逊自上市以来一直处于亏损状态，但市场对其估值并不低，主要原因是其拥有广大用户基础，用户基础也是企业价值的一大来源。

第二，用户基础可以帮助互联网平台产生协同效应，从而扩展至其他业务。Chu 和 Manchanda（2016）研究发现，直接网络效应对平台价值提升的影响不大，而平台两边显著的、巨大的、积极的跨网络效应带动了平台及其两侧的发展，从而推动了整体增长。这种协同效应还体现在互联网使消费者能够与众多的其他消费者分享他们对商品和服务的意见和经验。基于对虚拟社区和传统口碑效应的研究，消费者对社会交往的渴望、对经济激励的渴望、对其他消费者的关注以及自我价值的提升潜力会影响口碑效应（Hennig-Thurau et al.，2004）。另外，社交网络不同的收入模式及其潜在的关键收入驱动因素是用户数量、用户付费意愿及用户信任度。对于拥有庞大用户群的平台来说，基于广告的收入也是可以选择的模式。而订阅模式的关键收入来源是基于用户活动的用户付费意愿（Enders et al.，2008）。

第三，用户资源可以向市场传递积极的价值信号。对互联网平台而言，稀缺的用户资源是一种看涨期权，会带来积极的估值（Sirmon et al.，2007）。比如，Facebook 收购 WhatsApp，尽管在收购当时 WhatsApp 几乎没有产生任何收入，但 Facebook 以 220 亿美元于 2014 年对其进行收购，是迄今为止最大的私有 VC 支持初创公司收购。Facebook

表4-7　客户价值研究的关键视角、主要内容、研究方法和测度模型

研究视角	主要内容	研究方法	测度模型	测度指标	作者（年份）
客户盈利	单个客户的盈利情况	基本方法	客户收入－客户成本＝客户盈利	• 客户收入 • 客户成本	Bellis-Jones (1989)
		成本	—	类型以及分配标准	van der Heijden (2004)
客户生命周期价值	特殊客户或者细分客户在生命周期内的盈利情况	基本方法	$$CLV = \sum_{t=0}^{T} \frac{(p_t - c_t)r_t}{(1+i)^t} - AC$$	• 利润（$p-c$） • 收购成本（AC） • 留存率（r） • 折现率（i）	Gupta 等 (2004)
		持续性	$$\begin{pmatrix} MKT_t \\ WOM_t \\ VALUE_t \end{pmatrix} = \begin{pmatrix} e_{10} \\ e_{20} \\ e_{30} \end{pmatrix} + \sum_{i=1}^{n} \begin{pmatrix} e_{11}^t & e_{12}^t & e_{13}^t \\ e_{21}^t & e_{22}^t & e_{23}^t \\ e_{31}^t & e_{32}^t & e_{33}^t \end{pmatrix} \begin{pmatrix} MKT_{t-1} \\ WOM_{t-1} \\ VALUE_{t-1} \end{pmatrix} + \begin{pmatrix} e_{1t} \\ e_{2t} \\ e_{3t} \end{pmatrix}$$	• 营销（MKT） • 口碑（WOM）	Villanueva 等 (2008)
		计量	$$APRPU_{it+k}(OPS_{it+k}) = \beta_1 + \beta_2 APRPU_{it}(OPS_{it}) + \beta_3 CR_{it} + \beta_4 MOU_{it} + \beta_5 CAC_{it} + \beta_6 PPM_{it} + \beta_7 MSHARE_{it} + \beta_8 CONTR_{it} + \beta_9 TECH_{it} + \varepsilon_{it}$$	• 每名客户平均收入/营业利润（$APRPU/OPS$） • 收购成本、留存率、使用分钟（$CAC/CR/MOU$）	Livne 等 (2011)
		成长扩散	$$dN_t = \lambda_t d_t + \sqrt{\lambda_t}\, dW_t^N$$	• 创新者（N） • 客户到达率（λ） • 维纳过程（W_t^N）	Tallau (2006)
		期权定价	$$\sum_{i=1}^{N} \frac{C_{t(i)} P_{t(i)}}{(1+r)^{t(i)}}$$	• 预计现金流（C） • 风险中性概率（p） • 折现率（r）	Haenlein 等 (2006)

续表

研究视角	主要内容	研究方法	测度模型	测度指标	作者（年份）
客户生命周期价值	特殊客户或者细分客户在生命周期内的盈利情况	RFM	$\begin{bmatrix} \ln(\lambda) \\ \ln(\mu) \\ \ln(\eta) \end{bmatrix} \sim \text{MVL}\left(\theta_0 = \begin{bmatrix} \theta(\lambda) \\ \theta(\mu) \\ \theta(\eta) \end{bmatrix}, \ \Gamma_0 = \begin{bmatrix} \sigma_\lambda^2 & \sigma_{\mu\lambda} & \sigma_{\lambda\eta} \\ \sigma_{\mu\lambda} & \sigma_\mu^2 & \sigma_{\mu\eta} \\ \sigma_{\eta\lambda} & \sigma_{\eta\mu} & \sigma_\eta^2 \end{bmatrix} \right)$	● 最近消费（λ） ● 消费频率（μ） ● 消费金额（η）	Khajvand 等（2011）
		计算机科学	投影追踪、神经网络、决策树、广义相加模型、多元自适应回归曲线、分类与回归树、支持向量机	● 利润（m） ● 收购成本（AC） ● 留存率（r）	Gupta 等（2006）
客户权益	基于整体客户的权益价值	基本方法	$CE = \dfrac{n_k}{(1+k)^K} \displaystyle\sum_{t=k}^{\infty} m_{t-k} \dfrac{r^{t-k}}{(1+i)^{t-k}} - \dfrac{n_k c_k}{(1+i)^k}$	● CLV 的测度指标 ● 第 k 期的测度购（n_k）	Gupta 等（2004）
		价值权益	—	● 认知价值	Weir（2008）
		品牌权益	—	● 新产品发布 ● 品牌延伸 ● 品牌态度	Srinivasan 和 Hanssens（2018）
		关系权益	—	● 蓝色指标 ● 红色指标	Luo 等（2010）
客户资产	对客户投资组合定价	基本方法	$R_{it} - R_{rf,t} = \alpha_i + \beta_i(R_{mt} - R_{rf,t}) + s_i SMB_t + h_i HML_t + u_i UMD_t + \varepsilon_{it}$	● 回报（$R_{it} - R_{rf,t}$） ● 风险（Carhart 风险四因子）	Srinivasan 和 Hanssens（2018）

花费巨额资金收购 WhatsApp，正是因为 WhatsApp 拥有的庞大用户基础。它允许用户免费发送消息，进行语音通话和视频通话，在全球已拥有超过 20 亿用户。

因此，用户资源能够推动互联网平台价值创造，是互联网平台的重要资源。但已有研究对用户影响互联网平台价值的作用机理研究并不深入，尚未将用户视为一种资源来深入探讨用户的资源属性是如何影响互联网平台价值创造的。因此，本章认为，传统的用户价值评估方法没有体现用户的资源与期权属性，因而在估值上造成了一定程度的低估。

基于以上分析，本节重点考虑用户资源的计算。资源价值指管理者为最大限度地挖掘用户而在内部机构进行投资的意愿或表现为企业投资者在生产要素市场上购买资源所愿意支付的代价，通过资源数量（q）和资源价格（Pri）两个维度衡量（Schmidt and Keil，2013）。因此，本节创造性地提出用户资源价值可通过用户资源价格和用户资源数量衡量。基于此，互联网平台价值创造机理的本质为如何测度用户数量并对其进行合理定价。

本节将首先梳理影响用户资源价值的变量，分析用户数量变化及用户资源价值在收入创造能力方面的影响因素，从而揭示用户规模演化规律和用户资源定价机制；之后，创造性地构建用户资源价值评估方法，从方法上拓展用户价值视角以估计互联网平台价值。本节研究的理论基础如图 4-1 所示，其中虚线框内是本节重要的理论分析框架。

二　用户资源创造平台价值的评估模型

基于上述用户资源价值评估框架，首先通过影响用户数量和资源价值的变量，阐述用户资源对互联网平台价值创造的影响机制。然后，提出针对互联网平台的用户资源数量、用户资源价格的计算表达式。最后，将用户资源数量与用户资源价格相结合，获得评价用户资源的具体方法，对互联网平台进行价值评估。

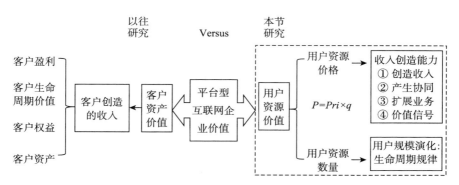

图 4-1　用户资源价值创造研究对比及基本理论模型

互联网平台已注册的总用户数为用户资源数量（q），衡量平台市场份额。由于用户的流失对平台会有毁灭性的影响（Wiesel et al.，2008），所以平台更关注如何留住用户。因此，本节定义 E 为现有用户、N 为新增用户、L 为流失用户。于是，互联网平台用户资源数量可以表达为：$E+N-L$。

互联网平台的用户资源价格不同于传统企业。首先，无法直接对用户资源定价。比如，直接运用成长曲线（Bass 扩散模型）可以刻画某一阶段的平台用户规模演化路径，但无法体现未来的成长潜力和趋势（Gupta et al.，2004）。其次，处于不同生命周期的互联网平台，用户资源差异大，无法通过单一公式体现。

因此，本节创造性地运用以标杆互联网平台用户资源价格为基准的市场法进行价值评估，根据不同互联网平台拥有的不同用户资源所创造的不同收入为参考，赋予资源不同价格，从而克服上述互联网平台成长性难以估计、客户资源难以定价等问题。具体计算过程如下所示。

（1）确定基准平台用户资源价格。以盈利模式与传统企业较为接近、业务相对简单的 B2C 在线零售平台为基准企业（Serrano-Cinca et al.，2005），根据资源定价理论，资源价格表现为用户支付意愿的增强与相关成本支出的减少（Schmidt and Keil，2013）。具体表达式为：互联网平台在生产要素市场中的实际支付意愿/最大内部投资额（w^i）及市场竞争力提高的价值创造（$\prod_{t+1,\Delta}^{i} - \prod_{t}^{i}$）。也可以表示为：

$$Pri = \frac{\prod_{t+1,\Delta}^{i} - \prod_{t}^{i}}{q^{i}} \qquad (4-2)$$

其中，$\prod_{t}^{i}$ 为产品市场实际价值，$\prod_{t+1,\Delta}^{i}$ 为利用资源后产品市场价值，$\prod_{t+1,\Delta}^{i} - \prod_{t}^{i}$ 表示用户资源价值；q^{i} 代表用户资源数量，即互联网平台创造收入的活跃用户数。

（2）确定同类可比平台用户资源价格。首先，确定基准企业后，按照市场法，对待评估企业价值乘数进行修正。按照用户资源价格／收入创造能力，得到基本特征系数。

其次，计算不同互联网平台用户资源收入创造效率，根据待评估企业收入创造能力高低确定资源价格。按照 DEA 法，确定投入指标为主营业务成本（COGS）、固定资产净值（PP&E）、研发费用（R&D）、销售和管理费用（SG&A）、净经营租赁（OpsLease）、商誉（Good-Will）以及除商誉外的无形资产（Intan），产出指标为主营业务收入（Rev）。其中，Rev、COGS、SG&A 为本期期间数，其余变量为上期期末数（Serrano-Cinca et al.，2005）。计算得到用户资源收入创造能力得分（Score）。具体公式如下：

$$Score = \frac{Rev}{v_1 COGS + v_2 SG\&A + v_3 PP\&E + v_4 OpsLease + v_5 R\&D + v_6 GoodWill + v_7 Intan} \qquad (4-3)$$

再次，确定互联网平台价值乘数 ζ。根据公式（4-2）和公式（4-3），假设参照物的用户资源市场价格为 Pri_i，收入创造能力得分为 $Score_i$，可以得到基本特征系数 ζ 的值。

$$\zeta = \frac{可比价值}{可比相关因素特征值} = \frac{用户资源价格}{用户收入创造能力得分} = \frac{Pri}{Score} \qquad (4-4)$$

计算得到待估计互联网平台 j 的收入创造能力得分是 $Score_j$，参照互联网平台和待评估平台规模 SZ_i 和 SZ_j（SZ 为总资产 TA 的自然对数，即控制公司规模对用户价格可能产生的影响）（Frijns et al.，2012），则平台 j 的用户资源价格为：

$$Pri_j = Pri_i \times Score_j \times Score_i \times SZ_j \times SZ_i \qquad (4-5)$$

最后，综合公式（4-2）至公式（4-4），假设 P_{jt} 为第 j 个企业 t 时刻的用户资源，Pri_{jt} 和 q_{jt} 分别表示用户资源价格和用户资源数量，则互联网平台用户资源价值评估模型具体表达式为：

$$P_{jt} = Pri_j \times \frac{Rev_j \times (v_1 COGS_i + v_2 SG\&A_i + v_3 PP\&E_i + v_4 OpsLease_i + v_5 R\&D_i +}{Rev_i \times (v_1 COGS_j + v_2 SG\&A_j + v_3 PP\&E_j + v_4 OpsLease_j + v_5 R\&D_j +}$$

$$\frac{v_6 GoodWill_i + v_7 Intan_i)}{v_6 GoodWill_j + v_7 Intan_j)} \times \frac{SZ_j}{SZ_i} \times q \qquad (4-6)$$

上述方式通过数量和价格两方面衡量用户资源价值，有效地考虑了平台用户随互联网平台生命周期演化的一般规律，同时按照资源定价公式，以市场法为参考，根据同类可比平台用户收入创造能力的差异赋予资源不同的价格。

三　用户资源评估平台价值的实际应用

本节实际以 35 家互联网平台为例，通过用户资源数量和用户资源价格两方面计算样本互联网平台价值。原始数据来自同花顺（iFinD）数据库和纽约证券交易所公开财务信息，非财务数据来自全球性流量排名网站 Alexa，样本数据为 2015 年度截面数据。对异常数据进行均值化处理，并手动查找和补充了缺失数据。

本节首先选择当当作为基准企业，剩余 34 家互联网平台价值按照间接定价估计。这 34 家互联网平台依照以下规则进行筛选：①在纳斯达克或纽约证券交易所公开上市；②具有双边市场特征，以互联网信息为主营业务，且收入占营业收入总额的 50% 以上；③控制企业规模影响。其中，收入创造能力得分（Score）采用投入导向 VRS 模型，通过 MaxDEA 6.9 软件计算得到，结果区间为 0~1，符合理论预期。较高的收入创造能力得分，对应较强的平台产品和服务、设计和控制等多项策略的综合运用能力，体现了较强的用户黏性与较高的用户资源价格。此外，样本互联网平台均未产生净经营租赁费用，即 Ops-Lease = 0，故不再列出。

四　用户资源评估平台价值的对比检验

在基础价值评估之上，本节进行价值评估方法使用效果的比较。主要比较方法为本节提出的方法（用户定价法）、市净率法和折现现金流法。表4-8列示了不同方法比较的结果。其中，P代表本节方法得到的用户资源价值，P/B代表市净率法计算的结果，DCF代表折现现金流法计算的结果。三者与互联网平台市值（MV）的差异用相对误差的绝对值表示：$\varepsilon = |$（估计值-市值）/市值$|$。

首先，将本节的方法与市净率法计算的结果相比，本节方法计算得到的结果与市值的相对误差ε_2大多数小于市净率法得到的结果与市值的相对误差ε_1，本节提出的方法更具解释力。其中，市净率为负的互联网平台用 N.A. 表示，具体见表4-8。之后，比较本节用户定价法与折现现金流法估值效果的差异。结果显示，本节方法的误差ε_2同样大多数小于折现现金流法的误差ε_3，本节提出的方法具有很好的适用性。

表 4-8　市净率法、用户定价法、折现现金流法的估值结果

平台代码	MV	P/B	ε_1	P	ε_2	DCF	ε_3
GOOG	521615	9526.09	0.982	569985.41	0.093	81351.38	0.844
EBAY	32536	302.22	0.991	15751.58	0.516	20155.25	0.381
FB	296606	849.01	0.997	435060.82	0.467	19375.25	0.935
AMZN	318344	1546.24	0.995	110232.57	0.654	55502.25	0.826
YHOO	31459	1670.86	0.947	50424.43	0.603	6280.563	0.800
PSIX.	196	537.91	1.741	163.00	0.168	107.8505	0.450
CHTR	20588	N.A.	N.A.	186.98	0.991	5499.625	0.733
LNKD	29722	1841.43	0.938	48473.13	0.631	2989.676	0.899
TRIP	12382	528.99	0.957	3537.72	0.714	2058.735	0.834
NFLX	48948	282.72	0.994	22529.23	0.540	3034.92	0.938
MSFT	439679	542.88	0.999	132387.95	0.699	126444.5	0.712
EGOV	1292	96.00	0.926	324.99	0.748	211.9036	0.836
GSOL	184	340.61	0.849	138.56	0.248	249.1695	0.353

平台代码	MV	P/B	ε_1	P	ε_2	DCF	ε_3
ABTL	240	554.05	1.311	39.83	0.834	69.16388	0.712
RLOC	49	N. A.	N. A.	5.09	0.896	338.5703	5.923
PRSS	64	228.24	2.545	1.22	0.981	112.9875	0.755
EXPE	18677	1761.57	0.906	7566.46	0.595	7463.824	0.600
RAX	3314	402.43	0.879	2561.45	0.227	1943.797	0.414
MELI	5049	418.31	0.917	562.63	0.889	746.6762	0.852
SYNC	52	83.67	0.595	12.76	0.757	103.1938	0.967
CIDM	20	N. A.	N. A.	0.73	0.963	98.763	4.005
JMEI. N	1329	207.97	0.843	275.65	0.793	120.9451	0.909
WUBA	9336	1082.17	0.884	1230.85	0.868	447.8435	0.952
WBAI	842	2295.69	1.726	11.77	0.986	409.966	0.513
BABA	204513	3171.30	0.984	30.98	1.000	388.402	0.998
JD	44235	1212.15	0.973	6590.82	0.851	57104.23	0.291
JOBS	1737	3808.01	1.193	311.64	0.821	23992.47	12.816
QUNR	7607	451.98	0.941	5847.63	0.231	2402.633	0.684
VIPS	8902	330.34	0.963	340.35	0.962	294.0681	0.967
LONG	644	1430.06	1.221	51.58	0.920	6142.962	8.542
BITA	1707	7655.43	3.485	3481.83	1.040	754.3957	0.558
VISN	50	N. A.	N. A.	1.07	0.979	2701.871	53.222
CCIH	206	1569.53	6.618	7.91	0.962	−35.3117	1.171
LITB	140	N. A.	N. A.	266.48	0.906	566.3068	3.051

因此，本节的方法可以很好地弥补已有的市净率法与折现现金流法对互联网平台价值评估的不足。通过对用户资源数量和用户资源价格的确定来进行互联网平台价值评估，是对已有方法的拓展与补充。

由于互联网平台股价波动非常剧烈，机构投资者和行业分析师往往不能精准地预测该类企业的价值，有时预测误差甚至超过 100%。本节在此基础上提出使用用户资源价值评估方法（即用户定价法）对互联网平台进行估值，拓展了已有的市净率法。表 4-8 结果显示：相较于传统企业价值评估的主流方法（市净率法和发表在 *Journal of Marketing Research* 中的折现现金流法），用户定价法的估值效果更佳，具有很好的适用性和可操作性。

图 4-2 展示了剔除 7 家 B2C 在线零售平台折现现金流法估值结果后的报告，图中绝大多数的样本运用新方法估值得到的相对误差（ε_2）明显低于运用折现现金流法估值得到的相对误差（ε_3），证实了用户定价法的估值结果与市值更为吻合，说明了新方法的估值效果更好、应用价值更高。

本节将用户资源视为互联网平台价值的一个组成部分，运用用户资源数量和用户资源价格对用户资源定价进行评估，得到用户资源价值评估模型。对 35 家互联网平台进行实证分析发现，用户资源不仅能够提升平台的收入，同时会带来协同效应、网络效应、交互效应，从而产生网络流量，为互联网平台未来发展带来积极乐观的市场预期，丰富了用户价值管理理论的观点，创造性地提出了基于用户资源估值的新方法，推进了从客户价值角度测度互联网平台价值的理论研究。

第三节　管理能力对平台价值创造的作用机理

管理能力是一种平台资源，能够履行互联网平台收入创造职能、制定战略决策、提升经营绩效。本节从管理能力的用户形成能力来分析互联网平台管理能力提升带来用户资源增加、驱动平台价值创造的过程。

一　管理能力创造平台价值的内在逻辑

国外研究者主要从经营视角提出用高层梯队理论（Jain et al.，2008）、媒体关注报道（Kaplan et al.，2012）、资源基础理论（Demerjian et al.，2012b）等来界定管理者能力，认为企业价值主要取决于管理者创造的收入。Demerjian 等（2012b）指出，管理者能力即管理者利用经济资源为企业创造利润的能力，本节将该类能力定义为管理者的收入创造能力。

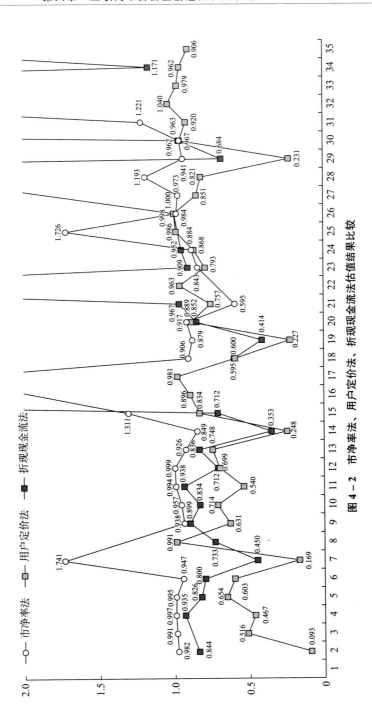

图 4 - 2　市净率法、用户定价法、折现现金流法估值结果比较

一方面，管理者能力取决于管理者特质，即背景特征（性别、年龄、经历等）和过度自信、风险偏好等内在特质。由于对管理者特质的描述并没有清晰可辨的评价指标，国内外学者将人口统计学特征作为管理者能力的代理指标，如性别、任期、年龄、教育背景、从军经历、职业生涯轨迹等（Jain et al.，2008）。

不过，学界按照人口统计学特征度量管理者特质，无法区分管理者异质性特征。例如，管理者过度自信会影响企业绩效。但是，过度自信无法通过年龄、任期、工作经历等进行判断（Kaplan et al.，2012）。也有文献提出采用 CEO 媒体引用数量、正向媒体披露等指标衡量管理者特质，但数据存在媒体披露的主观性，且收集较为困难。

另一方面，管理者能力也表现为企业的经营效率。Holcomb 等（2009）从资源基础理论角度，研究管理者能力对企业价值创造的贡献。研究表明，管理者能力与捆绑、利用、提升 VRIO（价值性、稀缺性、不可完全模仿性和组织性）特征资源的能力有关。在资源质量较低的情况下，企业拥有更优秀的管理者，将会提高经营效率，提升价值贡献。

因此，经营效率指标也可以视为管理者能力的代理指标。效率测度包括财务指标法和数学方法两大主流方法。应用财务指标为主的效率衡量方法存在两方面的局限性：一方面，财务指标与互联网企业价值的低相关性导致评估效果并不理想（Trueman et al.，2000）；另一方面，即使是行业调整的资产回报率、息税折旧摊销前利润与总资产的比值、资产周转率等价值相关性颇好的财务指标，也仅侧重于企业某一方面的表现（Santosuosso，2014）。

相比之下，计量分析、数据包络分析、随机前沿分析等数学方法覆盖面更广。本节借鉴 Demerjian 等（2012b）的做法，采用数据包络分析法（DEA），对互联网平台管理者能力进行估计。综合考虑兼并收购、员工雇佣、产品生产、资产购置、项目决策等多项内容，在此基础上计算出企业高管的效率值（Baik et al.，2013）。

$$\text{Min}\varphi$$

$$\sum_j \lambda_j x_{jm} \leqslant \varphi x_{j_0} m \quad m = 1, 2, 3, \cdots, M$$

$$\sum_j \lambda_j y_{jn} \leqslant \varphi y_{j_0} n \quad n = 1, 2, 3, \cdots, N$$

$$\lambda_j \geqslant 0 \quad j = 1, 2, \cdots, J \tag{4-7}$$

公式（4-7）中，φ 为 DEA 效率的反函数，x_{jm} 为决策单元 j 输入变量 m 的值，j_0 为样本企业，y_{jn} 为决策单元 j 输出变量 n 的值，λ_j 为权重系数。

然而，互联网平台的价值创造机理具有一定的特殊性。财务指标与价值的相关性较弱，平台特征指标具有高价值相关性（Trueman et al.，2000）。因此，不能单独使用平台管理者收入创造能力作为衡量平台价值创造的唯一因素。据此，本节创造性地拓展管理者的用户获取能力：一方面，可以通过潮流和口碑效应，建立社交网络中用户对产品或服务的认知和预期，并进一步改变相关购买决策（Gupta，2009）；另一方面，利用分级定价策略转移创收压力，以内容供应商的价格分层等形式间接回报商业生态系统（Joo et al.，2011）。

客户关系管理（CRM）理论指出，管理者通过实施选择性收购、选择性留存、资源分配、服务定价、产品选择性放弃等 CRM 战略，实现客户价值和股东价值的双创造。那么，互联网平台管理者收购、利用和变现用户效率的差异，势必导致企业用户收购和留存数量的不同，从而导致客户价值和股东价值的不同，进一步引发市场参与者改变对互联网平台发展前景的预期，最终引起上市企业价值的重大改变（Srinivasan and Hanssens，2018）。本节将从用户投资视角界定管理者能力，并将其定义为管理者的用户形成能力，进一步丰富管理者能力内涵。

二　管理能力创造平台价值的指标构造

高层梯队理论认为，企业高管的异质性并非直接对企业产生作用，而是通过转化成管理者能力来影响企业经济后果。目前国外学者已经从企业绩效、公司治理、盈余质量、市场反应、内部信息交易、信用评级以及债务成本等多个角度对这个问题进行了深入研究，取得了丰硕成果（Graham et al.，2012；Wang，2013；Walters et al.，2015）。那么，管理者能力会影响企业的股票价格吗？已有研究表明，管理者能力对企业股票价格有很强的解释力，管理者的经营效率越高，则企业上市时的股价表现越优（Baik et al.，2013）。另外，管理者能力也具有预测盈利的作用。Colombo 和 Grilli（2010）对 439 个意大利高新科技企业从 1980 年 1 月 1 日到 2000 年 1 月 1 日的经营业绩展开调查，发现人力资本是企业未来经营业绩的关键驱动因素。Baik 等（2013）开创性地建立边际效率和企业将来股价之间的关系，提出管理者能力不仅影响企业当前业绩，还可以进行盈利预测。

首次公开募股（IPO）公司披露的企业相关信息极为重要，其作用不仅是 IPO 股票定价的重要依据，而且可以反映公司未来状况（于鹏，2007）。Rajgopal 等（2002）研究表明，B2B 互联网平台管理者在 IPO 期间实施的策略，不仅为当时的股票市场提供价值相关信息，也与长期回报显著正相关。沿着上述逻辑可以推断，互联网平台的两类管理者能力理应有类似的经济效应：IPO 管理者能力越大，则互联网平台上市首日的股票价格就越高。因此，本节提出假设 H1。

H1a：IPO 收入创造能力与互联网平台上市首日股价显著正相关。

H1b：IPO 用户形成能力与互联网平台上市首日股价显著正相关。

管理者能力是企业价值的前瞻性指标。与此同时，企业高管的异质性，势必会影响互联网平台未来创造的收入，形成的用户在数量上有明显差异，从而导致企业业绩不同，最终影响到市场参与者对企业发展前景的预期。也就是说，高能力的管理者反映的是企业未来股价的正面信息：IPO 管理者的收入创造能力和用户形成能力越大，则企业未来股价越高。因此，本节提出假设 H2。

H2a：IPO 收入创造能力与互联网平台未来股价显著正相关。

H2b：IPO 用户形成能力与互联网平台未来股价显著正相关。

如前所述，由于创建初期经营业绩低迷、历史财务信息不完整，互联网平台的账面价值并不理想，所以收入创造能力不是管理者能力的首要表征指标（Lazer et al.，2001）。而用户是平台创造价值的重要源泉,管理者投资用户为该类企业贡献的价值要远高于其经营活动创造的净利润。因此,管理者的用户形成能力对互联网平台股价的影响远超收入创造能力。因此,本节提出假设 H3。

H3:在企业公开上市首日以及未来很长一段时间,IPO 用户形成能力对互联网平台股价的影响要远大于收入创造能力的影响。

综上分析,本节研究的理论模型如图 4-3 所示。

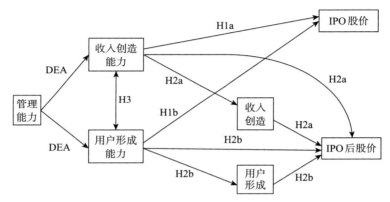

图 4-3 管理能力驱动平台价值创造的理论模型

三 管理能力创造平台价值的模型设计

(一) 数据来源与样本选择

本节选取在美国纽约证券交易所、纳斯达克上市的互联网平台,以截至 2015 年 6 月 30 日在美国上市的 93 家企业作为初始样本,研究区间为 2010 年至 2015 年 3 月,参考季度报表数据进行分析。主要原因在于:①2005 年前上市企业季度财务信息、2007 年前互联网平台 Web 流量数据部分残缺,数据收集较为困难;②2008 年国际金融危机爆发,直至 2010 年经济形势才渐趋平缓;③2015 年 6 月,美股再次面临大考,经济环境的巨变对企业会计信息披露质量、资本市场股票内在价值的真实反映表现出很强的干扰性,从而导致无法准确地估计 IPO 管理者能力与企业股价之间的相关性。因此,本节将研究样本的 IPO 发行时间框定为 2010 年至 2013 年,后续观测期间为 2014 年第三季度、2014 年第四季度、2015 年第一季度。另外，由于互联网平台的崛起需要 2~3 年时间，生命周期一般不超过 5 年。麦肯锡在《互联网 & 软件企业生命周期与增长策略的研究报告》中对 1980 年到 2012 年 3000 家互联网企业的生命周期进行考察，认为互联网企业发展包括高速增长和慢涨衰亡两种趋势。

本节财务数据来源于同花顺（iFinD）数据库、美国纽约证券交易所网站，非财务数据来源于全球性流量排名网站 Alexa。根据研究需要，剔除非互联网平台，剔除非研究区间（不在 2010 年至 2013 年区间）的上市企业，剔除数据不全的上市企业，剔除数据极端异常的上市企业，剔除 ST、*ST 和 PT 等特殊样本，最终得到样本企业 33 家。

（二）模型设计与变量说明

本节分别构建以下回归模型，用以检验所提出的三个假设：

$$P_{jt} = \partial_0 + \partial_1 Eff1_{jt} + \partial_2 Eff2_{jt} + \partial_3 Size_{jt} + \partial_4 BV_{jt} + \partial_5 ROA_{jt} +$$
$$\partial_6 ROE_{jt} + \partial_7 PM_{jt} + \partial_8 ATO_{jt} + \partial_9 R\&D_{jt} + \partial_{10} SG\&A_{jt} + \varepsilon_{jt} \tag{4-8}$$

$$P_{j,t+n} = \partial_0 + \partial_1 Eff1_{jt} + \partial_2 Eff2_{jt} + \partial_3 Size_{j,t+n} + \partial_4 BV_{j,t+n} + \partial_5 ROA_{j,t+n} +$$
$$\partial_6 ROE_{j,t+n} + \partial_7 PM_{j,t+n} + \partial_8 ATO_{j,t+n} + \partial_9 R\&D_{j,t+n} + \partial_{10} SG\&A_{j,t+n} + \varepsilon_{jt} \tag{4-9}$$

其中：因变量（P）是互联网平台的股票价格，是企业价值的外在表现形式，可以有效地反映资本市场对企业未来收益和发展前景的预期。本节统一以样本股在上市首日和后续观测期季度末的收盘价格为衡量指标，保持数据口径一致性（董欣欣，2011）。两个公式自变量均为 IPO 管理者能力，即企业公开上市时管理者的收入创造能力（$Eff1$）和用户形成能力（$Eff2$）。借鉴 Demerjian 等（2012b）的做法，采用数据包络分析法（DEA），对互联网平台管理者能力加以估计。值得一提的是，由于互联网平台的业务不确定性程度高，跨界竞争明显，耗费支出比例大，规模对企业股价的影响甚微，公司固有特质并不是影响企业效率的关键因素，因而以往研究总结的公司特有因素，即市场份额（MS）、自有现金流（FCF）、成立年限（Age）和业务复杂性（Bsc）不能作为企业效率的主要影响变量。因此，本节将

DEA 计算出的效率结果全部视为管理者的贡献值。运用 DEAP-XP1 软件，基于投入导向多阶段算法模型，将企业经营投入产出数据分别代入 VRS 模型，最终获得前述两类管理者能力。另外，根据定义，每一类管理者能力的投入产出比如下所示。

收入创造能力（*Eff*1）：用主营业务收入（*Sales*）度量经营产出，用总资产（*TA*）表示企业投入，企业效率取值在 0 和 1 之间。

$$\max\theta_{rev}=\frac{Sales}{v_1 TA} \tag{4-10}$$

用户形成能力（*Eff*2）：用独立访客数量（*UV*）度量投资产出，用营业费用总额（*TOE*）表示企业投入，企业效率取值在 0 和 1 之间。

$$\max\theta_{res}=\frac{UV}{v_1 TOE} \tag{4-11}$$

除以上主要研究变量外，本节参考以往研究，选取规模（*Size*）、每股净资产（*BV*）、资产收益率（*ROA*）、股东权益收益率（*ROE*）、销售毛利率（*PM*）、资产周转率（*ATO*）、研发费用（*R&D*）、销售和管理费用（*SG&A*）等变量来控制规模和股权结构、盈利能力、运营能力、费用支出可能对互联网企业股票价格的影响。主要变量定义及说明如表 4-9 所示。

表 4-9　变量说明及定义

变量名称		含义	说明	出处	原始数据来源
因变量	*P*	股票价格	以样本股上市首日和后续观测期季度末的收盘价为基准	董欣欣（2011）	同花顺（iFinD）数据库
自变量	*Eff*1	收入创造能力	用主营业务收入（*Sales*）度量经营产出，用总资产（*TA*）表示投入	Demerjian 等（2012a）	DEAP-XP1
	*Eff*2	用户形成能力	用独立访客数量（*UV*）度量投资产出，用营业费用总额（*TOE*）表示投入		

续表

变量名称		含义	说明	出处	原始数据来源
控制变量	Size	规模	ln（TA）	Frijns 等（2012）	纽约证券交易所网站
	BV	每股净资产	ln（股东权益/总股本）	Frijns 等（2012）	
	ROA	资产收益率	毛利润/季末总资产	Baik 等（2013）	
	ROE	股东权益收益率	毛利润/平均股东权益	Santosuosso（2014）；Trueman 等（2000）	
	PM	销售毛利率	（销售收入－销售成本）/销售收入	Trueman 等（2000）；Santosuosso（2014）	
	ATO	资产周转率	销售收入/资产总额	Santosuosso（2014）	
	R&D	研发费用	做取对数处理	Aghabekyan（2010）；Rajgopal 等（2000）；Bhattacharya 等（2010）	
	SG&A	销售和管理费用	做取对数处理		

四　管理能力创造平台价值的结果分析

（一）样本描述性统计

表 4-10 报告了主要变量的描述性统计结果。互联网平台在上市首日及以后股票价格的均值分别为 24.976、40.797、38.035 和 40.403。收入创造能力（$Eff1$）的最大值和最小值为 1.000 和 0.040，用户形成能力（$Eff2$）的最大值和最小值为 1.000 和 0.000。控制变量规模（$Size$）、每股净资产（BV）、资产收益率（ROA）、股东权益收益率（ROE）、销售毛利率（PM）、资产周转率（ATO）、研发费用（$R\&D$）、销售和管理费用（$SG\&A$）的值也较为合理。

（二）多元回归分析

运用 Stata 12.0 软件，分别对公式（4-8）、公式（4-9）进行多元回归，得到如下结果。

1. IPO 管理者能力对互联网平台上市首日股价的影响

通过 OLS 模型研究 IPO 管理者能力对互联网平台上市首日股票价格的影响，检验结果列于表 4-11。模型 1 为控制变量对互联网平台上

表4-10 互联网平台上市首日及以后主要研究变量的分组描述性统计

变量	IPO（N=33）					2014年第三季度（N=33）				
	均值	中位数	标准差	最小值	最大值	均值	中位数	标准差	最小值	最大值
P	24.976	20.010	17.576	0.550	94.25	40.797	18.900	46.237	1.910	207.790
Eff1	0.299	0.188	0.251	0.040	1.000	0.299	0.188	0.251	0.040	1.000
Eff2	0.129	0.010	0.255	0.000	1.000	0.129	0.010	0.255	0.000	1.000
Size	11.333	11.000	1.689	8.000	15.000	12.061	12.000	1.713	9.000	15.000
BV	4.946	2.990	6.158	-2.800	22.150	7.233	3.640	9.571	0.560	42.180
ROA	0.301	0.230	0.207	0.040	0.800	1.160	1.180	0.539	0.310	2.740
ROE	0.188	0.130	0.152	0.010	0.640	0.512	0.160	1.370	0.000	7.930
PM	0.563	0.480	0.245	0.190	0.980	0.531	0.510	0.271	0.090	0.970
ATO	0.575	0.540	0.379	0.050	1.750	0.628	0.430	0.527	0.060	2.370
R&D	5.939	7.000	3.162	0.000	11.000	6.545	8.000	3.374	0.000	11.000
SG&A	8.424	8.000	1.370	6.000	11.000	9.212	9.000	1.341	6.000	11.000

变量	2014年第四季度（N=33）					2015年第一季度（N=33）				
	均值	中位数	标准差	最小值	最大值	均值	中位数	标准差	最小值	最大值
P	38.035	17.810	48.907	2.000	229.700	40.403	17.660	53.665	2.270	249.860
Eff1	0.299	0.188	0.251	0.040	1.000	0.299	0.188	0.251	0.040	1.000
Eff2	0.129	0.010	0.255	0.000	1.000	0.129	0.010	0.255	0.000	1.000
Size	12.152	12.000	1.734	9.000	15.000	12.212	12.000	1.763	9.000	15.000

续表

变量	2014 年第四季度 （N=33）					2015 年第一季度 （N=33）				
	均值	中位数	标准差	最小值	最大值	均值	中位数	标准差	最小值	最大值
BV	7.568	3.590	10.461	-0.480	48.610	10.686	3.340	23.095	-2.160	130.430
ROA	0.346	0.360	0.322	-0.620	1.170	0.122	0.080	0.119	0.000	0.580
ROE	0.322	0.150	1.081	-2.240	5.690	0.496	0.110	1.764	-0.640	10.140
PM	0.534	0.530	0.327	-0.540	1.020	0.496	0.420	0.274	0.000	0.960
ATO	0.815	0.510	0.742	0.070	3.320	0.282	0.180	0.251	0.010	0.890
R&D	6.545	8.000	3.429	0.000	12.000	6.636	8.000	3.480	0.000	12.000
SG&A	9.030	10.000	2.878	-5.000	11.000	9.363	9.000	1.388	7.000	11.000

市首日股票价格的影响。模型 2 和模型 3 在控制了规模、每股净资产、资产收益率、股东权益收益率、销售毛利率、资产周转率、研发费用、销售和管理费用变量基础上，检验 IPO 管理者能力对互联网平台上市首日股票价格的影响。结果发现，只有管理者的用户形成能力与上市首日股票价格显著正相关，收入创造能力并没有对股价产生显著影响，这一结论初步验证了假设 H1b，但同时否定了假设 H1a。

IPO 管理者收入创造能力的系数为负，可能原因在于互联网平台的高抑价现象导致上市首日股票价格异常波动。一方面，信息不对称导致股票市场普遍存在 IPO 抑价现象，投资者处于信息劣势，不能及时判断发行企业的真实价值；另一方面，噪声交易、投资者情绪和异质性预期等也会导致 IPO 抑价现象严重，IPO 首日转手率越高，市场投机氛围越浓重，IPO 首日收盘价格也就越高。模型 4 综合考虑两类 IPO 管理者能力对企业上市首日股票价格的影响，进一步表明用户形成能力与企业股价有很高的相关性。观察管理者能力的系数可知，用户形成能力（$Eff2$）的系数均为正，且至少在 5% 的水平下显著。这表明，平台管理者在上市时创造资源的能力越大，整个资本市场对互联网平台的发展预期越高，从而企业上市首日股票价格也就越高，假设 H1b 得到进一步证实。

表 4-11　IPO 管理者能力对上市首日股票价格的影响

影响变量		因变量：上市首日股票价格（P）			
		模型 1	模型 2	模型 3	模型 4
常数项	α_0	−51.050 （34.548）	−20.868 （43.438）	−23.334 （32.485）	17.005 （39.677）
解释变量	$Eff1$		−33.911 （29.884）		−43.097 （26.025）
	$Eff2$			37.575** （14.005）	40.260*** （13.600）
控制变量	$Size$	2.016 （4.127）	−1.217 （4.995）	3.290 （3.710）	−0.728 （4.322）
	BV	−0.368 （0.675）	−0.316 （0.672）	0.021 （0.619）	0.114 （0.599）

影响变量		因变量：上市首日股票价格（*P*）			
		模型 1	模型 2	模型 3	模型 4
控制变量	*ROA*	−61.447 （43.842）	−64.650 （43.673）	−24.802 （41.402）	−26.254 （39.927）
	ROE	32.395 （25.833）	52.085 （30.993）	36.166 （23.073）	61.460 ** （26.985）
	PM	47.504 （28.183）	34.860 （30.150）	34.093 （25.617）	17.066 （26.753）
	ATO	20.673 （22.713）	29.109 （23.770）	9.503 （20.671）	19.427 （20.812）
	R&D	0.784 （1.263）	0.937 （1.263）	−0.514 （1.226）	−0.413 （1.183）
	SG&A	2.856 （4.698）	4.633 （4.925）	−1.767 （4.528）	0.161 （4.519）
Prob>F		0.292	0.286	0.057	0.038
R^2		0.302	0.337	0.468	0.527
观测值		33	33	33	33

注：括号内为聚类稳健标准误，*** 、** 分别表示相关系数在 1%、5%的水平下显著。

2. IPO 管理者能力对互联网平台未来股价的影响

进一步研究 IPO 管理者能力对互联网平台未来股票价格的影响，检验结果列于表 4-12、表 4-13 和表 4-14。为了剔除美国股市 IPO 新股发行上市的长期弱表现对股票价格的影响，本节没有直接选择 IPO 以后的连续季度作为观测期间，而是选择 2014 年第三季度、2014 年第四季度、2015 年第一季度企业股价波动得到明显缓和后的时期，作为后续观测期。模型 1 为控制变量对互联网平台未来股价的影响。模型 2 列示了在控制其他可能影响因素的基础上，收入创造能力（*Eff*1）对互联网平台未来股价的回归结果。从表 4-12 至表 4-14 可以看出，收入创造能力的回归系数都为正，符合理论预期，但没有通过显著性检验，从而否定了假设 H2a。这可能是因为财务指标与互联网平台价值的低相关性导致管理者利用现有经济资源创造企业利润的能力并不是企业未来股票价格的主导因素。模型 3 为用户形成能力（*Eff*2）对互联网平台未来股价的回归结果。不难发现，用户形成能力的回归系数均显著为正，分别为 59.866、68.207 和 69.408，系数至少在 10% 的水平下显著，假设 H2b 得到了验证。上述结果表明，IPO 管理者的资源创造能力越强，用户收购数量也就越多，引致企业上市以后获得二级市场投资者更多的青睐。模型 4（全变量回归）和模型 5（逐步回归）的检验结果进一步支持研究假设 H2b。

表 4-12　IPO 管理者能力对 2014 年第三季度股票价格的影响

影响变量		因变量：2014 年第三季度股票价格（P）				
		模型 1	模型 2	模型 3	模型 4	模型 5
常数项	α_0	−108.427 (65.329)	−114.150 (71.094)	−42.016 (67.545)	−53.115 (70.839)	−15.811 (15.925)
解释变量	$Eff1$		16.660 (71.971)		41.137 (67.175)	
	$Eff2$			59.866** (26.966)	62.602** (27.703)	67.510*** (22.709)
控制变量	$Size$	18.646** (8.101)	19.383** (8.858)	13.571* (7.850)	15.159* (8.371)	
	BV	1.486* (0.725)	1.441* (0.765)	1.549** (0.673)	1.440* (0.705)	1.660** (0.629)
	ROA	−1028.935 (1929.079)	−693.393 (2444.463)	−224.504 (1824.605)	640.804 (2327.819)	50.195** (22.296)
	ROE	16.631*** (5.242)	16.290*** (5.548)	18.074*** (4.903)	17.298*** (5.130)	18.441*** (4.099)
	PM	1100.631 (1929.924)	766.834 (2440.697)	298.595 (1825.159)	−562.297 (2323.896)	
	ATO	1049.264 (1930.735)	707.156 (2462.741)	237.876 (1826.734)	−643.965 (2346.007)	−50.562** (23.775)
	$R\&D$	1.394 (2.531)	1.257 (2.650)	−0.680 (2.525)	−1.115 (2.657)	
	$SG\&A$	−16.676* (9.611)	−17.104* (9.980)	−16.503* (8.910)	−17.553* (9.195)	
Prob>F		0.002	0.004	0.000	0.001	0.000
R^2		0.606	0.607	0.676	0.681	0.621
观测值		33	33	33	33	33

注：括号内为聚类稳健标准误，***、** 和 * 分别表示相关系数在 1%、5% 和 10% 的水平下显著。

表 4-13   **IPO 管理者能力对 2014 年第四季度股票价格的影响**

影响变量		因变量：2014 年第四季度股票价格（P）				
		模型 1	模型 2	模型 3	模型 4	模型 5
常数项	α_0	-94.752 (85.665)	-105.541 (88.733)	-5.783 (94.237)	-15.651 (95.448)	8.823 (8.720)
解释变量	Eff1		53.182 (89.715)		73.657 (36.780)	
	Eff2			68.207* (36.301)	72.098* (36.780)	73.676*** (25.876)
控制变量	Size	8.504 (8.649)	8.093 (8.795)	4.598 (8.484)	3.807 (8.581)	
	BV	1.404* (0.800)	1.244 (0.855)	1.592** (0.768)	1.381 (0.810)	1.697** (0.628)
	ROA	2.920 (96.952)	-9.667 (100.557)	59.755 (97.047)	45.564 (98.961)	
	ROE	20.478** (7.896)	19.604** (8.139)	19.530** (7.527)	18.267** (7.709)	21.405*** (6.045)
	PM	32.193 (56.297)	37.031 (57.655)	-6.787 (57.424)	-2.309 (57.976)	
	ATO	2.805 (36.286)	-9.610 (42.330)	-23.603 (37.264)	-42.303 (43.277)	
	R&D	1.770 (3.060)	1.677 (3.107)	-1.369 (3.356)	-1.676 (3.394)	
	SG&A	-2.196 (6.794)	-0.660 (7.359)	-3.104 (6.480)	-1.029 (6.945)	
Prob>F		0.040	0.062	0.021	0.030	0.000
R^2		0.454	0.462	0.526	0.542	0.488
观测值		33	33	33	33	33

注：括号内为聚类稳健标准误，***、**和*分别表示相关系数在 1%、5% 和 10% 的水平下显著。

表 4-14   **IPO 管理者能力对 2015 年第一季度股票价格的影响**

影响变量		因变量：2015 年第一季度股票价格（P）				
		模型 1	模型 2	模型 3	模型 4	模型 5
常数项	α_0	-122.351 (71.989)	-160.667* (88.183)	-78.792 (70.712)	-110.887 (86.711)	-13.612 (14.115)

续表

影响变量		因变量：2015年第一季度股票价格（P）				
		模型1	模型2	模型3	模型4	模型5
解释变量	$Eff1$		38.541 (50.323)		31.186 (47.519)	
	$Eff2$			69.408** (33.513)	67.669* (34.039)	80.023*** (26.693)
控制变量	$Size$	5.048 (9.372)	9.478 (11.083)	2.708 (8.861)	6.352 (10.551)	
	BV	0.542 (0.555)	0.405 (0.588)	0.492 (0.521)	0.382 (0.554)	
	ROA	−263.791 (258.542)	−165.650 (290.580)	−185.702 (245.374)	−108.246 (275.074)	
	ROE	17.230*** (5.0389)	16.329*** (5.217)	17.105*** (4.726)	16.379*** (4.912)	17.496*** (3.798)
	PM	101.476** (48.625)	94.118* (49.981)	90.617* (45.901)	84.935* (47.279)	70.659*** (24.889)
	ATO	96.969 (112.867)	45.968 (131.897)	74.725 (106.390)	34.015 (124.314)	
	$R\&D$	2.517 (2.914)	2.527 (2.939)	0.297 (2.935)	0.361 (2.974)	
	$SG\&A$	2.611 (11.511)	0.543 (11.921)	1.926 (10.800)	0.270 (11.223)	
Prob>F		0.009	0.015	0.004	0.007	0.000
R^2		0.533	0.545	0.607	0.614	0.559
观测值		33	33	33	33	33

注：括号内为聚类稳健标准误，***、**和*分别表示相关系数在1%、5%和10%的水平下显著。

3. IPO 管理者能力：收入创造能力 VS 用户形成能力

图 4-4 总结了在控制规模、每股净资产、资产收益率、股东权益收益率、销售毛利率、资产周转率、研发费用、销售和管理费用这些可能会影响企业股票价格的因素之后，IPO 管理者的收入创造能力和用户形成能力分别对互联网平台股票价格的影响系数。互联网平台用户形成能力（$Eff2$）要显著大于收入创造能力（$Eff1$），且用户形成能力的回归系数均显著为正，分别为 37.575、59.866、68.207、69.408，

与此同时，随着时间的推移，该类管理者能力对互联网平台股价的影响效果也越来越强。图 4-4 结果与假设 H3 一致，进一步证实 IPO 用户形成能力可以作为互联网平台价值的领先指标，预测该类企业未来股价走势。

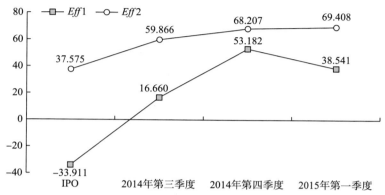

图 4-4　管理者能力对互联网平台 IPO 及以后股票价格的影响

第四节　战略网络对平台价值创造的作用机理

战略联盟日益联系全球企业，影响全球经济。企业间的战略联盟可以帮助企业达成合作，产生协同，提升行业地位。对互联网平台而言，有关联盟关系是如何影响价值创造的研究还较为缺乏。由联盟关系形成的战略网络，在互联网平台的融资、协作和并购等方面发挥了关键作用。因此，本节主要从战略网络角度，对联盟关系影响平台绩效的过程进行分析。

一　战略网络创造平台价值的内在逻辑

（一）战略网络的形成动机

1. 资源协同与战略网络的形成

从资源的视角分析，企业的本质是利用联盟来获取其他企业的宝贵资源。这种联盟是企业间自愿合作的协议，旨在从合作伙伴处获得稀缺、难以仿制、不可替代的资源，从而形成竞争优势（Das and Teng，2000）。资源交易和积累促进了企业间合作行为的产生，催生了兼并、收购和技术联盟等多种多样的合作方式。因此，从资源视角出发，战略网络是通过聚集、分享或与其他公司交换有价值的资源来创造价值的战略手段。战略网络基础上的价值共创空间，有单向被动式价值共创、双向互动式价值共创和共享协同式价值共创三种类型，平台主导的价值共创通常是最后一种类型（胡海波等，2020）。

2. 技术合作与战略网络的形成

技术合作战略联盟的主要优势在于帮助联盟企业获得互补资源，以开发新的或改进原有的产品与技术，从而开拓新市场，达到更低成本，缩短上市时间（Hagedoorn et al.，2000；Sakakibara，2002），增强企业创新能力，拓展知识资源的广度（Hilger et al.，2013）。依据成本观，企业间技术合作联盟可以缩减开发成本，降低交易成本（赵炎、王燕妮，2017）。依据组织学习观，R&D 联盟是利用并转化外部能力的一种手段。当互联网平台将联盟伙伴的专门知识和技能内化到自己的平台上，就形成了组织间的学习（Zhou et al.，2013；Martínez-Noya and Narula，2018）。这种从联盟伙伴处获得的知识与能力可以形成互补与协同效应，从而提升企业创新能力（Lavie et al.，2010；van Beers and Zand，2014）。

3. 融资需求与战略网络的形成

种子期的企业往往受到财富限制，需要获得额外融资来实现成长，特别是互联网平台为获得网络效应，达到临界起飞状态，对资本的投入有极大的需求。组织理论指出，投资者可以通过社会关系来克服风险融资决策中的信息不对称问题。Shane 和 Cable（2002）根据组织理论相关文献，与 50 位高科技风险资本家实地访谈，检验了企业家之间直接与间接的关系；同时，通过分析 202 家种子企业投资者的投资决策发现，企业之间的关系通过信息转移，影响到风险投资者的投资。因此，对互联网平台而言，资本投资对平台起着关键作用，以互联网平台为中心建立的战略网络或社会网络，将有助于互联网平台获得资本投资。

4. 用户分享与战略网络的形成

用户资源对互联网平台非常重要（Gupta, 2009）。因此，建立战略联盟可以帮助互联网平台共享联盟之间的用户资源。比如 2017 年飞猪和万豪会员实施合并，同时引入阿里巴巴"88 会员"的权益互通策略，实现了两大平台的跨界联合，实现了用户和数据共享。

综上所述，互联网平台战略网络形成机理如图 4-5 所示，具体由资源协同、技术合作、融资需求与用户分享组成，包括通过资源积累获得竞争优势、通过技术开发获得创新优势、通过资本融入获得资金支持与通过数据共享获得用户资源四大方面。

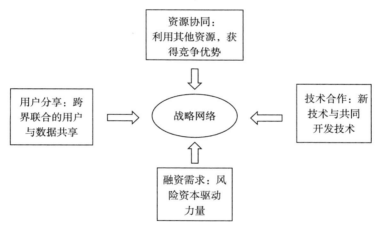

图 4-5   互联网平台战略网络形成机理

（二）战略网络影响平台价值的研究假设

1. 网络中心度与企业价值

网络中心度指网络中焦点企业与其合作伙伴的数量，采用度中心度衡量，指网络中与焦点企业有直接连接的企业个数。网络中心度与企业价值的关系体现在三个方面：第一，焦点企业通过合作网络获得资源，提升平台价值。网络中心可以帮助平台选择优质合作伙伴，从而提升平台绩效（Gulati, 1999）；第二，焦点企业利用联盟与网络相互转移，获得特定的产品或服务，增加平台收益（Capaldo, 2007）；

第三，焦点企业反映了社会资本与行业地位，焦点企业拥有更大的议价能力，受到更少的约束，却可能获得约束其他合作伙伴的权力（Sanou et al.，2016）。因此，本节提出如下假设。

H1：网络中心度与企业价值之间存在正相关关系。

2. 网络效率与企业价值

网络效率是企业拥有的联盟网络中包含的非冗余知识、技能和能力的程度（Swaminathan and Moorman，2009）。有研究指出，高效率的网络会增加企业对不同行业的了解，学习到新联盟中的知识，并将知识转移，获得资源，加强网络中企业间的合作（Rindfleisch and Moorman，2001）。也有研究指出，合作联盟之间的差异会降低合作能力。由于平台的知识存在独特性，网络成员之间没有共同的目标（Goerzen and Beamish，2005）。因此，适度的网络效率将会带给焦点企业最大的绩效影响。综上所述，本节认为，适度的网络效率将会为企业带来最大价值。本节提出如下假设。

H2：网络效率与企业价值呈倒 U 形关系。

3. 网络密度与企业价值

网络密度指网络中不同参与者之间的相互联系程度（Swaminathan and Moorman，2009）。高密度的网络关系可以传播高质量的信息内容（Uzzi，1997），减少新合作企业的机会主义行为（Rowley et al.，2000）。但密集的网络也存在明显的缺点，将会导致联盟总体价值的降低。第一，对于单个企业而言，不存在足够的灵活性以形成对联盟的最优决策。第二，这些高敏信息在高水平的信息共享网络中，缺乏合理共享的最优策略，从而削弱联盟价值。例如，企业无法在网络中单独与目标伙伴分享特定信息。因此，适度的网络密度将有利于焦点企业发展。本节提出如下假设。

H3：网络密度与企业价值之间呈倒 U 形关系。

4. 网络声誉与企业价值

网络声誉指企业网络中组织的总体质量（Swaminathan and Moorman，2009）。具有较高声誉的企业更有可能建立新的联盟，体现出企业较强的管理能力与较高的业绩水平，有助于厘清风险融资决策中对社会责任和信息获取的影响因素（Shane and Cable，2002），使投资者掌握企业缔结联盟关系的信息，传递出企业运行良好的积极信号。因此，本节提出如下假设。

H4：网络声誉与企业价值之间存在正相关关系。

二　战略网络影响平台价值的主要指标

（一）研究设计

1. 样本选取

选择中国互联网平台为本节研究对象，主要原因是中国互联网平台正处于大力发展中，全球市值前 10 强的互联网平台中，中国平台有 7 家。处于扩张期的互联网平台更容易去缔结联盟关系。因此，从战略网络角度出发，本节选择 100 家互联网平台为研究对象，以这 100 家互联网平台在 2013～2017 年的联盟关系信息、企业基本信息、财务数据为基础，评估互联网平台的市值，为后续实证分析奠定数据基础。

本节参照杨书芳（2019）的研究，选取所属行业为在线旅游、O2O 等 16 个行业的企业，保障研究结果具有广泛代表性和通用性，每个行业涉及 3~8 家平台。为确保互联网平台所属联盟关系具有可比性，这 100 家互联网平台均处于互联网巨头 BAT 的投资网络中。

2. 数据来源

本节通过公开渠道，如企业官网、官方报道、Wind 数据库、新浪财经等多种不同渠道查找数据，主要财务数据来自 Wind 数据库、同花顺（iFinD）数据库，主要非财务数据来自《中国经济年鉴》、亚太企业分析库等。以《砺石商业评论》对企业市值或估值的定义方法确定样本企业市值。最后，本节剔除了估值不正常、数据不全、市场说法不一致、无法长期经营的互联网平台。最终剩余有效样本 34 家，共计联盟关系 544 条。

（二）因变量度量

本节被解释变量为上市互联网平台股票价值或者非上市互联网平台市场估值。按照"2018 年中国企业市值 100 强"名单显示的互联网平台市值大小追溯 2013~2016 年的市值。

（三）自变量度量

1. 网络中心度

度中心度为本节网络中心度的度量指标。将焦点企业 i 在某一年的度中心度定义为该焦点企业在最近三年的直接联盟合作伙伴数量。主要公式为：

$$C(i) = \sum_{j=1}^{3} N_{ij} \tag{4-12}$$

其中，$C(i)$ 代表企业 i 的网络中心度，N_{ij} 代表企业 i 在第 j 年的联盟合作伙伴数量，j 表示考察年度的最近三年。

2. 网络效率

Baum 等（2000）提出，网络效率的计算原则为：近三年与焦点企业合作的企业数，按照不同行业中合作伙伴的数量计算。具体公式为：

$$E(i) = \left[1 - \sum_{ij} (PropAll_{ij})^2\right] / TA_i \tag{4-13}$$

其中，TA_i 是焦点企业 i 的所有联盟伙伴数量，$PropAll_{ij}$ 是焦点企业 i 的不同行业合作伙伴数量与所有伙伴数量之比的平方和。例如，某个企业有 6 个联盟合作伙伴关系，其联盟合作伙伴来自 3 个行业，每个行业都有 2 个联盟合作伙伴，焦点企业的网络效率就是 $\{1 - [(2/6)^2 + (2/6)^2 + (2/6)^2]\}/6 = 0.111$。但是，如果有 6 个联盟合作伙伴关系的企业，其中 4 个合作伙伴属于同一个行业，另 2 个合作伙伴属于不同行业，那这个焦点企业的网络效率就是 $\{1 - [(4/6)^2 + (2/6)^2]\}/6 = 0.074$。因此，高效率的企业网络是企业与不同行业企业建立更广泛合作伙伴关系的联盟。

3. 网络密度

网络密度通过焦点企业直接合作伙伴的节点矩阵衡量，即焦点企业的合作伙伴之间合作关系的总数与所有合作伙伴可能的连接关系总和之比（Rowley et al.，2000）。比值越大表示网络密度越高；反之则越低。假设焦点企业 i 在考察年度内共有 j 个合作伙伴，那么该焦点企业的网络密度为：

$$D(i) = P(n)/C_j^2 \qquad (4-14)$$

其中，D（i）表示焦点企业 i 的网络密度；j 表示企业 i 的合作伙伴数量；P（n）是焦点企业 i 的所有直接合作伙伴之间的联盟关系数量；C_j^2 则表示焦点企业 i 的所有合作伙伴间潜在的连接数量。接下来假设焦点企业 A 的直接合作伙伴有 B、C、D 和 E，它们的合作关系以矩阵形式呈现出来。其中 1 表示合作伙伴间存在联盟关系，0 表示不存在联盟关系。假设焦点企业 A 的合作伙伴间的联盟数量为 4，则 A 的网络密度公式为：

$$D(A) = 4/C_4^2 \qquad (4-15)$$

其中，企业的网络密度取值范围为 [0，1]。

4. 网络声誉

网络声誉根据焦点企业的合作伙伴是否入选全球或国内财富 500 强榜单来衡量（Kalaignanam，2007）。具体计算方法如下。首先，被观察企业的合作伙伴只要入选这两个榜单中的任意一个，网络声誉赋值为 1；若均未入选，则赋值为 0。然后，对焦点企业联盟网络中的所有合作伙伴声誉的得分取平均值，得到网络声誉大小，其取值范围为 [0，1]。

（四）控制变量

本节选择企业成立年限和用户数量作为控制变量。企业成立年限将从发展的角度定义不同生命周期的互联网平台。用户数量反映互联网平台吸引风险资本、竞争策略、商业模式的不同，也会对平台价值产生较大影响。相关变量解释汇总如表 4-15 所示。

表 4-15　本节控制变量、自变量、因变量解释汇总

变量类型	变量名	解释
控制变量	成立年限	企业成立年限（考察年度-成立时间）
	用户数量	当年用户数量最大值
自变量	网络中心度	与焦点企业有直接连接的合作伙伴数量
	网络效率	不同行业的合作伙伴数量分布 $[1 - \sum_{ij} (PropAll_{ij})^2]/TA_i$ （其中 TA_i 表示焦点企业 i 的所有合作伙伴数量；$PropAll_{ij}$ 指企业 i 在不同行业的合作伙伴数量与可能的合作伙伴数量之比）。取值范围为 $[0, 1]$
	网络密度	焦点企业的所有合作伙伴之间实际合作数量与合作伙伴间所有潜在的联盟数量之比，表示网络中所有伙伴的联结紧密程度。取值范围为 $[0, 1]$
	网络声誉	网络中焦点企业的所有合作伙伴在本节所界定的"财富排行榜"的排名；如果排在前100，则取1；如果不是，取0；最后计算网络平均值。取值范围为 $[0, 1]$
因变量	市值/估值	企业某年中最高市场估值；企业某年中最高股票价值

三　战略网络影响平台价值的实证分析

（一）相关性分析

相关性分析的主要目的是显示被调查变量之间的相关程度，当它们之间具有相关性时，可以保证多元回归的有效性。样本相关性检验结果如表 4-16 所示。结果显示，网络效率与网络密度存在较高相关性，但显著程度一般。市值/估值与其他变量之间同样存在一定相关性，可以进行进一步的回归分析。

表 4-16　变量的相关系数矩阵

变量	市值/估值	成立年限	用户数量	网络中心度	网络效率	网络效率^2	网络密度	网络密度^2	网络声誉
市值/估值	1	0.22*	0.25*	0.90*	0.42*	0.42*	0.51*	0.51*	0.17*
成立年限	0.25*	1	0.34*	0.31*	0.28*	0.28*	0.24*	0.24*	0.21*

变量	市值/估值	成立年限	用户数量	网络中心度	网络效率	网络效率^2	网络密度	网络密度^2	网络声誉
用户数量	0.30*	0.25*	1	0.29*	0.41*	0.41*	0.38*	0.38*	0.40*
网络中心度	0.95*	0.30*	0.31*	1	0.52*	0.52*	0.58*	0.58*	0.17*
网络效率	-0.12	0.15*	0.35*	0.00	1	1.00*	0.93*	0.93*	0.49*
网络效率^2	-0.01	0.21*	0.36*	0.17*	0.96*	1	0.93*	0.93*	0.49*
网络密度	-0.09	0.06	0.39*	-0.01	0.88*	0.81*	1	1.00*	0.44*
网络密度^2	0.01	0.13	0.39*	0.16*	0.91*	0.91*	0.94*	1	0.44*
网络声誉	-0.08	0.11	0.31*	-0.03	0.41*	0.40*	0.37*	0.37*	1

注：上三角为 Spearman 秩相关系数，下三角为 Pearson 相关系数。* P<0.1。

（二）初始模型构建

初始模型中因变量为互联网平台市值/估值，自变量为网络中心度、网络效率、网络效率平方项、网络密度、网络密度平方项和网络声誉，控制企业成立年限和用户数量，建立如下多元线性回归方程：

$$y_{it} = \beta_0 + \beta_1 \times X1_i + \beta_2 \times X2_{it} + \beta_3 \times X3_{it} + \beta_4 \times X4_{it} + \beta_5 \times X5_{it} +$$
$$\beta_6 \times X6_{it} + \beta_7 \times X7_{it} + \beta_8 \times X8_{it} + \theta_0 \qquad (4-16)$$

其中 i 表示焦点企业，t 代表考察时间。y_{it} 为焦点企业市值/估值。控制变量为企业成立年限（$X1_i$）和用户数量（$X2_{it}$）。自变量为网络中心度（$X3_{it}$）、网络效率（$X4_{it}$）、网络效率平方项（$X5_{it}$）、网络密度（$X6_{it}$）、网络密度平方项（$X7_{it}$）和网络声誉（$X8_{it}$）。θ_0 为误差项。$\beta_1 \sim \beta_8$ 为模型回归系数。

（三）模型选择

通过 Hausman 检验判断选择何种模型，检验结果显示，P 值 = 0.0060，小于 0.05，故使用固定效应模型。进一步地，为更好地体现变量对互联网平台价值的贡献，采用逐步回归法进一步观察不同自变量对因变量的影响，具体结果如表 4-17 所示。

表 4-17　互联网平台的价值与其战略网络关系的实证研究

变量	因变量：市值/估值				
	模型 1	模型 2	模型 3	模型 4	模型 5
成立年限	3.625 *** (3.60)	-3.003 *** (-5.27)	0.386 (0.77)	0.653 (1.33)	0.704 (1.39)
用户数量	1.106 ** (3.27)	0.140 (0.84)	0.149 (1.23)	0.134 (1.13)	0.139 (1.17)
网络中心度		11.48 *** (21.43)	12.52 *** (30.68)	12.62 *** (32.28)	12.61 *** (32.04)
网络效率			720.9 *** (5.98)	442.5 ** (2.81)	440.9 ** (2.79)
网络效率平方项			-239.0 *** (-8.74)	-137.3 *** (-3.64)	-136.9 *** (-3.62)
网络密度				36.38 *** (3.67)	36.52 *** (3.67)
网络密度平方项				-43.05 *** (-3.85)	-42.95 *** (-3.83)
网络声誉					-0.804 (-0.43)
常数项	-10.84 (-1.76)	2.045 (0.69)	-15.02 *** (-5.87)	-15.79 *** (-6.35)	-15.92 *** (-6.33)
样本数	170	170	170	170	170
Prob>F	0.000	0.000	0.000	0.000	0.000

注：括号内为 t 检验值，*** 、** 分别代表相关系数在 1%、5%的水平下显著。

四　战略网络影响平台价值的实证结果

本节采用逐步回归法对互联网平台战略网络影响进行分析，最终得到表 4-17 模型 5。

（1）网络中心度积极显著影响互联网平台价值（$\beta_3 = 12.61$，P< 0.001），假设 H1 成立；

（2）网络效率积极显著影响互联网平台价值（$\beta_4 = 440.9$，P< 0.05），网络效率平方项与互联网平台价值呈显著负相关（$\beta_5 = -136.9$，P<0.001）。网络效率与互联网平台价值之间呈现倒 U 形关系，假设 H2 成立；

（3）网络密度积极显著影响互联网平台价值（$\beta_6 = 36.52$，P<0.001），网络密度平方项与互联网平台价值呈显著负相关（$\beta_7 = -42.95$，P<0.001）。网络密度与互联网平台价值之间呈现倒 U 形关系，假设 H3 成立；

（4）网络声誉与互联网平台价值无相关性（$\beta_8 = -0.804$），假设 H4 不成立。

综上所述，本节得出以下结论。①网络中心度与互联网平台价值呈显著正相关。更高的网络中心度会带来平台价值的提升，帮助互联网平台获得更多资源。这些资源可以从信息、技术、资本、用户等多方面为互联网平台带来竞争优势。②网络效率与互联网平台价值之间呈先上升后下降的倒 U 形关系，说明过高或过低的网络效率都是低效益的。过高的网络效率体现出冗余知识的低效性并带来协调成本的提高。过低的网络效率无法满足互联网平台对收益的需求。因此，适度的网络效率才能为互联网平台带来较高收益。③网络密度与互联网平台价值之间呈先上升后下降的倒 U 形关系，说明低密度与高密度的网络都不能达到最优的效益。对互联网平台而言，适度的网络密度才能为其带来较高的收益。

本节指出了战略网络对互联网平台价值创造的重要影响作用，特别是针对网络中心度、网络效率和网络密度三个主要维度。因此，对于互联网平台而言，第一，可以使自身网络位置不断靠近中心，给互联网平台带来更高的估值；第二，保持网络关系中合适数量的合作伙伴，维系合作伙伴之间的关系，使互联网平台既能够获取最新的信息与稀缺的资源，又能控制所处的环境，降低风险与不确定性；第三，网络密度大的合作伙伴更容易为联盟带来有价值的信息与知识，促进互联网平台的发展，从而发挥更大的能力，提升平台价值。

第五章　互联网平台价值评估多维估计方法及实证检验

【本章导读】 如何定量衡量互联网平台的价值创造效果？在不同视角下，互联网平台的价值估计会有什么样的不同？这种不同是特定的还是普遍存在的？

本章首先建立互联网平台基础价值维度的评估模型，通过实证模型获得互联网平台价值评估基准标杆。从时间维度，对基础模型进行拓展，探讨基于生命周期的时变效应模型。从评价维度，建立熵值修正 G1 组合赋权模型，探讨综合评价下的价值变化。

基础模型明确了互联网平台价值评估的基准，主要基于财务驱动因素与非财务驱动因素，对提取的 15 个基础变量进行降维，得到 4 个主要影响因子，命名为盈利与流量因子、财务因子、资本与市场因子、管理因子。通过对 29 家符合条件的互联网平台面板数据的计算，得到互联网平台价值 = 4.917×盈利与流量因子 + 4.016×财务因子 + 3.223×资本与市场因子 + 7.565×管理因子 + 2.443。基础模型可以解释大约 60% 的价值创造。

基于生命周期的时变模型包含两步骤评价过程。首先，对互联网平台财务指标随时间变化的特征进行系统阐述；然后，对 34 家互联网平台进行实证研究。结果显示，大约在互联网平台 IPO 后 30 个季度（7.5 年），市场不再将销售费用、研发费用的支出视为投资，营业收入在互联网平台 IPO 后 30 个季度呈倒 U 形（N 形）曲线。每股收益在互联网平台 IPO 后 34 个季度呈 M 形或 N 形波动。

财务指标影响互联网平台价值的研究未得到统一结论，主要原因是指标具有随平台发展而变化的时变特征。第一，上市初期，销售费用、研发费用与互联网平台价值呈正相关关系，IPO 后 6 个季度不相关；营业收入、每股收益与互联网平台价值不相关，IPO 后 6 个季度呈正相关关系。第二，上市中期，研发费用对平台影响呈倒 U 形曲线，其他变量与互联网平台价值无关。如果大量实证研究样本处于这一时期，就容易得到财务指标与互联网平台价值无关的结论。第三，上市后期，除销售费用外，其他指标与互联网平台价值均表现出一定的影响关系：营业收入对平台价值影响呈先增后减再增的 N 形曲线关系，研发费用、每股收益对平台价值影响呈先增后减的倒 U 形曲线关系。

本章最后从主观评价与客观计算相结合的角度，探索互联网平台价值评估方法。基于熵值修正 G1 法，克服传统 G1 法中专家对指标重要性进行赋值时存在的主观性和随意性问题，使评价结果在融入专家智慧的同时，还包含了指标的原始信息，兼具主客观赋权的优点。

第一节　基础价值维度的互联网平台价值评估模型

互联网平台价值形成机理的侧重点是描绘互联网平台价值创造的主要驱动因素与价值形成逻辑，得到因素之间的相互关系，从而探究因素是如何推动平台价值创造的。当传统价值评估方法不适用时，如何更贴切地评估互联网平台的实际价值创造？

一　互联网平台基础价值评估模型的指标设计

（一）基础价值评估模型指标选取

本节先讨论互联网平台基础价值评估模型。被解释变量为互联网平台价值，以收益公告日后收盘价为衡量标准。解释变量为财务因素、管理能力、顾客价值、生态协同相关指标。主要指标及其定义如表 5-1 所示。

表 5-1　主要指标及其定义

模块	指标	定义	来源
财务因素	总资产	总资产（万元）	Rajgopal 等（2000）
	总负债	总负债（万元）	Sievers 等（2013）
	营业收入	营业收入（万元）	Rajgopal 等（2000）；Bhattacharya 等（2010）；Sievers 等（2013）；Aghabekyan（2010）
	销售/常规/行政费用	销售/常规/行政费用（万元）	Bhattacharya 等（2010）；Sievers 等（2013）；Aghabekyan（2010）
	基本每股收益	基本每股收益（元）	Rajgopal 等（2000）
	营业利润	营业利润（万元）	Bondegård 和 David（2018）
	税后利润	税后利润（万元）	Bondegård 和 David（2018）
管理能力	研发费用	研发费用（万元）	Gavious 和 Schwartz（2009）；Lindsey（2008）
	公司年限	自成立至 IPO 所用年限（年）	Bhattacharya 等（2010）；Sievers 等（2013）
	管理团队规模	高层管理人员数目（人）	Sievers 等（2013）
	CEO 教育情况	1＝大学文凭，2＝硕士，3＝博士	Sievers 等（2013）
顾客价值	每百万网民访问数	每百万网民访问数（个）	Matook（2013）
	IP 值	IP 值（个）	Matook（2013）
生态协同	风险资本总数	风险资本投资总额（万元）	Wang 等（2012a）
	所属行业	所属行业	Wang 等（2012a）
	IPO 市值	上市日的收盘价（美元）	Bhattacharya 等（2010）
平台价值	企业市价	收益公告日后的收盘价（美元）	Trueman 等（2000）；Aghabekyan（2010）

（二）基础价值评估模型估值步骤

互联网平台基础价值评估模型主要是为了研究财务因素与非财务因素对互联网平台价值的影响。本节首先进行因子分析，将已有的财务因素、管理能力、顾客价值、生态协同指标进行降维，得到新的、彼此独立的、不相关的新因素。之后，运用面板数据，对模型进行回归分析。

　　本节采用美国上市互联网平台作为实证样本，选择样本满足互联网平台的定义：收入超过 51% 来自与互联网相关的业务活动。最终选取 29 家符合条件的互联网平台，时间跨度为 2011 年至 2014 年。主要财务信息来自同花顺（iFinD）数据库与新浪财经公开数据。非财务数据来自全球性流量排名网站 Alexa。

　　根据表 5-2，样本总资产最小值为 12569.60 万元，最大值为 9966151.00 万元，均值为 804755.73 万元，标准差为 1.44E6，说明互联网平台资产差异大，总体离散程度一般。其他变量的描述性统计分析都表现出最小值与最大值具有较大差异的趋势，特别是研发费用、基本每股收益、风险资本总数、IPO 市值与平台价值。总体而言，我国互联网平台 CEO 都拥有本科及以上学历，自成立至上市平均耗时 6.7 年，管理团队平均维持在 6 人规模。我国互联网平台赴美上市 IPO 市值平均为 21.43 美元，基本股价为 28.83 美元，超过 IPO 市值。这说明美国资本市场对我国互联网平台持乐观态度。

表 5-2　样本的描述性统计结果

指标	样本量	最小值	最大值	均值	标准差
总资产	116	12569.60	9966151.00	804755.7259	1.43543E6
总负债	116	3389.00	4515592.00	322766.8473	6.58403E5
营业收入	116	5.5667200E3	1.1500232E7	5.2513851E5	1.3922905E6
营业利润	116	-580243.700	1280376.400	53101.54755	2.249692E5
税后利润	116	-499635.800	1224337.100	53109.13921	2.102794E5
销售/常规/行政费用	116	3229.440	1038214.200	91260.62272	1.471625E5
研发费用	116	0.000	698096.200	43364.78890	8.962489E4
基本每股收益	116	-29.696	374.600	11.03998	54.993808
公司年限	116	1.75	16.00	6.6979	3.57553
管理团队规模	116	3	15	6.34	2.807
CEO 教育情况	116	1	3	1.76	0.680
每百万网民访问数	113	0	17.36	5.8730	3.49460
IP 值	116	0	84056000	6400833.79	1.515E7
风险资本总数	116	0	48000.0	7134.397	10014.5064

指标	样本量	最小值	最大值	均值	标准差
IPO 市值	116	4.7000	122.5400	21.430776	20.9073743
平台价值	116	1.1400	227.9700	28.833377	36.4471275

（三）因子分析与相关性分析

1. 因子分析

采用 SPSS 18.0 对原始变量进行因子分析，首先进行 KMO 及 Bartlett's 球形检验，得到 KMO 值为 0.786，可以进行因素分析。采用主成分分析法进行因素分析，提取方差贡献率≥1 的公共因子，共计得到 4 个因子，对应累计贡献率为 75.34%。之后对因子进行最大方差法旋转，得到转轴后的因素矩阵如表 5-3 所示。其中，在因子 1 上载荷较高的为营业利润等指标，体现互联网平台盈利能力与用户流量特征，命名为盈利与流量因子。在因子 2 上载荷较高的为营业收入等互联网平台财务情况指标，命名为财务因子。在因子 3 上载荷较高的为研发费用等互联网平台风险资本与市场占有率指标，故命名为资本与市场因子。在因子 4 上载荷较高的为 CEO 教育情况与管理团队规模，体现互联网平台管理能力，命名为管理因子。最终获得互联网平台价值的主要指标体系如表 5-4 所示。

表 5-3　旋转成分矩阵

指标	成分			
	1	2	3	4
总资产	0.264	0.892	0.162	0.101
总负债	0.253	0.916	−0.026	0.068
营业收入	0.223	0.919	−0.100	0.062
营业利润	0.946	0.180	0.055	−0.109
税后利润	0.938	0.198	0.069	−0.106
销售/常规/行政费用	0.217	0.879	0.117	0.191
研发费用	0.301	0.177	0.763	0.101
基本每股收益	0.941	0.178	−0.069	0.101

指标	成分			
	1	2	3	4
公司年限	-0.155	-0.217	-0.565	0.356
管理团队规模	0.096	0.107	-0.005	0.694
CEO 教育情况	0.030	0.160	-0.034	0.720
每百万网民访问数	0.269	0.293	-0.575	0.194
IP 值	0.822	0.384	0.095	0.088
风险资本总数	-0.183	-0.028	0.498	0.359
IPO 市值	0.850	0.252	-0.061	0.234

注：旋转在 5 次迭代后收敛。

表 5-4　影响互联网平台价值的主要指标体系

类别	因子命名	典型指标
因子 1	盈利与流量因子	营业利润、税后利润、基本每股收益、IP 值与 IPO 市值
因子 2	财务因子	总资产、总负债、营业收入、销售/常规/行政费用
因子 3	资本与市场因子	研发费用、公司年限、每百万网民访问数、风险资本总数
因子 4	管理因子	管理团队规模、CEO 教育情况

图 5-1 显示，影响互联网平台价值的 4 个主要因素为盈利与流量因子、财务因子、资本与市场因子、管理因子，解释变异量分别为42.53%、14.08%、10.62%、8.11%，累计解释变异量达到 75.34%，因素分析的结果能够较好地代表原始变量。

2. 相关性分析

对前述 4 个降维后因素进行相关性分析，为进一步进行面板回归做好前置工作。其中，互联网平台价值与盈利与流量因子、财务因子表现出显著相关关系，而资本与市场因子与财务因子表现出显著相关关系。因此，有必要将这些变量纳入回归模型。而且，解释变量之间的相关系数均小于 0.8，可以认为模型不存在严重的多重共线性。

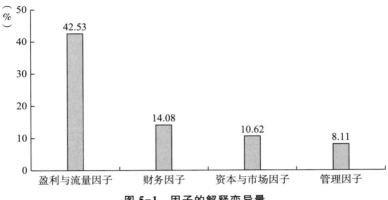

图 5-1 因子的解释变异量

二 互联网平台基础价值评估模型选择

首先对模型进行选择。判断使用混合回归模型还是固定效应模型（FE）抑或随机效应模型（RE）。利用 Stata 18.0 进行 F 检验，对于原假设"$H_0: Au_i = 0$"，F 检验 P 值为 0.0000，强烈拒绝原假设，认为 FE 明显优于混合回归模型。Hausman 检验 P 值为 0.0002，强烈拒绝原假设"$H_0: u_i$ 与 x_{it}、z_i 不相关"，认为应该使用固定效应模型。

之后通过检验年度虚拟变量的联合显著性来判断固定效应模型中是否应该考虑时间效应，结果接受"无时间效应"的原假设，认为不应在模型中包括时间效应。检验结果如表 5-5 所示。

表 5-5 检验结果

变量	OLS	FE	RE
盈利与流量因子	2.566526*** (0.1564094)	4.916813*** (0.9290677)	2.54795*** (0.2284891)
财务因子	1.718394*** (0.1564094)	4.016221*** (0.5211479)	2.039631*** (0.1960632)
资本与市场因子	0.4199052*** (0.1564095)	3.223197*** (0.7149706)	0.6379305*** (0.2194438)
管理因子	-0.0960174 (0.1564094)	7.565228*** (2.86158)	-0.1574242 (0.2379624)

变量	OLS	FE	RE
常数项	2.443384 *** （0.1557159）	2.443383 *** （0.1128017）	2.442841 *** （0.2387974）
F 检验	F（28，80）= 4.49		Prob>F = 0.0000
Hausman 检验	—		Prob>chi2 = 0.0002
时间效应判断	F（3，77）= 2.29		Prob>F = 0.0849

注：括号内为标准差；*** 表示在 1%的水平下显著。

三　互联网平台基础价值评估的实证检验

以互联网平台价值（*Value*）为被解释变量，以盈利与流量因子（*Profit&Flow*）、财务因子（*Finance*）、资本与市场因子（*VC&M*）以及管理因子（*Management*）为解释变量，构造如下模型：

$$Value_{it} = \alpha_i + \beta_1 Profit\&Flow_{it} + \beta_2 Finance_{it} + \beta_3 VC\&M_{it} + \beta_4 Management_{it} + \varepsilon_{it}$$

$$t = 2011, 2012, 2013, 2014 \tag{5-1}$$

其中 α_i 为非观测变量，下标 i 和 t 分别表示公司与时间；ε_{it} 为随机扰动项，服从独立同分布。采用 Stata 18.0 对模型进行固定效应估计，得到表 5-6 的结果。

表 5-6　固定效应估计结果

变量	系数	标准误	t	P>∣t∣
Profit&Flow	4.916813	0.9290677	5.29	0.000
Finance	4.016221	0.5211479	7.71	0.000
VC&M	3.223197	0.7149706	4.51	0.000
Management	7.565228	2.8615800	2.64	0.010
常数项	2.443383	0.1128017	21.66	0.000
sigma_u	8.9872127			
sigma_e	1.199099			
ρ	0.98250971（fraction of variance due to u_i）			
F test that all u_i = 0:	F（28，80）= 4.49		Prob>F = 0.0000	
R-sq：within = 0.5913	between = 0.3353		overall = 0.3041	
F（4，80）= 28.93				
Prob>F = 0.0000				

模型整体 F 值为 28.93，达到显著水平，$R^2 = 0.5913$，说明模型可以解释大约 60% 的互联网平台价值构成。盈利与流量因子、财务因子、资本与市场因子以及管理因子四个解释变量系数均显著且大于零，符合理论模型假设与实际经验。

$\beta_1 = 4.917$，说明互联网平台的盈利与流量因子显著正向影响互联网平台价值。在其他条件不变的情况下，当互联网平台盈利与流量因子增加 1%，平台价值增加 4.917%。

$\beta_2 = 4.016$，说明互联网平台财务因子显著正向影响互联网平台价值。在其他条件不变的情况下，当互联网平台财务因子增加 1%，平台价值增加 4.016%。

$\beta_3 = 3.223$，说明互联网平台资本与市场因子显著正向影响互联网平台价值。在其他条件不变的情况下，当互联网平台资本与市场因子增加 1%，平台价值增加 3.223%。

$\beta_4 = 7.565$，说明互联网平台管理因子显著正向影响互联网平台价值。在其他条件不变的情况下，当互联网平台管理因子增加 1%，平台价值增加 7.565%。管理因子对样本互联网平台价值的影响最大。

四　互联网平台基础价值评估的结果分析

本节主要从互联网平台的价值影响因素出发，通过财务因素与非财务因素的 15 个基础变量降维，得到影响互联网平台价值的 4 个主要因子，之后根据面板数据进行实证研究，得到一些基本结论。

第一，互联网平台的价值不仅受到传统财务因素的影响，同样也受到非财务因素的影响。非财务因素对互联网平台价值的影响较大，不能按照传统企业价值估计逻辑决定互联网平台的价值及未来发展。

第二，互联网平台内外部价值驱动因素共同影响平台价值。平台内部驱动因素包括盈利情况、用户资源、管理者能力，会直接影响平台的财务表现。平台外部驱动因素包括风险资本支持、平台市场占有率。因此，提升互联网平台价值应该从内部、外部两方面的价值驱动因素着手：对内应做好资源的积累，寻找平台特殊的、无法替代的资源；

对外应提高市场占有率，适度引入风险资金，增加平台成长机会。

第三，互联网平台价值驱动因素之间相互作用、互为联系。比如平台获得风险资本投资，将会影响到平台财务情况与未来的发展能力，从而影响平台盈利能力。因此，需要综合考虑互联网平台价值影响因素，从而制定积极的正反馈机制。

第二节　基于时间维度的生命周期时变估值模型

互联网平台基础价值评估模型体现了财务因素与非财务因素对互联网平台价值的影响。但是针对财务指标在互联网平台的估值中是否有效的问题，学术界一直没有得到统一结论。财务信息是外部投资者了解平台发展、获得平台基本经营情况的一种有效途径。因而财务信息能否有效估计互联网平台的价值，对平台投资者而言有重要意义。因此，本节探讨基于时间维度的生命周期时变估值模型，旨在体现互联网平台财务指标随时间变化的动态性，以及这种动态变化对平台价值的影响。

一　考虑生命周期的时变估值模型

（一）数据样本

本节选取美股上市互联网平台，以美股中资互联网、中资电子商务、SP500 行业分类中互联网与零售、SP500 信息技术分类中互联网软件与服务为所选行业概念。选择 2010 年至 2019 年上市的互联网平台，主要原因是 2009 年、2008 年没有互联网平台上市，而 2020 年上市互联网平台大部分数据缺失，故最终选择共计 53 家互联网平台。剔除样本数据缺失的情况，最终获得 34 家互联网平台。其中 2018 年上市互联网平台最多，共计 9 家，2014 年有 7 家，2016 年没有互联网平台上市。

（二）模型设计与变量说明

本节先建立表征互联网平台财务指标随时间变化的动态性模型，

说明在互联网平台发展的不同生命周期，财务指标具有不同的作用与意义。之后建立面板数据回归模型，进一步分析生命周期中互联网平台价值与财务指标的影响关系。

首先，针对财务指标随时间变化的动态性，本节构建面板数据模型，其中因变量为互联网平台财务指标，自变量为上市公司上市之后时间 T。采用 Bootstrap 自助法，修正面板样本数量偏少导致统计结果不一定准确的问题（赵晶，2012）。具体回归方程为：

$$Y_{it} = \mu_i + \beta_1 T + v_{it}$$

$$Y_{it} = \mu_i + \beta_1 T + \beta_2 T^2 + v_{it}$$

$$Y_{it} = \mu_i + \beta_1 T + \beta_2 T^2 + \beta_3 T^3 + v_{it}$$

$$Y_{it} = \mu_i + \beta_1 T + \beta_2 T^2 + \beta_3 T^3 + \beta_4 T^4 + v_{it} \tag{5-2}$$

其中，Y_{it} 表示互联网平台财务指标，分别为营业收入、每股收益、销售费用及研发费用；T 表示公司上市之后的下一个完整季度取值为 1，即上市后的第一个季度设 $T=1$。当方程仅包含一次项时，如果系数 $\beta_1 > 0$，表示正相关关系；如果系数 $\beta_1 < 0$，表示负相关关系。当方程包含二次项时，如果系数 $\beta_2 > 0$，则呈 U 形曲线关系，变量随时间先下降后上升；如果系数 $\beta_2 < 0$，则呈倒 U 形曲线关系，变量随时间先上升后下降。当方程包含三次项时，如果系数 $\beta_3 > 0$，则呈 N 形曲线关系，变量随时间先上升后下降最后上升；如果系数 $\beta_3 < 0$，则呈倒 N 形曲线关系，变量随时间先下降后上升最后下降。当方程包含四次项时，如果系数 $\beta_4 > 0$，则呈 W 形曲线关系，变量随时间先下降后上升接着下降最后上升；如果系数 $\beta_4 < 0$，则呈 M 形曲线关系，变量随时间先上升后下降接着上升最后下降。具体如图 5-2 所示。

其次，对财务指标与互联网平台价值的影响关系进行实证研究。以季度为时间周期，符合条件的互联网平台不多，故采用长面板 LSDV 法，具体回归模型为：

$$P_{it} = \mu_i + \beta_1 EXPENSE_{it} + \beta_2 SALE_{it} + \beta_3 R\&D_{it} + \beta_4 EPS_{it} + \beta_5 SIZE_{it} +$$

$$\beta_6 MG_{it} + \beta_7 DT_{it} + \beta_8 ATO_{it} + u_{it} \tag{5-3}$$

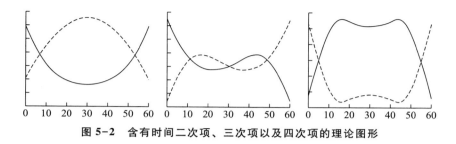

图 5-2　含有时间二次项、三次项以及四次项的理论图形

其中，P_{it} 代表互联网平台对应季度末的股票收盘价，为因变量。$EXPENSE_{it}$、$SALE_{it}$、$R\&D_{it}$、EPS_{it} 分别代表公司相应季度的销售费用、营业收入、研发费用、每股收益，为自变量。控制变量包括公司资产规模（$SIZE$）、销售毛利率（MG）、资产负债率（DT）、资产周转率（ATO）。具体变量信息详见表 5-7。

表 5-7　变量定义

财务指标随时间变化的动态性模型变量				
变量		含义	说明	文献出处
因变量	Y	互联网平台财务指标	包括互联网平台营业收入、每股收益、销售费用及研发费用 4 个指标	Trueman 等（2000）；Demers 和 Lev（2011）
自变量	T	上市时间	互联网平台 IPO 后经历的季度时间（IPO 后第一个季度 $T=1$，第二个季度 $T=2$，以此类推）	赵晶（2012）；许沿（2016）
财务指标与互联网平台价值的影响关系模型变量				
变量		含义	说明	文献出处
因变量	P	互联网平台股票收盘价	对应互联网平台季度末股票收盘价的对数	Trueman 等（2000）；Demers 和 Lev（2011）
自变量	$EXPENSE$	销售费用	互联网平台销售费用的自然对数	Bhattacharya 等（2010）
	$SALE$	营业收入	互联网平台营业收入的自然对数	梁美健等（2016）；Ordanini 和 Pasini（2010）
	$R\&D$	研发费用	互联网平台研发费用的自然对数	Trueman 等（2000）；Demers 和 Lev（2011）
	EPS	每股收益	互联网平台每股收益	梁美健等（2016）

财务指标与互联网平台价值的影响关系模型变量

变量		含义	说明	文献出处
控制变量	SIZE	公司资产规模	总资产的自然对数	Frijns 等（2012）
	MG	销售毛利率	（销售收入-销售成本）/销售收入	Trueman 等（2000）；Santosuosso（2014）
	DT	资产负债率	总负债/总资产	池国华等（2013）
	ATO	资产周转率	销售收入/总资产	Santosuosso（2014）

（三）互联网平台财务指标的时变性

在控制个体变量的基础上，对每一年上市的互联网平台销售费用、营业收入、研发费用、每股收益与其 IPO 后季度时间进行实证研究。如表 5-8 的结果所示，以 2013 年为分割年，2013 年前上市的互联网平台，销售费用随时间呈倒 U 形曲线，营业收入随时间呈倒 U 形（N 形）曲线，研发费用随时间呈倒 U 形（N 形）曲线，每股收益随时间呈 N 形或 M 形曲线；2013 年以后上市的互联网平台，其财务指标与时间主要呈正相关关系。这从侧面说明，约在互联网平台 IPO 30 个季度（7.5 年）以后，市场不再将其销售费用、研发费用的支出视为投资，随后研发费用随时间增加而被视为成本增加，市场将销售费用视为投资的时间效应减弱。

表 5-8　财务指标随时间变化实证结果

上市年份	T	销售费用	营业收入	研发费用	每股收益
2010	42 个季度	弱倒 U 形曲线	倒 U 形曲线	倒 U 形曲线	N 形曲线
2011	39 个季度	无曲线	N 形曲线	N 形曲线	M 形曲线
2012	34 个季度	倒 U 形曲线	倒 U 形曲线	倒 U 形曲线	正相关
2013	30 个季度	无曲线	无曲线	正相关	正相关
2014	25 个季度	正相关	正相关	正相关	正相关
2015	24 个季度	正相关	正相关	正相关	正相关
2017	13 个季度	倒 U 形曲线	正相关	无曲线	倒 U 形曲线
2018	11 个季度	正相关	正相关	正相关	正相关
2019	6 个季度	无曲线	无曲线	无曲线	无曲线

二　财务指标与互联网平台价值实证研究

如表5-9所示，销售费用与互联网平台价值相关性很弱，仅于上市6个季度后，呈显著正相关，其中$\beta = 1.049$，说明销售费用的时间效应并没有影响互联网平台价值。在互联网平台上市初期，销售费用被市场视为投资，对平台价值的影响显著为正。在其他条件不变的情况下，当互联网平台销售费用增加1%，平台价值增加1.049%。由此说明，互联网平台销售费用指标影响互联网平台上市初期的估值，但其时间效应不影响平台价值。

营业收入与互联网平台价值存在一定的相关性。其中，上市11个季度后，营业收入与平台价值呈显著正相关，$\beta = 0.809$，说明在互联网平台上市初期，在其他条件不变的情况下，当互联网平台营业收入增加1%，平台价值增加0.809%，之后一段时间两者不相关。直至上市25个季度，这种显著正相关关系有所增强，此时$\beta = 0.981$，即在其他条件不变的情况下，当互联网平台营业收入增加1%，平台价值增加0.981%，影响增强21.26%。待互联网平台上市34个季度后，营业收入与互联网平台价值呈显著负相关，$\beta = -0.499$，即在其他条件不变的情况下，当互联网平台营业收入增加1%，平台价值减少0.499%。上市39个季度后，营业收入与互联网平台价值呈显著正相关，$\beta = 3.025$，即在其他条件不变的情况下，当互联网平台营业收入增加1%，平台价值大幅增加3.025%。最后，上市42个季度后，营业收入与互联网平台价值的正相关关系依旧显著，但强度削弱，$\beta = 0.855$，即在其他条件不变的情况下，当互联网平台营业收入增加1%，平台价值增加0.855%。由此说明，互联网平台营业收入指标对平台价值的影响呈先增加后减少再增加的N形关系，基本符合营业收入随时间变化的关系曲线，平台价值受到营业收入指标的影响。

研发费用与互联网平台价值存在一定的相关性。其中，上市6个季度后，研发费用与平台价值呈显著正相关，$\beta = 0.201$，说明在互联网平台上市初期，在其他条件不变的情况下，当互联网平台研发费用

表5-9　财务指标与互联网平台价值实证结果

变量	2010年 P	2011年 P	2012年 P	2013年 P	2014年 P	2015年 P	2017年 P	2018年 P	2019年 P
EXPENSE	0.0270 (1.51)	-0.0103 (-0.62)	-0.0988 (-0.85)	0.246 (1.62)	0.135 (1.43)	0.389 (0.87)	0.500 (1.59)	-0.0858 (-0.60)	1.049*** (3.65)
SALE	0.855*** (3.43)	3.025*** (4.24)	-0.499* (-2.16)	-0.0766 (-0.73)	0.981*** (7.44)	0.523 (0.87)	0.336 (0.72)	0.809*** (5.15)	0.338 (1.16)
R&D	-0.303*** (-4.10)	-0.437 (-1.06)	-0.644* (-2.12)	0.0416 (1.53)	0.289* (2.08)	0.0810 (1.86)	-0.352* (-2.05)	0.166 (1.66)	0.201*** (6.13)
EPS	0.102 (1.88)	-0.153** (-2.61)	-0.0443*** (-3.88)	0.00513 (1.62)	0.0116** (2.81)	-0.00490 (-0.05)	0.00618 (0.91)	0.00859** (2.92)	0.00388 (1.63)
SIZE	-1.140*** (-6.47)	-2.698*** (-4.56)	1.540*** (4.55)	0.231 (1.56)	-0.915*** (-6.08)	-0.146 (-0.71)	-0.337 (-1.07)	-0.279*** (-3.61)	-0.586 (-1.19)
MG	0.466 (1.82)	-2.138* (-2.38)	0.984*** (3.69)	0.227* (2.43)	1.354*** (6.21)	0.887 (1.41)	-0.318 (-0.24)	0.600*** (3.95)	-0.199 (-0.47)
DT	-0.844* (-2.16)	2.561*** (4.24)	0.552* (2.70)	-0.514*** (-3.45)	-1.458*** (-8.90)	0.499 (1.17)	-1.187*** (-4.03)	-0.839*** (-9.08)	2.511** (2.62)
ATO	-0.122 (-1.60)	-0.0884 (-0.25)	0.143 (1.48)	0.0742 (1.51)	-0.0686 (-1.26)	-0.128 (-1.12)	-0.00959 (-0.13)	-0.0208 (-0.60)	-0.00821 (-0.13)
常数项	4.495* (2.27)	4.897 (1.43)	-3.639** (-3.17)	-2.480*** (-3.47)	-2.016*** (-6.39)	-5.835* (-2.02)	0.305 (0.27)	-3.987*** (-12.55)	-7.039*** (-4.80)
R²	77.51%	63.01%	60.79%	86.30%	85.00%	78.02%	69.73%	61.60%	85.35%

注：括号内为t检验值，***、**和*分别代表相关系数在1%、5%和10%的水平下显著。

增加 1%，平台价值增加 0.201%。在上市 11 个季度后，两者不相关。在上市 13 个季度后，研发费用与平台价值呈显著负相关，$\beta = -0.352$，说明在其他条件不变的情况下，当互联网平台研发费用增加 1%，平台价值减少 0.352%。上市 25 个季度后，研发费用与平台价值呈显著正相关，$\beta = 0.289$，说明在其他条件不变的情况下，当互联网平台研发费用增加 1%，平台价值增加 0.289%。在上市 34 个季度后，研发费用与平台价值呈显著负相关，$\beta = -0.644$，说明在其他条件不变的情况下，当互联网平台研发费用增加 1%，平台价值减少 0.644%。在上市 42 个季度后，这种负相关关系削弱，但显著性增强，$\beta = -0.303$，说明在其他条件不变的情况下，当互联网平台研发费用增加 1%，平台价值减少 0.303%。由此说明，互联网平台研发费用指标在平台上市初期与平台价值呈正相关关系，后出现倒 U 形波动，基本符合研发费用随时间变化的关系曲线，平台价值受到研发费用指标的影响。

每股收益与互联网平台价值存在一定的相关性。其中，上市 11 个季度后，每股收益与平台价值呈显著正相关，$\beta = 0.00859$，说明在互联网平台上市初期，在其他条件不变的情况下，当互联网平台每股收益增加 1%，平台价值增加 0.00859%，之后一段时间两者不相关。直至上市 25 个季度，这种显著正相关关系有所增强，此时 $\beta = 0.0116$，即在其他条件不变的情况下，当互联网平台每股收益增加 1%，平台价值增加 0.0116%，影响增强了 35.04%。待互联网平台上市 34 个季度后，每股收益与平台价值呈显著负相关，上市 39 个季度后这种负相关关系增强，但显著性减弱。β 由 -0.0443 变为 -0.153，说明在其他条件不变的情况下，当互联网平台每股收益增加 1%，平台价值减少 0.0443% ~ 0.153%。由此说明，互联网平台每股收益指标对平台价值的影响呈现先增加后减少的倒 U 形关系，基本符合每股收益随时间变化的关系曲线，平台价值受到每股收益指标的影响。

三 互联网平台价值时变效应实证结果

基于上述发现，将互联网平台 IPO 后分为三个时期，分别为上市初期、上市中期及上市后期。在财务指标随时间变化的效应中，将上市初期定为平台 IPO 至 IPO 后 6 个季度，上市中期定为平台 IPO 后 6 个季度至 IPO 后 30 个季度，上市后期定为 IPO 30 个季度以后。研究认为，在上市初期，销售费用、营业收入、研发费用及每股收益指标不受时间效应的动态影响；在上市中期，销售费用、营业收入、研发费用及每股收益指标与 IPO 后时间总体呈正相关关系；在上市后期，销售费用表现出较弱的时间效应，营业收入与上市时间呈倒 U 形（N 形）曲线关系，研发费用与上市时间呈倒 U 形（N 形）曲线关系，每股收益与上市时间呈 N 形或 M 形曲线关系。

在财务指标与互联网平台价值关系中，将上市初期定为平台 IPO 至 IPO 后 11 个季度，上市中期定为 IPO 后 11 个季度至 IPO 后 24 个季度，上市后期定为 IPO 24 个季度以后。图 5-3 表明，上市初期，销售费用、研发费用与互联网平台价值呈正相关关系，IPO 后 6 个季度不相关；营业收入、每股收益与互联网平台价值不相关，IPO 后 6 个季度呈正相关关系。上市中期，研发费用对平台价值的影响呈倒 U 形曲线，其他变量与平台价值无关。如果大量实证研究样本处于这一时期，就容易得到财务指标与互联网平台价值无关的结论。上市后期，除销售费用外，其他指标与互联网平台价值均表现出一定的影响关系：营业收入与平台价值呈先正后负再为正的 N 形关系，研发费用、每股收益与平台价值呈先正后负的倒 U 形关系。

本节通过对美股上市的 34 家互联网概念企业进行实证研究，探索财务指标随平台生命周期变化的时间效应是否会影响互联网平台价值。首先，发现互联网平台财务指标，包括销售费用、营业收入、研发费用以及每股收益存在随时间变化的特征。其次，从财务指标对互联网平台价值影响的角度分析，不同的指标具有不同的随时间变化的特征，在不同时期被视为对互联网平台的费用或投资，对互联网平台具有不同的作用，影响对平台的估值。因此，本节认为需要明确不同财务指标在互联网平台不同时期所代表的不同意义，根据财务指标传递给市场的信息来探究其对平台价值的影响。总体而言，互联网平台

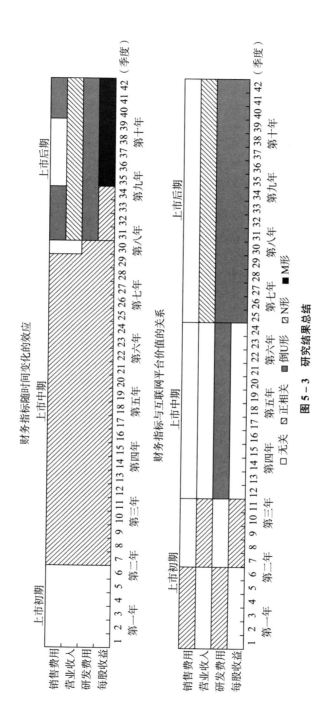

图5-3 研究结果总结

的投资最佳时期为平台 IPO 至 IPO 后的三年时间，研发费用是互联网平台价值评估的重要财务指标，应对 IPO 不同时期的互联网平台采用不同的估值技术。

第三节 基于评价维度的组合赋权预测估值模型

基于时间维度的生命周期时变估值模型更多地关注财务指标的时变性对互联网平台价值的影响，本节将从互联网平台自身的特殊性与所处环境的不确定性出发，通过外界对平台的价值评价进行价值估计。目前已有的熵权法与组合赋权法对互联网平台价值的估计存在过于主观、无法权衡主客观权重的问题。因此，本节引入组合赋权新方法，为互联网平台通过价值估计来指导经济活动与自身持续发展提供具有可操作性的工具。

一 组合赋权法下互联网平台指标构建与数据处理

本节采用基于评价维度的赋权法来评估互联网平台价值。根据指标的可获取性与信息真实度，主要选取的一级指标共计 6 个，二级指标共计 32 个，具体如表 5-10 所示。最终选择合适的 27 个指标（不含表 5-10 中标"*"的指标）进行组合赋权。

表 5-10 互联网平台价值评估指标体系

总指标	一级指标	二级指标	来源
互联网平台价值	盈利能力	基本每股收益	Rajgopal 等（2000）
		营业利润	Bondegård 和 David（2018）
		权益净利率	郭建峰等（2017）
		总资产净利率	郭建峰等（2017）
		利润率	郭建峰等（2017）
		资产	Rajgopal 等（2000）
		负债*	Sievers 等（2013）
		市收率	谢蓬（2009）

总指标	一级指标	二级指标	来源
互联网平台价值	运营能力	应收账款周转率	谢蓬（2009）
		销售净利率	赵昕（2015）
		总资产周转率	赵昕（2015）
		净现金流量	谢蓬（2009）
	偿债能力	流动比率	肖翔和权忠光（2004）
		资产负债率	郭建峰等（2017）
		产权比	赵昕（2015）
		资本保值率	肖翔和权忠光（2004）
	成长能力	营业收入增长率	陈铀（2003）
		总资产增长率	郭建峰等（2017）
		公司年限	Sievers 等（2013）
		销售费用增长率	郭建峰等（2017）
	顾客价值	独立用户访问数	Matook（2013）
		页面访问量*	Ghandour（2010）
		品牌影响力	罗淇（2013）
		全球网站排名*	罗淇（2013）
		商誉	李玉菊（2010）
		注册用户量*	Hand（2001）
		滞留时间*	Ghandour（2010）
	学习与创新能力	研发能力	Gavious 和 Schwartz（2009）
		高管受教育情况	Sievers 等（2013）
		管理团队规模	Sievers 等（2013）
		无形资产净值	赵昕（2015）
		管理者能力	Demerjian 等（2012b）

注：＊表示最终删除的指标。

（一）灰色关联度分析

通过灰色系统理论中的灰色关联度法，采用 Matlab 2014 软件，对上述 27 个指标进行分析，计算每个指标对互联网平台价值的贡献程度并进行排序，研究结果如表 5-11 所示。

表 5-11 指标灰色关联度分析

指标	对市值的贡献程度	排名	指标	对市值的贡献程度	排名
基本每股收益	0.611	17	资本保值率	0.719	6
营业利润	0.637	13	营业收入增长率	0.656	10
权益净利率	0.623	15	总资产增长率	0.658	9
总资产净利率	0.549	22	公司年限	0.505	26
利润率	0.479	27	销售费用增长率	0.651	12
资产	0.828	4	独立用户访问数	0.613	16
市收率	0.831	2	品牌影响力	0.540	23
应收账款周转率	0.821	5	商誉	0.831	3
销售净利率	0.591	19	研发能力	0.576	21
总资产周转率	0.654	11	高管受教育情况	0.521	25
净现金流量	0.665	8	管理团队规模	0.637	13
流动比率	0.677	7	无形资产净值	0.837	1
资产负债率	0.533	24	管理者能力	0.578	20
产权比	0.610	18			

（二）相关性与 R 型聚类分析

通过相关性与 R 型聚类分析进一步缩减相似指标，最终选择无形资产净值，剔除了资产和商誉。

（三）变异系数分析

通过变异系数进一步简化指标体系，删除对评价结果影响不大的指标，选择少部分能够反映大量信息的指标。具体筛选情况如表 5-12 所示。

表 5-12 变异系数和灰色关联分析筛选后指标

序号	一级指标	二级指标	灰色关联系数	变异系数	R 型聚类分析结果	是否保留
1	盈利能力	基本每股收益	0.611	0.524		保留
2		营业利润	0.637	0.648		保留
3		权益净利率	0.623	0.768		保留
4		总资产净利率	0.549	0.497		删除

序号	一级指标	二级指标	灰色关联系数	变异系数	R 型聚类分析结果	是否保留
5	盈利能力	利润率	0.479	0.371		删除
6		资产	0.828	2.250	重复	删除
7		市收率	0.831	1.245		保留
8	运营能力	应收账款周转率	0.821	1.368		保留
9		销售净利率	0.591	0.706		保留
10		总资产周转率	0.654	0.753		保留
11		净现金流量	0.665	0.929		保留
12	偿债能力	流动比率	0.677	0.996		保留
13		资产负债率	0.533	0.566		保留
14		产权比	0.610	0.788		保留
15		资本保值率	0.719	1.103		保留
16	成长能力	营业收入增长率	0.656	0.820		保留
17		总资产增长率	0.658	0.846		保留
18		公司年限	0.505	0.501		删除
19		销售费用增长率	0.651	0.822		保留
20	顾客价值	独立用户访问数	0.613	0.671		保留
21		品牌影响力	0.540	0.625		保留
22		商誉	0.831	2.986	重复	删除
23	学习与创新能力	研发能力	0.576	0.609		保留
24		高管受教育情况	0.521	0.523		删除
25		管理团队规模	0.637	0.794		保留
26		无形资产净值	0.837	2.564	重复	保留
27		管理者能力	0.578	0.625		保留

最终获得 6 个一级指标和 21 个二级指标的价值评估体系，具体见表 5-13。

表 5-13   筛选后指标体系

序号	一级指标	二级指标
1	运营能力 $X1$	应收账款周转率 $X11$
2		净现金流量 $X12$

序号	一级指标	二级指标
3	运营能力 $X1$	总资产周转率 $X13$
4		销售净利率 $X14$
5	成长能力 $X2$	营业收入增长率 $X21$
6		总资产增长率 $X22$
7		销售费用增长率 $X23$
8	盈利能力 $X3$	市收率 $X31$
9		基本每股收益 $X32$
10		营业利润 $X33$
11		权益净利率 $X34$
12	偿债能力 $X4$	流动比率 $X41$
13		资本保值率 $X42$
14		资产负债率 $X43$
15		产权比 $X44$
16	学习与创新能力 $X5$	无形资产净值 $X51$
17		研发能力 $X52$
18		管理者能力 $X53$
19		管理团队规模 $X54$
20	顾客价值 $X6$	独立用户访问数 $X61$
21		品牌影响力 $X62$

二　组合赋权法下互联网平台指标权重确定

在确定互联网平台指标对价值影响的权重时，传统合成法无法合理分配主观权重和客观权重。因此，本节结合熵权法和序关系法（G1法），得到熵值修正 G1 法来进行赋权。首先，指标的重要性大小按照行业专家打分判断；然后，采用熵值计算指标间重要性尺度，结合主客观评价，保障赋权科学性。

第一步，计算评价指标的熵值。本节通过收集 10 家样本互联网平台近三年指标数据进行客观赋权，具体结果如表 5-14 所示。

表 5-14　评价指标熵值

指标	X11	X12	X13	X14	X21	X22	X23	X31	X32	X33	X34
熵值	0.081	0.047	0.035	0.037	0.036	0.043	0.042	0.071	0.020	0.028	0.039
指标	X41	X42	X43	X44	X51	X52	X53	X54	X61	X62	
熵值	0.051	0.058	0.024	0.039	0.190	0.032	0.034	0.034	0.028	0.031	

第二步，针对互联网平台价值评估指标，采用专家打分法进行重要性排序。首先，按照 4 位专家的意见，获得排序结果。其次，通过斯皮尔曼等级相关系数判定专家排序合理性。结果显示，所有相关系数均超过 0.3，经过一致性检验。再次，运用均值法、Boarda 法、Compeland 法进行二次排序。最后，对二次排序的一致性进行检验，得到每一个一级指标的权重，记录于表 5-15 中。

表 5-15　一级指标权重

序号	一级指标	4 位专家的排序				理想排序							熵值	重要性之比	权重
		专家一	专家二	专家三	专家四	均值法		Boarda 法		Compeland 法		理想排序			
						得分	排序	得分	排序	得分	排序	排序			
1	X1	1	1	1	2	5.75	1	5	1	5	1	1	3.468		0.227
2	X2	2	3	2	1	5.00	2	4	2	3	2	2	2.679	1.294	0.175
3	X3	3	2	3	3	4.25	3	3	3	1	3	3	3.578	1.000	0.175
4	X4	4	4	4	4	3.00	4	2	4	-1	4	4	3.543	1.010	0.174
5	X5	6	5	5	5	1.75	5	1	5	-3	5	5	3.228	1.098	0.158
6	X6	5	6	6	6	1.25	6	0	6	-5	6	6	1.844	1.751	0.090

第三步，将二级指标权重与所对应的一级指标权重相乘得到熵值修正 G1 法组合赋权结果。举例来说，应收账款周转率二级指标权重为 0.250，对应一级指标运营能力对平台价值的权重为 0.227，两者相乘得到 0.057，此为最后计算结果。以此得到组合赋权法结果如表 5-16 所示。此外，根据公式求得的熵权法权重和 G1 法权重也列示在表 5-16 中。

表 5-16　各方法计算权重

方法	X11	X12	X13	X14	X21	X22	X23	X31	X32	X33	X34
组合赋权法	0.057	0.057	0.057	0.057	0.059	0.058	0.058	0.045	0.045	0.044	0.042
熵权法	0.081	0.047	0.035	0.037	0.036	0.043	0.042	0.071	0.020	0.028	0.039
G1 法	0.058	0.048	0.040	0.040	0.087	0.054	0.045	0.057	0.048	0.048	0.034

方法	X41	X42	X43	X44	X51	X52	X53	X54	X61	X62	
组合赋权法	0.045	0.044	0.044	0.042	0.040	0.040	0.039	0.039	0.045	0.045	0.045
熵权法	0.051	0.058	0.024	0.039	0.190	0.032	0.034	0.034	0.028	0.031	0.051
G1 法	0.060	0.043	0.027	0.027	0.051	0.043	0.036	0.025	0.065	0.065	0.060

三　组合赋权法下互联网平台价值评估实证研究

（一）样本选择和数据来源

样本企业为 10 家在美国纳斯达克上市的中国互联网平台，样本尽量满足企业处于不同行业，并且时间范围为 2015~2017 年。财务数据来自同花顺（iFinD）数据库，流量指标来自全球性流量排名网站 Alexa。对无法直接获取的数据，采用赋值法计算，比如高管受教育情况，采用博士赋 3 分、硕士赋 2 分、本科赋 1 分的计算方法。单独计算管理者能力指标。全部数据在无量纲化处理之后，将标准化数据扩大 100 倍，数据范围为 [0，100]（罗淇，2013），以保证最终综合评价结果更直观清晰。最后采用综合评价法计算得到平台综合得分，对比检验平台市值，依据误差率比较组合赋权法的有效性。

（二）描述性统计分析

表 5-17 描述性统计分析显示，样本中营业利润、资产、净现金流量、商誉、无形资产净值的波动性较大。具体而言，营业利润最大值为 292617.05 万元，最小值为 -249906.10 万元，均值为 -173.33 万元，不同公司之间营业利润差异巨大，说明不同的互联网平台盈利具有不确定性。资产最大值为 16224000 万元，最小值为 49429.93 万元；净现金流量最大值为 1391478.69 万元，最小值为 -182794.19 万元；商誉最大值为 5624600 万元，最小值为 0；无形资产净值最大值为

1402431.47 万元，最小值为 62.43 万元。

同时，运用 DEA 模型计算的管理者能力最大值为 0.4837，最小值为 -0.6518，均值为 -0.003，标准差为 0.3005。在此样本中，我国互联网平台自成立至上市平均耗费 5.7 年，管理团队平均维持在 11 人规模。这说明我国互联网平台管理团队小，上市迅速，在早期能够迅速试错。

表 5-17　描述性统计分析

指标	样本数	最小值	最大值	均值	标准差
基本每股收益	30	-92.8064	42.03	-2.3587	21.6209
营业利润	30	-249906.10	292617.05	-173.3295	124616.2618
权益净利率	30	-1.4488	6.4149	0.1856	1.2498
总资产净利率	30	-0.7964	0.3523	-0.0360	0.2424
利润率	30	-2.0451	0.8253	0.2663	0.6408
资产	30	49429.9326	16224000	1933502.1108	4226229.9228
市收率	30	0.1078	12.4903	2.4162	3.1691
应收账款周转率	30	1.03	126.10	20.1537	27.4308
销售净利率	30	-7.5416	2.8450	-0.4892	1.8471
总资产周转率	30	0.04	1.411	0.5446	0.3618
净现金流量	30	-182794.1906	1391478.69	58697.4815	269997.5047
流动比率	30	0.56	7	2.3850	1.6037
资产负债率	30	0.0002	1	0.6344	0.3115
产权比	30	-4.2063	3.8300	0.8928	1.3056
资本保值率	30	-0.1975	6.1367	1.4722	1.2377
营业收入增长率	30	-0.7918	3.2408	0.3558	0.8182
总资产增长率	30	0.5754	3.8079	1.2235	0.6418
公司年限	30	2	11	5.70	2.6542
销售费用增长率	30	-0.0083	2.5532	0.9966	0.6532
独立用户访问数	30	-2.5903	10.2964	3.7582	3.3225

续表

指标	样本数	最小值	最大值	均值	标准差
品牌影响力	30	5	8	6.50	0.9377
商誉	30	0	5624600	538023.2097	1610544.3961
研发能力	30	0	13.6243	9.4083	3.9722
高管受教育情况	30	1.17	2	1.6510	0.2518
管理团队规模	30	7	19	11.20	3.3363
无形资产净值	30	62.4346	1402431.47	153359.6047	393870.8803
管理者能力	30	-0.6518	0.4837	-0.003	0.3005

（三）实证评价结果

通过计算各层级指标所占的比重，运用综合指数法对企业进行评分，公式为：

$$P = w_1 \times \sum (w_{1i} \times X_{1i}) + w_2 \times \sum (w_{2i} \times X_{2i}) + w_3 \times \sum (w_{3i} \times X_{3i}) +$$

$$w_4 \times \sum (w_{4i} \times X_{4i}) + w_5 \times \sum (w_{5i} \times X_{5i}) + w_6 \times \sum (w_{6i} \times X_{6i}) \qquad (5-4)$$

所有企业计算结果如表 5-18 所示。

表 5-18　2015~2017 年各企业评分

企业名称	2015 年评分			2016 年评分			2017 年评分		
	G1 法	熵权法	组合赋权法	G1 法	熵权法	组合赋权法	G1 法	熵权法	组合赋权法
金融界	31.51	25.01	33.92	30.83	23.79	33.21	25.42	20.16	27.98
搜狐	36.12	26.35	35.31	32.42	22.93	31.36	48.04	38.20	49.70
途牛	42.53	37.28	44.41	41.83	36.72	44.62	33.06	27.71	35.91
携程	53.95	58.93	54.99	50.61	54.75	52.57	54.18	56.37	55.24
航美传媒	24.44	21.95	27.88	25.19	24.19	26.56	20.88	15.93	22.42
欢聚时代	45.46	37.38	45.99	55.48	49.74	57.36	64.10	57.88	64.34
蓝汛	21.39	18.38	23.61	30.36	26.61	35.33	27.40	22.86	28.53
正保远程	31.37	25.94	32.24	39.51	32.60	41.52	41.56	34.43	45.18
迅雷	29.13	22.20	26.08	38.33	28.28	35.60	41.52	32.59	42.03
陌陌	32.05	24.38	28.35	55.09	44.20	55.04	59.62	49.12	62.18

四 组合赋权法下互联网平台价值比较

对 G1 法、熵权法与组合赋权法进行对比分析，比较三种方法得到的计算结果与互联网平台实际市场价值之间的误差率，进而检验本节方法的有效性。

（一） 评估值与企业市值的误差率比较

误差率的计算包括正负符号下的误差率均值和绝对误差率均值。按照误差率=（企业市值－评估值）/评估值，正负符号下的误差率均值取计算所得的误差率的平均值；绝对误差率均值指取绝对值后的所有误差率均值。为保证数据的可比性，对数据进行统一的放大、缩小处理。

表 5-19 显示，组合赋权法下，无论是正负符号下的误差率均值，还是绝对误差率均值，都具有更小的误差，体现更好的评价结果。尽管组合赋权法的结果与序关系法的差距不大，但本节提出的熵值修正 G1 法的评价过程更加简单，大大减少了专家的工作量，简化了赋权过程，提高了赋权效率。

表 5-19   误差率比较

方法	2015 年		2016 年		2017 年		正负符号下的误差率均值	绝对误差率均值
	带符号	不带符号	带符号	不带符号	带符号	不带符号		
G1 法	1.22	1.90	0.19	1.24	1.76	2.66	1.06	1.93
熵权法	1.71	2.25	0.37	1.31	2.11	2.94	1.40	2.17
组合赋权法	1.22	1.88	0.16	1.22	1.73	2.65	1.03	1.92

（二） 相关性分析

通过相关性分析，检验互联网平台价值评估值与市值之间是否存在线性关系。以互联网平台市值为被解释变量，以 G1 法、熵权法和组合赋权法得到的评估值为解释变量，进行回归分析，得到表 5-20 的结果。

表 5-20　回归分析结果

年份	方法	系数	t 值	F 值	R²	Sig.
2015	G1 法	0.814	2.552	6.512	0.38	0.034
	熵权法	0.763	1.998	3.954	0.247	0.082
	组合赋权法	0.907	2.919	8.518	0.455	0.019
2016	G1 法	0.734	2.206	4.866	0.3	0.058
	熵权法	0.781	2.641	6.937	0.399	0.03
	组合赋权法	0.794	2.485	6.173	0.365	0.038
2017	G1 法	0.676	3.376	11.395	0.536	0.01
	熵权法	0.7	3.82	14.59	0.602	0.005
	组合赋权法	0.727	3.76	14.141	0.594	0.006

　　表 5-20 回归分析结果显示，G1 法与熵权法赋权的估计结果均存在与市值显著性较弱的情况，而组合赋权法的结果一直保持较强的显著性，具有统计学意义。综上所述，本节提出的基于组合赋权法的价值评估模型更有利于对互联网平台进行估值，是单一赋权方法的改进版本，具有操作简便性与结果普适性的特征。

第六章　机器学习方法下互联网平台价值评估

【**本章导读**】在支持向量机相关基础理论的指导下，构建互联网平台的价值预测基础模型与财务危机预警模型。其中，互联网平台价值预测基础模型首先通过主成分分析方法降维处理，将 7 个维度共计 38 个指标精简为包含互联网平台价值评价维度主成分的 15 个指标。将样本企业数据集分成训练样本和测试样本，对上市公司投资价值分类模型进行实证研究，经过 PCA 方法与网格搜索算法对模型进行优化训练后，对组合优化后的 SVR 基础模型、GS-SVR 模型、PCA-SVR 模型和 PCA-GS-SVR 模型的预测结果进行对比分析，找出预测效果最优的 PCA-GS-SVR 模型，最优模型的预测准确率平均达到 88.86%。实证结果表明，本章提出的预测模型具有很好的价值预测效果。

互联网平台具有高风险、高收益特征，所处环境变化迅速，面临各类挑战。随着行业发展、科技更新，互联网平台面临技术更新快、无形资产占比高、筹资渠道较狭窄等问题。而平台经济对稳定社会就业、保持经济增长乃至社会安定和谐具有至关重要的作用。因此，针对互联网平台进行财务危机预警，就变得非常重要。本章的互联网平台财务危机预警模型，选取 2010~2020 年共 90 家上市互联网平台为研究对象，将样本划分为训练集和测试集两部分，用训练集样本构建模型，用测试集样本检验模型的准确性。结合互联网行业特征，共选取 20 个财务指标和 11 个非财务指标纳入模型。通过显著性检验筛选出 13 个对"公司是否 ST"有显著作用的指标。最后利用在解决多维、非线性、小样本中有独特优势的支持向量机构建具有较好应用效果的互联网平台财务危机预警模型。

第一节 基于支持向量机的互联网平台价值预测

互联网平台具有现金流不稳定、研发费用占比高、预期收益难以估计的特征，传统的价值评估方法无法直接运用于互联网平台的价值估计。目前，尚未有研究从反映互联网平台内在价值的角度，如管理者能力、用户资源、可持续发展能力等，对互联网平台的股价进行预测。因此，本节拟构造基于支持向量机（SVM）的互联网平台价值预测模型，体现互联网平台特征对价值预测的影响。

一 支持向量机预测平台价值的基础模型

（一） 互联网平台价值预测指标体系构建

本节选取影响互联网平台价值的财务指标，包括盈利能力、运营能力、偿债能力与股东收益四大维度，并引入持续发展能力、用户能力和综合能力三大非财务指标构建预测指标体系。

1. 财务指标

财务指标的选取按照盈利能力、运营能力、偿债能力与股东收益四大维度展开。其中，盈利能力是最直接表现企业价值的指标，通常表现为企业营业收入、净利润等数值的高低。本节选取资产报酬率等7个指标来反映上市公司的盈利能力。运营能力体现了资产的周转速度。对于互联网平台而言，由于其"轻资产"的特征，固定资产占比相对较少，周转率高，运营能力强。本节选取应收账款周转率等8个指标来反映上市公司的运营能力。偿债能力反映的是互联网平台用其资产偿还长期债务与短期债务的能力。对于大多数处于发展时期的互联网平台而言，前期通常高度举债，且在短期内难以获得盈利，就形成了较高的资本负债率，若商业模式不被市场认可，则有很大的可能导致后续资金难以获得，最终使得企业破产或被兼并。因此，本节选取流动比率等 4 个指标来反映互联网平台的偿债能力。股东收益反映了股东收益能力的高低，影响了互联网平台现有的投资者以及潜在的投资机会。无论是投资者在选择投资对象时的决策，还是在预测互联网平台价值时的考虑，都应十分重视股东获利能力。因此，本节选取每股收益等 6 个指标来反映上市公司股东收益能力。各指标的具体计算公式如表 6-1 所示。

表 6-1　财务指标

衡量维度	指标	定义
盈利能力	资产报酬率（$X11$）	（利润总额+财务费用）/资产平均总额
	总资产净利润率（$X12$）	净利润/总资产平均余额
	流动资产净利润率（$X13$）	净利润/流动资产平均余额
	净资产收益率（$X14$）	净利润/股东权益余额
	息税前利润（$X15$）	净利润+所得税费用+财务费用
	营业利润率（$X16$）	营业利润/营业收入
	投资收益率（$X17$）	本期投资收益/（长期股权投资本期期末值+持有至到期投资本期期末值+交易性金融资产本期期末值+可供出售金融资产本期期末值+衍生金融资产本期期末值）
运营能力	应收账款周转率（$X21$）	营业收入/应收账款平均占用额
	存货周转率（$X22$）	营业成本/存货平均占用额
	应付账款周转率（$X23$）	营业成本/应付账款平均占用额
	现金及现金等价物周转率（$X24$）	营业收入/现金及现金等价物余额
	流动资产周转率（$X25$）	营业收入/流动资产平均占用额
	固定资产周转率（$X26$）	营业收入/固定资产期末净额
	非流动资产周转率（$X27$）	营业收入/非流动资产平均余额
	总资产周转率（$X28$）	营业收入/平均资产总额
偿债能力	流动比率（$X31$）	流动资产/流动负债
	速动比率（$X32$）	（流动资产-存货）/流动负债
	营运资金比率（$X33$）	（流动资产合计-流动负债合计）/借款总额
	利息保障倍数（$X34$）	（净利润+所得税费用+财务费用）/财务费用

续表

衡量维度	指标	定义
股东收益能力	每股收益（$X41$）	净利润本期值/实收资本本期期末值
	市盈率（$X42$）	收盘价当期值/（净利润上年年报值/实收资本本期期末值）
	每股净资产（$X43$）	所有者权益合计期末值/实收资本本期期末值
	市销率（$X44$）	收盘价当期值/（营业总收入年报值/实收资本本期期末值）
	每股营业收入（$X45$）	营业总收入本期值/实收资本本期期末值
	企业每股自由现金流（$X46$）	（现金及现金等价物净增加额-筹资活动产生的现金流量净额）的本期值/实收资本本期期末值

2. 非财务指标

非财务指标的选取按照持续发展能力、用户能力和综合能力三大维度展开。

第一，互联网平台是无形资产所占比例大、具有不稳定性、难以确切衡量价值的企业，因而需要对其持续发展能力进行估计。这种发展能力表现在互联网平台的流量数据上，采用网站独立访客数等 5 个指标衡量。

第二，互联网平台的用户数据不是简单的运营数据，而是平台的核心竞争资源，企业所具有的价值取决于用户为平台带来的"流量"，以及用户间的交互程度。因此，本节采用注册用户数等 4 个指标衡量。

第三，互联网平台运营风险较高，前期需要资金的大量投入且具有盈利的不确定性。管理者能力对企业未来的发展与价值的提升具有很大的影响。故本节采用管理者综合素质等 4 个指标衡量。各指标具体解释如表 6-2 所示。

表 6-2　非财务指标

衡量维度	指标	定义
持续发展能力	UV（$X51$）	网站独立访客数
	PV（$X52$）	用户点击或访问网站页面数量
	MAU（$X53$）	活跃用户数量（月度）
	付费 UV 占比（$X54$）	付费 UV/UV
	在线时长（$X55$）	用户平均访问时长或移动端使用时长

衡量维度	指标	定义
用户能力	注册用户数（X61）	网站注册登记用户数
	用户获取成本（X62）	广告费用/注册用户数
	用户回访率（X63）	重复部分的活跃用户/全部活跃用户
	访问深度（X64）	PV/IP，即用户人均访问的页面数量
综合能力	管理者综合素质（X71）	对企业创始人学历进行赋值
	监管水平（X72）	企业的相关资质政策履行情况
	百度指数（X73）	PC及移动搜索指数、权重等
	谷歌趋势（X74）	一段时间内的关键词收录量、趋势排名等

（二）基于 PCA 方法的互联网平台价值指标筛选

前述梳理了互联网平台价值影响因素，得到了财务因素的 4 个一级指标和 25 个二级指标以及非财务因素的 3 个一级指标和 13 个二级指标。本节将对指标进行筛选，去除财务指标与非财务指标中的共线性指标，为后续 SVM 模型的建立与优化工作做好准备。因此，本节先采用主成分分析法（PCA）进行降维，对指标进行筛选，去除重复、多余的指标。

1. 样本选取与数据来源

本节选取在美国纽约证券交易所、纳斯达克上市以及在国内证券交易所上市的共计 58 家互联网平台为研究样本，根据互联网平台要求进行目标样本的筛选。在剔除了已经退市、数据不完整的企业后，最终共计得到样本互联网平台 49 家。其中，与研究相关的市值和财务指标数据均来自国泰安数据库及新浪财经等证券网站；与用户流量相关的非财务指标数据通过流量监测网站收集，其他相关非财务数据通过公开发布的核心经营数据以及第三方数据咨询报告收集。

2. 基于 PCA 方法的指标筛选

首先，针对数据完整的 49 家上市互联网平台财务数据进行 PCA 降维，所用软件为 SPSS 24.0，系统自动输出结果如表 6-3 所示。结果显示，共计可以提取 10 个主成分，反映样本 82.565% 的信息。

表 6-3 方差分解与主成分提取

成分	初始特征值			提取载荷平方和		
	总计	方差百分比（%）	累计百分比（%）	总计	方差百分比（%）	累计百分比（%）
1	6.065	24.260	24.260	6.065	24.260	24.260
2	2.815	11.259	35.519	2.815	11.259	35.519
3	2.404	9.614	45.133	2.404	9.614	45.133
4	1.920	7.678	52.812	1.920	7.678	52.812
5	1.619	6.476	59.288	1.619	6.476	59.288
6	1.432	5.729	65.017	1.432	5.729	65.017
7	1.214	4.855	69.872	1.214	4.855	69.872
8	1.150	4.600	74.472	1.150	4.600	74.472
9	1.081	4.322	78.794	1.081	4.322	78.794
10	1.003	3.770	82.565	1.003	3.770	82.565
11	0.846	3.382	85.947			
12	0.694	2.774	88.721			
13	0.649	2.596	91.317			
14	0.450	1.799	93.116			
15	0.417	1.670	94.785			
16	0.400	1.602	96.387			
17	0.271	1.083	97.470			
18	0.212	0.849	98.319			
19	0.139	0.554	98.873			
20	0.126	0.504	99.377			
21	0.086	0.346	99.723			
22	0.034	0.135	99.858			
23	0.020	0.080	99.938			
24	0.015	0.061	100.000			
25	0.000	0.000	100.000			

表 6-3 与表 6-4 的结果显示，资产报酬率和总资产净利润率是第一主成分中的主要因素，对平台价值预测的贡献率达到 24.260%，反映了互联网平台的盈利能力。总资产周转率和流动资产周转率是第二主成分中的主要因素，贡献率达到 11.259%，反映了互联网平台的运

表6-4　特征向量矩阵

评价指标	主成分									
	1	2	3	4	5	6	7	8	9	10
流动比率	-0.069	0.149	0.889	-0.278	0.189	0.063	-0.155	-0.110	-0.010	0.071
营运资金比率	0.013	-0.200	0.024	-0.187	0.029	0.161	0.000	0.393	0.392	0.734
利息保障倍数	0.632	0.093	0.056	0.462	-0.050	0.035	-0.058	-0.143	0.171	0.153
速动比率	-0.075	0.155	0.889	-0.272	0.185	0.066	-0.156	-0.108	-0.012	0.069
流动资产周转率	-0.359	0.808	-0.155	-0.171	-0.029	0.042	0.017	-0.209	0.088	0.098
应收账款周转率	-0.207	0.196	-0.218	0.227	0.623	0.457	-0.008	0.011	-0.076	0.000
存货周转率	-0.247	0.280	-0.282	0.221	0.644	0.354	-0.044	-0.071	-0.094	0.034
现金及现金等价物周转率	-0.037	-0.181	0.078	0.079	-0.414	0.583	-0.179	0.101	0.259	-0.219
固定资产周转率	-0.158	0.270	0.196	-0.105	-0.504	0.535	0.211	-0.116	-0.242	-0.021
总资产周转率	-0.337	0.866	-0.132	-0.045	-0.220	-0.084	0.060	-0.083	0.132	0.099
资产报酬率	0.936	0.201	0.072	0.063	-0.042	-0.005	-0.089	0.097	-0.063	-0.032
总资产净利润率	0.914	0.274	0.079	-0.014	0.007	0.031	-0.084	0.144	-0.024	-0.021
流动资产净利润率	0.254	0.324	0.047	0.332	-0.160	-0.219	-0.291	0.488	-0.144	-0.043
净资产净收益率	0.749	0.264	0.056	-0.229	-0.051	0.150	-0.179	-0.068	-0.019	0.046
息税前利润	0.879	0.052	0.078	0.283	-0.031	0.028	0.197	-0.110	0.942	0.032
营业利润率	0.259	0.210	0.043	-0.264	0.193	0.300	-0.057	0.382	0.250	-0.422
投资收益率	0.367	0.195	-0.160	-0.267	0.068	-0.126	-0.317	0.009	-0.595	0.160

续表

评价指标	主成分									
	1	2	3	4	5	6	7	8	9	10
每股收益	0.875	0.085	-0.004	-0.128	0.073	-0.016	0.249	-0.145	0.034	-0.039
每股营业收入	0.759	-0.078	-0.163	-0.094	0.134	0.077	0.228	-0.298	0.147	0.118
每股净资产	0.455	0.006	-0.201	-0.601	0.113	-0.183	0.265	-0.052	0.170	-0.183
企业每股自由现金流量	0.444	0.126	0.202	0.628	0.032	0.024	-0.038	-0.033	0.057	0.014
市盈率	-0.196	0.196	0.470	0.146	0.349	-0.354	0.339	0.884	0.127	-0.158
市销率	-0.250	-0.147	0.463	0.399	-0.067	-0.014	0.250	-0.249	-0.093	-0.006
非流动资产周转率	-0.330	0.793	-0.067	0.137	-0.171	-0.139	0.199	0.100	0.134	0.027
应付账款周转率	0.127	-0.048	0.092	-0.064	-0.049	0.254	0.634	0.419	-0.437	0.130

营能力。速动比率和流动比率是第三主成分中的主要因素，反映了互联网平台的偿债能力，贡献率为 9.614%。后续主成分贡献率均小于 10%，故不再逐一说明。通过对各个主成分中的主要影响因素进行筛选，最终确定了资产报酬率、总资产周转率、流动比率、企业每股自由现金流量、存货周转率、现金及现金等价物周转率、应付账款周转率、市盈率、息税前利润以及营运资金比率 10 个主成分指标作为径向基网络价值预测阶段的基础指标进行后续预测。

然后，针对 13 个非财务指标提取主成分，这组数据集共计提取出 5 个主成分，可以反映 91.411% 的信息量。根据各个主成分的贡献率及主成分特征值载荷量，第一主成分中最重要的影响因素是管理者综合素质，贡献率达到 35%，体现了互联网平台领导者的素质及企业综合能力。第二主成分中最重要的影响因素为访问深度，此成分反映企业产品或服务对用户的吸引力以及用户黏性，贡献率达到 20.26%。第三主成分单个贡献率达 15.1%，主成分中最重要的影响因素为付费 UV 占比，反映了优质用户资源对互联网平台价值的影响。第四主成分中主要影响因素为 UV，反映了互联网平台的流量数量，是为平台带来效益的指标。第五主成分中百度指数反映企业的综合能力，间接反映了投资者关注。因此，将各个主成分中的主要影响因素进行筛选，得到本节最终的非财务指标为管理者综合素质、访问深度、付费 UV 占比、UV、百度指数 5 个主成分指标。如表 6-5 总结的那样，采用主成分分析方法降维后的指标体系，包含财务指标 10 项、非财务指标 5 项。后续将根据此价值评估指标体系，对支持向量机预测模型中的训练集与测试集进行实证检验。

二　支持向量机预测平台价值的实证准备

（一）支持向量机研究过程

支持向量机是一种具有较高适用性的机器学习方法，即将小样本非线性数据映射到高维特征空间中，并转化为线性问题的方法（Habib and Hossain，2013；van der Goot et al.，2009）。戴立新和孙晓（2015）

表 6-5　互联网平台价值评估指标体系

类别	指标	类别	指标
财务指标	资产报酬率（$F1$）	非财务指标	管理者综合素质（$N1$）
	总资产周转率（$F2$）		
	流动比率（$F3$）		访问深度（$N2$）
	企业每股自由现金流量（$F4$）		
	存货周转率（$F5$）		付费 UV 占比（$N3$）
	现金及现金等价物周转率（$F6$）		
	应付账款周转率（$F7$）		UV（$N4$）
	市盈率（$F8$）		
	息税前利润（$F9$）		百度指数（$N5$）
	营运资金比率（$F10$）		

在运用收益法进行企业价值评估时，采用支持向量机方法对自由现金流量进行预测，以 S 水力发电站案例说明 SVM 预测自由现金流量的可行性。故本节采用支持向量机作为主要研究方法，按照以下步骤进行研究（见图 6-1）。

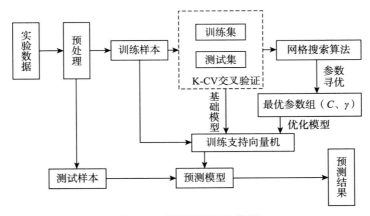

图 6-1　模型计算总体步骤

（1）参考前述确定的互联网平台价值评估财务因素与非财务因素，确立输入特征向量与输出值。

（2）选择合适的核函数。

（3）采用 2018 年的数据作为训练样本，得出学习函数。

（4）采用 2019 年的数据作为测试样本，将 2019 年 49 家互联网平台的预测市值与 2019 年的真实市值进行对比，得出总体与单个企业的预测准确率。

（5）通过选择不同参数，优化模型结果。

（二）基础 RBF 支持向量机回归模型确定

1. 输入特征向量与输出值的确定

参考 49 家样本互联网平台的基本数据，由财务指标资产报酬率、总资产周转率、流动比率、企业每股自由现金流量、存货周转率、现金及现金等价物周转率、应付账款周转率、市盈率、息税前利润、营运资金比率，以及非财务指标管理者综合素质、访问深度、付费 UV 占比、UV 以及百度指数构成互联网平台的价值评估体系。以 49 家互联网平台的市场价值作为输出值。

2. 核函数选择

在已有的实际应用中，最常用的核函数有 4 种：线性核函数（Linear Kernel）、多项式核函数（Polynomial Kernel）、Sigmoid 核函数与径向基核函数（Radial Basis Function，RBF）（白鹏等，2008）。本节将选取最适用于研究问题的核函数进行分析。这 4 种核函数形式分别为：

$$K(x_i, x_j) = x_i^T x_j \tag{6-1}$$

$$K(x_i, x_j) = (\gamma x_i^T x_j + \theta)^d, \gamma > 0, d = 1, 2, 3, \cdots \tag{6-2}$$

$$K(x_i, x_j) = \tanh(\gamma x_i^T x_j + r) \tag{6-3}$$

$$K(x_i, x_j) = \exp(-\gamma \| x_i - x_j \|^2), \gamma > 0 \tag{6-4}$$

经过综合分析并对不同核函数进行计算，同时参考已有研究对核函数选择的经验，本节选择 RBF。

3. 模型参数的选择

针对本节互联网平台的价值预测，将使用由财务报表与企业网络运营数据组成的非线性数据集合，在选择参数的过程中参考企业价值预测相关文献中的优化参数范围。本节通过将全部数据集多次随机分成训练集与测试集，并且对每次划分进行预测，在这个过程中通过5~10次不断地变化参数数值，得到预测结果精确度最高的最优参数组合。

本节在 SVM 基础模型中选择 LIBSVM 中设置的默认值作为参数值，在参数优化过程中设置（2^{-8}, 2^8）的参数范围进行遍历搜索，从而确定最优参数。根据以往文献以及机器学习论坛中相似的预测实例，确立基础模型的 Gamma 值为 0.1。由此确定了预测互联网平台价值所使用的基础 RBF 支持向量机回归模型。

三 支持向量机预测模型的训练与测试

（一）基础模型（SVR）的训练与测试

首先，建立径向基核函数的支持向量机，参数选择采用 K-CV 交叉验证法，构建互联网平台价值预测的基础模型。以 49 家上市公司 1862 个原始数据作为训练数据，对互联网平台价值预测模型进行训练与测试。之后，使用 2019 年样本互联网平台实际市场价值作为参照，对比训练模型预测的数据，通过预测准确率来衡量模型优劣。

实验总体的平均训练精度达到 85.3%，但预测准确率较低，仅为68.53%。大多数企业的预测市值与实际市值的误差在 20% 以上，部分企业存在误差超过 80% 的情况。为了进一步优化模型，提高支持向量机模型的实用性，本节将着重采用主成分分析方法和寻找最优参数来改进模型，实现模型优化。

（二）参数优化模型（GS-SVR）的训练与测试

本节将采用林智仁教授的观点，选择网格搜索算法作为模型优化过程中参数寻优的方法。网格搜索算法（Grid Search，GS）（Duan et al.，2003）是目前使用最为广泛的 SVM 参数优化算法之一，适用于小样本情况，广泛运用于 LIBSVM 工具箱。因此，本节将以网格搜索算法作为优化模型的算法，对（C, γ）组合参数进行遍历搜索，得出最优的参数组合，以达到优化模型、提高训练准确率即预测准确率的目的。实验结果如图 6-2 所示。

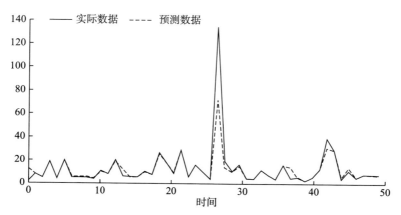

图 6-2   GS-SVR 2019 年预测数据与实际数据对比

结果显示，实验总体平均训练精度达到 90.32%，预测准确率为 70.32%，使用网格搜索算法寻找最优参数，在较短时间内可以确定最优的参数组（C，γ），使预测准确率有了很大提升，但依然存在单个企业价值误差过大的情况。因而，本节提出使用主成分分析法降维处理数据，从而有效提高支持向量机的预测速度与准确率。优化后的模型将以筛选后的主成分数据为基础，进行模型的对比分析。

（三）PCA 优化模型（PCA-SVR）的训练与测试

使用主成分降维后的数据可以在保证数据信息的前提下，降低样本维度，提升测试数据的准确度。本节采用主成分降维后的 15 个指标代替 38 个原始指标作为输入值，以 2018 年 49 家企业 735 个样本数据作为训练集，以 2019 年作为测试集，得到 2019 年的预测值与真实市场价值的对比结果。使用提取主成分后的数据进行试验后，本次实验结果总体平均训练精度达到了 95.16%，平均预测准确率为 74.96%，且单个企业价值预测误差率基本上稳定在 20%~40%，是前述模型的一大提升。但是对于样本中的个别企业，依然存在预测效果不理想的情况。因此，本节将进一步优化模型，使用最优参数的 GS 方法进行模型优化并对比。

（四）PCA-GS-SVR 模型的训练与测试

本节在上述 PCA-SVR 模型的基础上加入网格搜索算法来寻找最

优参数，以 15 个主成分作为输入值，且选择合适的参数组（C，γ）来提升 SVM 的预测效果，形成 PCA-GS-SVR 模型。具体预测结果如图 6-3 所示。实验结果总体平均训练准确率为 98.14%，预测准确率平均达到 88.86%，该模型的预测准确率较基础模型提升了 20.33 个百分点；同时确保了单个企业价值的预测误差基本控制在 20% 以内，误差率曲线平滑，说明预测效果具有较高的稳定性，PCA-GS-SVR 模型是较为合适的模型。

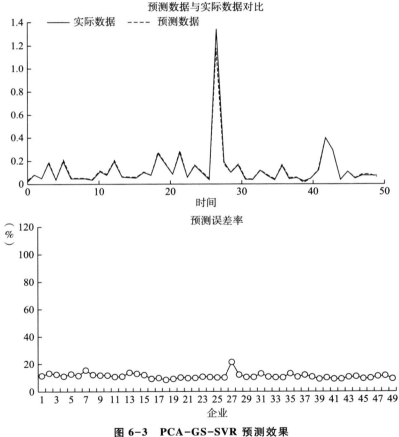

图 6-3　PCA-GS-SVR 预测效果

四　支持向量机预测模型优化的对比分析

通过上述四种不同模型的推断，每一种模型都在上一种模型的基础上进行优化。不同模型的对比具体如表 6-6 所示，可以看出，基础模型的综合预测效果一般，不能达到企业价值预测的适用标准，因此引入主成分分析方法与网格搜索算法，对基础模型进行优化。最后得到的 PCA-GS-SVR 模型相较于基础模型在预测准确率上有了显著的提高，是较为合适的预测模型。

表 6-6　不同模型 2019 年预测结果对比

指标	SVR	GS-SVR	PCA-SVR	PCA-GS-SVR
C	1	31.7241	1	84.4827
Gamma	0.1	0.0386	0.1	0.0324
平均预测误差（%）	31.47	29.68	25.04	11.14
误差超过 30% 的样本数（个）	19	11	4	0
准确率 90% 以上的样本数（个）	0	0	0	12

从 SVR 基础模型到 PCA-GS-SVR 模型，总体误差率逐渐下降，逐渐呈现接近横轴的小范围波动起伏，实验结果平均预测误差为 11.14%，其中单个样本的预测误差最低为 8.44%。对比 SVR 基础模型、GS-SVR 模型和 PCA-SVR 模型，预测准确率分别提高了 20.33 个百分点、18.54 个百分点和 13.90 个百分点。49 个样本中共有 12 个企业的预测准确率在 90% 以上，35 个企业价值预测准确率达到了 85% 以上，说明基于径向基核函数的支持向量机的互联网平台价值预测模型在通过主成分分析法与网格搜索算法优化后具有很好的预测效果。

本节提出的互联网平台价值预测模型，可以给市场投资者、政府以及社会公众一套可操作性较强的价值锚，同时为互联网平台不确定的价值提供一个准确的预测方法。可以设想随着模型在互联网行业的深度应用，伴随更多体现互联网行业特征的评价指标数据的加入，可以提供更加具有公信力的价值预测工具，为估值颇高的独角兽企业上市评估、已上市企业的投资选择以及互联网平台在资本浪潮中审视自身发展局限等提供重要的实践依据。

第二节 互联网平台财务危机预警模型探索

随着互联网行业的不断发展，整体市场竞争愈发激烈，稳定平台经济健康发展成为新时期的主要任务。互联网平台寿命普遍在 3~4 年，与传统企业相比，具有高风险、高收益的特征。具体而言，互联网平台研发投入高、产品更新快、创新能力强。对处于成长期的互联网平台而言，充满不确定性的环境与资金链断裂的风险，会导致平台陷入财务危机。对处于成熟期的互联网平台而言，维持已有业务领域内的用户资源并提升行业地位，保持现金流平稳非常重要。因此，本节将探索适合互联网平台的财务危机预警模型，管理平台财务风险，预防平台发生财务危机。

一 互联网平台财务危机预警分析

企业财务危机预警研究发展迅速，已取得丰富的研究成果。针对互联网平台的财务危机预警关注度却鲜有研究，本节将对互联网平台财务危机的警源与其面临的财务风险进行分析。

（一）互联网平台财务危机的警源分析

警源是指财务危机产生的根源，包含外生警源和内生警源。其中，外生警源是指企业无法控制的外部环境的变化；内生警源是指企业自身存在的各种弊端和管理缺陷。

对于外生警源而言，其主要包括社会环境因素和国家政策等市场风险因素。社会环境因素直接影响到企业的生存与发展。受到疫情的影响，市场购买力明显下降，市场需求减少，大量中小企业面临亏损与倒闭风险。国家根据经济社会发展采取的各类宏观调控政策，将帮助经济发展。比如给予受疫情影响的中小微企业更多财政支持，帮助其获得融资担保，延长普惠金融服务税收优惠政策期限等（王正巍、黄芳，2021）。

意外事件同样会影响到企业的发展。一般来说，意外事件要通过与企业内部风险因素结合才会产生影响。但是在个别情形下，意外事件也可能对企业价值造成巨大影响。比如东航飞机失事事件引发中国东航（600115）股价大跌近9%。

对于内生警源而言，其主要来源于企业自身，一般是企业的战略决策失误、内部管理不善等引发的危机。陈爽英等（2020）发现，CEO互联网行业经历会促进企业战略变革，且管理自主权具有正向调节促进作用。而管理水平低下会导致资源的不合理占用和资金周转能力下降，也会使得企业在关键时刻决策失误，丧失市场主动权。

（二）互联网平台面临的财务风险

对互联网平台而言，其面临的主要财务风险来自四个方面：资产结构导致的财务风险、收入结构导致的财务风险、成本结构导致的财务风险以及盈利模式导致的财务风险。

第一，在资产结构方面，其财务风险主要源于互联网平台的筹资风险和投资风险。尽管与传统的供应链金融相比，B2B电子商务平台的互联网供应链金融可以帮助中小企业在客户贷款审核和资金借贷处理方面获得优势，但依旧存在自筹资金困难、筹资成本高等问题（Yang et al.，2019）。主要原因是互联网平台自带的高风险与不确定性，导致大量投资者望而却步。程芳洁（2019）通过研究我国106家互联网平台2013～2017年财务数据发现，扩大企业整体债务规模、金融负债规模以及长期债务规模都会抑制企业当前绩效。此外，在平台自身发展过程中，其同样面临投资风险。由于企业的资金总额有限，如何将有限的资金投入合适的产品，并探索出能够稳定增长的盈利模式，是困扰互联网平台的一大难题。

第二，在收入结构方面，互联网平台的现金流量较少。一方面，平台的商业模式决定了其前期负债经营的特征，靠自身积累的现金会比较难。另一方面，互联网平台在前期获得外部资金的可能性较低，融资存在较大的困难。只有进入起飞阶段以后，平台才可能获得风险资本入驻。但此时，市场中容易出现"模仿者"，导致竞争激烈。如共享单车"OFO小黄车"推出后，随即出现了摩拜单车、哈罗单车等其他同类企业，导致产品和服务同质化严重，产生恶性竞争，缺乏对未来现金流的预测，最终导致企业经营失败。

第三，在成本结构方面，互联网平台的主要成本包括人才成本、研发费用、销售费用三方面，过高的成本会导致平台面临财务风险。首先，互联网企业人才成本高。作为轻资产智力密集型企业，人力资本是平台的一大核心资源，想要留住高质量人才，需要付出高昂的人力成本。成都高新移动互联网协会调查显示，大部分互联网企业的薪酬成本占企业总成本的 50%～70%，创业型小微企业薪酬成本占比高的现象尤为突出。其次，研发费用对互联网平台来说，是很大一笔现金流出，且研发费用具有长期投入的特点，对初创互联网平台形成一定的资金压力。最后，互联网平台销售费用较高，本质上是为了加大资金投入，获得用户流量，采用大量 SNS 营销、广告联盟等手段，同样对现金流有很高的要求。比如网易在 2015～2018 年营销成本占总成本支出的比重约为 30%。

第四，在盈利模式方面，互联网平台选择合适的盈利模式会直接影响到平台后期的发展。以同为互联网视频网站的网飞（Netflix）和优酷（Youku）为例，网飞采用的是付费模式，向观影者收费，能够保证足够的现金流，但在互联网"免费为王"的时代，市场占有率不高；优酷采用的是广告模式，尽管现金流入速度较慢，但市场占有率较高。近年来，随着移动互联网的发展，合作分成的模式越来越普遍，互联网生态系统也在尝试不同的盈利分享模式，在维持已有用户的同时实现流量转移。

二　互联网平台财务危机预警指标体系构建

本节首先选取互联网平台财务指标与非财务指标，构建财务危机预警指标体系，之后构建互联网平台财务危机预警模型。所采用的样本数据均来自国泰安数据库（CSMAR）和互联网平台年度财务报告，样本处理软件为 Excel 和 SPSS 26.0。

（一）样本选取与数据来源

选择因财务状况异常而被 ST 的 A 股互联网平台为研究样本，涉及的互联网企业按照所属"互联网和相关服务业""软件和信息技术服务业"计算机、通信和其他电子设备制造业"来选择。根据中国证监会条例，根据上市公司前一年的年报所公布的业绩判断其是否出现财务异常情况，并决定是否对其进行 ST。故为保证样本数据的稳健性，本节选取公司被 ST 前的第二年（$T-2$）的财务指标数据作为预测财务危机的初始数据集。本节还排除了因严重财务造假而被中国证监会做出处罚决定的公司以及数据严重缺失的上市公司。

根据配对抽样方法选择正常经营的公司作为配对样本，按照"同年度、相同行业的非 ST 公司作为配对样本""与 ST 公司被特殊处理前一年末总资产规模相近"两个条件进行 1∶1 的比例筛选，最终本节选取 90 家公司作为样本，包括 2010~2020 年首次因财务异常而被中国证监会实施 ST 的 45 家 A 股上市公司，以及 45 家非 ST 公司。其中，以 2010~2019 年的 58 家公司（含 29 家 ST 公司和 29 家非 ST 公司）数据作为训练集，以 2017~2020 年 32 家公司（包括 16 家 ST 公司和 16 家非 ST 公司）数据作为测试集。

（二）预警指标选择

基于财务指标和非财务指标两个方面，本节构建财务危机预警指标体系。从偿债能力、盈利能力、成长能力、运营能力四个方面对财务指标进行初步选择。其中，偿债能力包括流动比率等 5 个指标，盈利能力包括资产报酬率等 5 个指标，成长能力包括总资产增长率等 5 个指标，运营能力包括应收账款周转率等 5 个指标。具体指标信息如表 6-7 所示。

表 6-7　财务指标的初步选取

一级指标	指标代码	二级指标	指标含义
偿债能力	$X1$	流动比率	流动资产/流动负债
	$X2$	速动比率	速动资产/流动负债
	$X3$	现金比率	（货币资金+交易性金融资产）/流动负债
	$X4$	资产负债率	总负债/总资产
	$X5$	长期资本负债率	非流动负债合计/（所有者权益合计+非流动负债合计）

续表

一级指标	指标代码	二级指标	指标含义
盈利能力	$X6$	资产报酬率	（利润总额+财务费用）/平均资产总额
	$X7$	总资产净利润率	净利润/平均总资产
	$X8$	营业毛利率	（营业收入-营业成本）/营业成本
	$X9$	营业利润率	营业利润/营业成本
	$X10$	营业净利率	营业净利润/营业成本
成长能力	$X11$	总资产增长率	（本期总资产-上期总资产）/上期总资产
	$X12$	净利润增长率	（本期净利润-上期净利润）/上期净利润
	$X13$	营业利润增长率	（本期营业利润-上期营业利润）/上期营业利润
	$X14$	营业收入增长率	（本期营业收入-上期营业收入）/上期营业收入
	$X15$	可持续增长率	权益净利率×留存收益率
运营能力	$X16$	应收账款周转率	营业收入/平均应收账款
	$X17$	无形资产周转率	销售收入/无形资产平均余额
	$X18$	应付账款周转率	营业收入/平均应付账款
	$X19$	流动资产周转率	营业收入/平均流动资产
	$X20$	总资产周转率	营业收入/平均总资产

从政府扶持、创新能力、治理能力三个方面对互联网平台非财务指标进行选择。政府扶持指标主要指政府补贴与税收优惠。政府补贴将降低企业退市的概率，延长企业的持续经营时间。税收优惠可以通过市场机制避免资源错配，降低交易成本，从而充分调动企业的主观能动性。因此，本节选择政府补贴占比、企业所得税税率作为政府扶持指标（见表6-8）。

表6-8　政府扶持指标选取

一级指标	指标代码	二级指标	含义
政府扶持	$Y1$	政府补贴占比	政府补贴/营业外收入
	$Y2$	企业所得税税率	应纳所得税额/营业收入

创新能力指标反映互联网平台研发投入与产出情况。Wagner和Cockburn（2010）对356家互联网平台进行实证研究，发现研发创新

对平台的市场存活概率具有显著促进作用。无形资产是互联网平台生存竞争的核心来源，也是最重要的资产。因此，本节选择研发投入金额、研发人员占比、研发投入占营业收入比例、专利申请数、发明申请数作为互联网平台创新能力的代表指标（见表6-9）。

表 6-9　创新能力指标选取

一级指标	指标代码	二级指标	含义
创新能力	Y3	研发投入金额	年度内企业研发投入金额
	Y4	研发人员占比	研发人员数量/公司职工总数
	Y5	研发投入占营业收入比例	当年研发投入/当年营业收入
	Y6	专利申请数	当年公司的专利申请数
	Y7	发明申请数	当年公司的发明申请数

治理能力指标反映互联网平台的治理情况。李琳（2010）针对企业业绩面临的风险问题进行研究，将董事会规模、独立董事占比等能够有效代表董事会特征的数据融入预警模型。本节参考以往研究的做法，也在企业治理结构指标中加入能够衡量董事会情况的指标，最终选取董事是否兼任总经理、董事会规模、Z指数、独立董事占比来衡量平台治理能力（见表6-10）。

表 6-10　治理能力指标选取

一级指标	指标代码	二级指标	含义
治理能力	Y8	董事是否兼任总经理	若存在兼任，取值为1，否则为0
	Y9	董事会规模	董事会总人数取对数
	Y10	Z指数	第一大股东持股数量/第二大股东持股数量
	Y11	独立董事占比	董事会中独立董事人数/董事会总人数

对以上指标体系进行显著性检验。首先进行K-S正态检验，判断样本总体是否服从正态分布。根据K-S检验结果，在5%的显著性水平下，资产报酬率和研发人员占比这两个指标的P值>0.05，服从正态分布。其余的29个指标都拒绝原假设，服从非正态分布。因此，本节将对服从正态分布的资产报酬率和研发人员占比两个指标进行t

检验，对其余 29 个指标进行非参数检验。

（1）采用独立样本 t 检验，判断资产报酬率和研发人员占比是否存在显著性差异。表 6-11 结果显示，研发人员占比指标应删除，资产报酬率指标应保留。

表 6-11　独立样本 t 检验结果

指标代码	假设	莱文方差等同性检验		均值方程的 t 检验	
		F	Sig.	t	Sig.
X6	假设方差相等	3.293	0.005	−3.212	0.002
	假设方差不相等			−3.182	0.003
Y4	假设方差相等	9.987	0.006	0.791	0.442
	假设方差不相等			0.834	0.425

（2）对不符合正态分布的其他 29 个指标进行非参数检验。通过显著性检验，剔除了在财务危机企业和正常经营企业之间区分度较低的指标，筛选结果最终保留了 13 个预警指标。最终筛选指标如表 6-12 所示。

表 6-12　最终筛选指标

指标代码	指标名称	指标代码	指标名称	指标代码	指标名称
X1	流动比率	X7	总资产净利润率	X15	可持续增长率
X2	速动比率	X9	营业利润率	X20	总资产周转率
X3	现金比率	X10	营业净利率	Y2	企业所得税税率
X4	资产负债率	X11	总资产增长率	Y5	研发投入占营业收入比例
X6	资产报酬率				

三　基于支持向量机的财务危机预警模型构建

通过前述分析，确定了本节将要使用的基本方法与基本指标，本部分对处理后的指标数据进行模型训练，从而构建互联网平台财务危机预警模型。

（一）模型构建总体思路

（1）划分训练组和测试组。①训练样本：2010～2019 年 58 家（含 29 家 ST 公司和 29 家非 ST 公司）A 股互联网上市公司；②测试样本：2017～2020 年 32 家（包括 16 家 ST 公司和 16 家非 ST 公司）A 股互联网上市公司。

（2）模型的输入值为前述 13 个财务危机预警指标。输出值为互联网平台是否处于财务危机，若互联网平台为 ST 公司，则输出值为 1，反之为 0。

（3）核函数选择。选择高斯核函数，主要基于以下两点考虑：①高斯核函数中参数较少，有利于提高模型的预测准确率；②互联网平台财务危机预警指标与预警结果间呈非线性关系，适合采用高斯核函数。

（4）参数选择。为提高模型预测准确率，引入网格搜索算法优化模型建立过程中的两个重要参数。同时避免模型"过学习"和"欠学习"现象的发生，采用 5 倍交叉验证法，以训练集最高预测准确率为适应度函数来进行参数寻优。当达到最高预测准确率时，所得到的 c 和 g 为最佳参数。网格搜索算法中，以 0.2 为间隔进行全局搜索，c 和 g 的取值范围均为（2^{-10}，2^{10}）。

（5）最后获得分类结果。

（二）未引入非财务指标的预警模型构建

本节采用网格搜索算法进行参数寻优，设定搜索空间 $2^{-10}<c<2^{10}$ 和 $2^{-10}<g<2^{10}$，以 0.2 为间隔进行全局搜索。训练集样本模型预测结果最好时，高斯核函数 c 值为 222.8609，g 值为 0.25。

未引入非财务指标时，样本总体判别准确率为 84.48%。其中，29 家 ST 公司中，5 家被错误地识别为正常企业，判别准确率为 82.76%。29 家非 ST 公司中，4 家被错误地识别为危机公司，判别准确率为 86.21%。这表明该 SVM 模型具有良好的预测效果。训练集样本预测输出结果如表 6-13 所示。

表 6-13 未引入非财务指标的训练集样本预测结果

单位：家，%

	ST 公司	非 ST 公司	共计
实际样本数	29	29	58
准确预测数	24	25	49
判别准确率	82.76	86.21	84.48

接下来，将测试集代入训练模型进行预测，测试集样本的输出结果见表 6-14。非 ST 公司的判别准确率为 81.25%，ST 公司的判别准确率为 75.00%。模型整体判别准确率为 78.13%。

表 6-14 未引入非财务指标的测试集样本预测结果

单位：家，%

	ST 公司	非 ST 公司	共计
实际样本数	16	16	32
准确预测数	12	13	25
判别准确率	75.00	81.25	78.13

（三）引入非财务指标的预警模型构建

继续采用网格搜索算法搜寻最优参数，设定搜索空间 $2^{-10} < c < 2^{10}$ 和 $2^{-10} < g < 2^{10}$，以 0.2 为间隔进行全局搜索。此时高斯核函数 c 值为 776.0469，g 值为 3.4822，此为训练集样本预测的最优结果。

引入非财务指标后，29 家 ST 公司中，3 家被错误地识别为财务健康企业，判别准确率为 89.66%；29 家非 ST 公司中，仅 2 家被错误地识别为危机公司，判别准确率为 93.10%。与未加入非财务指标的模型相比，总体判别准确率提高了 6.9 个百分点，达到 91.38%。具体输出结果如表 6-15 所示。

表 6-15 引入非财务指标的训练集样本预测结果

单位：家，%

	ST 公司	非 ST 公司	共计
实际样本数	29	29	58

	ST 公司	非 ST 公司	共计
准确预测数	26	27	53
判别准确率	89.66	93.10	91.38

接下来，将测试集代入训练模型进行预测，测试集样本预测结果如表 6-16 所示。引入非财务指标后，非 ST 公司的判别准确率为 87.50%，ST 公司的判别准确率为 81.25%。模型整体判别准确率为 84.38%。

表 6-16　引入非财务指标的测试集样本预测结果

单位：家，%

	ST 公司	非 ST 公司	共计
实际样本数	16	16	32
准确预测数	13	14	27
判别准确率	81.25	87.50	84.38

四　互联网平台财务危机预警模型结果分析

本节通过选取 2010~2020 年共 90 家互联网平台为研究对象，设立训练集和测试集，运用训练集样本构建模型，运用测试集样本检验模型的准确性，对互联网平台财务危机预警模型进行判断。总体预警结果如表 6-17 所示。结果表明：SVM 模型对上市互联网平台财务危机具有良好的预测效果；当引入非财务指标后，预警模型准确度获得了提升，说明非财务指标对财务危机预警模型具有良好预测效果。本节认为，财务危机受到多种因素的影响，其中企业所得税税率过高、研发投入占营业收入比例不高是导致互联网平台陷入财务危机的主要原因。

本节对我国 A 股互联网上市平台进行财务危机预警模型的构建。通过划分训练集和测试集两类样本，实证检验了涵盖互联网平台特征的指标是影响"公司是否 ST"的显著变量。对模型不断修正后，最

表 6-17　总体预警结果

单位：家，%

是否引入非财务指标		训练集样本			测试集样本		
		ST 公司	非 ST 公司	共计	ST 公司	非 ST 公司	共计
未引入非财务指标	实际样本数	29	29	58	16	16	32
	准确预测数	24	25	49	12	13	25
	判别准确率	82.76	86.21	84.48	75.00	81.25	78.13
引入非财务指标	实际样本数	29	29	58	16	16	32
	准确预测数	26	27	53	13	14	27
	判别准确率	89.66	93.10	91.38	81.25	87.50	84.38

终优化后的模型测试样本准确率为 84.38%，具备较高的预警精度，可以帮助互联网平台经营管理者迅速应对遇到的危机，从而做出正确的决策。

第七章　内外协同提升互联网平台价值的途径和策略

【本章导读】本章从商业模式、用户忠诚度、协同并购、生态系统四个层面对互联网平台价值提升的途径和策略进行探索，围绕互联网平台如何利用已有资源、促进创新与协同以达到价值提升目标展开研究。

影响互联网平台价值创造能力的关键因素之一，是互联网平台商业模式，商业模式的可行性直接影响互联网平台未来发展的可能性。应探索互联网平台的有效商业模式，使平台获得可持续发展，增加平台价值，提升平台价值创造效率。

顾客导向一直是营销学与管理学的研究热点，不同研究从不同角度与不同价值影响因素，研究影响顾客感知价值的作用因素。本章着重关注用户忠诚度对用户感知价值、用户互动的影响，构建模型并实证检验模型质量，对共享出行平台与网络直播平台如何通过提升用户忠诚度来提升平台价值展开研究。

新时期互联网平台发展离不开相互的并购与合作，平台可以通过并购获得有利于发展的较为稀缺的资源。但是对并购视角下平台价值评估的研究并不多见。因此，本章将从协同并购视角，拓展资源价值评估模型，得到协同并购估值模型，对互联网平台并购前的独立价值、并购带来的协同价值、并购达成的战略价值进行估计，为提炼平台通过并购途径提升平台价值的策略提供思路。

从生态系统角度出发，本章从平台生态系统组件控制或开放的多样性决策、用户互动交流的交互性影响两个方面，按照电子零售商

（阿里巴巴生态系统）、内容/社区网站（Facebook生态系统）两种不同类型的互联网平台，研究它们对互联网平台提供者价值的影响作用，为互联网平台生态系统的价值创造路径提供思路。

第一节　聚焦商业模式提升平台价值创造效率

商业模式是影响互联网平台价值创造的重要途径，不同的商业模式直接影响平台价值创造的有效性。针对商业模式影响互联网平台的价值创造效率，本节将在此基础上，实证研究商业模式主要价值驱动因素对互联网平台价值创造效率的影响，从而为提升平台价值创造效率提供方法与思路。

一　商业模式提升互联网平台价值创造效率的理论基础

多重因素驱动商业模式对互联网平台的价值创造，导致互联网平台价值创造效率变化。主要的价值影响因素包括效率、互补、锁定和新颖，是业内运用最为广泛的因素（Amit and Zott，2001）。新时期千禧一代具有网络集聚的特征，社群成为互联网平台商业模式发展的主要依托。

本节按照网络效应理论、共生营销理论、企业资源基础理论、战略网络理论等理论内容，归纳五种商业模式价值驱动因素，具体如表7-1所示。

表7-1　四个理论的主要内容及关键因素

理论	关键因素	主要内容	作者（年份）
网络效应理论	社群	1. 平台型商业模式实现价值创造、发展壮大并保持竞争力的关键在于网络效应，搭建社会化网络平台，有效助力企业发展； 2. 基于网络效应，平台型商业模式将利益相关者进行整合，强化其资源、连接和网络属性以实现价值共创，并通过社群平台的隔离机制获取"连接红利"	Hinz（2020）；罗珉和李亮宇（2015）

理论	关键因素	主要内容	作者（年份）
网络效应理论	锁定	1. 网络效应就是用户从信息商品和服务（网络产品）的消费中获得效用，随消费用户数的增加而递增的原理； 2. 网络效应是在传统平台型商业模式价值创造的基础上，将吸引和增加用户流量作为重要战略，不断提升运营能力并建立网络竞争优势	龚丽敏和江诗松（2016）；王烽权和江积海（2021）
共生营销理论	创新	企业与用户价值的有效提升可以通过共生与营销的结合实现，移动互联网拓展了企业行为边界，推动了传统产业创新	陈小勇（2017）；McIntyre 和 Srini-vasan（2017）
共生营销理论	跨界	1. 建立共生企业集合体，在合作中实现企业间的资源共享，通过合作来共同开拓新兴市场； 2. 借助共生营销，整合企业内外部的价值创造流程，实现网络同一化，同行业企业可以在相同的价值链环节共生营销，提高分销效率	Hult（2011）
企业资源基础理论	定制	1. 资源基础理论（RBV）的价值创造观认为，资源是价值创造的源泉，某种资源具备了独特性，那么这种资源（VRIN 资源）就能为企业实现价值创造； 2. 顾客与企业共同创造价值，从产品的被动接受者向产品设计研发者转变，优化企业资源配置	Sirmon 和 Hitt（2003）
企业资源基础理论	跨界	1. 新兴的企业往往会缺乏一些资源（如生产能力、分销渠道、售后服务等），跨界可以实现资源互补，进而有效地创造价值； 2. 联合两个或两个以上独立组织实现资源共享与优势互补，增强市场竞争力	孙耀吾等（2013）
企业资源基础理论	锁定	1. 通过捆绑不同资源，以资源整合手段来吸引顾客，为企业和用户创造价值； 2. 用户对产品或网络的关注度是企业赖以生存发展的重要资源	Sirmon 和 Hitt（2003）
战略网络理论	锁定	企业建立的战略网络可锁定某些合作伙伴或用户，在锁定约束下，其对企业绩效有显著提升作用	罗珉和李亮宇（2015）
战略网络理论	创新	1. 技术创新是战略网络行为的重要因素，通过提供创新机会进行相互合作，进而提高企业价值创造能力； 2. 认识战略网络的产生与技术创新之间的关系，深刻变革分工结构：基于战略网络的分工模式替代了传统基于价值链的分工模式，可助力企业可持续发展	Ahuja（2000）

根据上述分析，建立商业模式视角下的价值创造效率影响模型：主要的价值驱动因素为社群、锁定、跨界、定制和创新，被解释变量

为价值创造效率，研究商业模式对价值创造效率的作用机理。

二　商业模式提升互联网平台价值创造效率的研究假设

（一）社群对互联网平台价值创造效率的影响

社群是拥有共同价值观的社会单元的集合（罗珉、李亮宇，2015）。其本质是由用户之间的社交关系驱动的商务活动，类似国外社交电商（Social-commerce）的概念（王昕天、汪向东，2019），属于电子商务下的新分支（Hajli，2014）。社群通过社交互动和用户共享来促进在线购买或销售各种产品和服务（Kim et al.，2004）。商家与消费者之间的关系由单向价值传递转变为双向价值协同，即形成了价值互动（Value Interaction）。市场成为各网络成员通过互动提升价值的场所，长尾末端用户成为厂商能否成功的基点（罗珉、李亮宇，2015）。消费者和企业的合作成为价值创造的新来源（Hajli and Sims，2015）。社群构建了一个互动的环境，确保了信任，降低了感知风险，提升了用户使用意愿（Hajli，2013）。电子口碑效应（E-WOM）可以用来传达、补充产品和品牌的声誉，提升社交购物体验价值（Amblee and Bui，2011）。因此，本节提出如下假设。

假设1：互联网平台商业模式中，社群正向影响价值创造效率。

（二）锁定对互联网平台价值创造效率的影响

基于交易成本理论与网络效应理论，锁定可以防止客户和战略合作伙伴向竞争对手转移，从而通过维系己方用户来创造价值（Amit and Zott，2001）。在网络效应层面，可以通过扩大网络规模，实现锁定效应的强化，或者利用网络关系，增加用户使用平台频率，延长使用时间，提升用户黏性，强化锁定效应（郑宇琦、张欣瑞，2020）。锁定可以有效提升企业价值创造效率，帮助企业获取竞争优势。因此，本节提出如下假设。

假设2：互联网平台商业模式中，锁定正向影响价值创造效率。

（三）跨界对互联网平台价值创造效率的影响

跨界源于开放式商业模式创新，即将企业的能力与外部资源进行整合创造（李治、孙锐，2019），强调企业借助本产业外价值链要素，重新排列和整合自身价值创造过程，从而产生新的价值创造方式，增强竞争力（赵振、彭毫，2018）。Stähler（2002）指出，商业模式包含三个相互关联、相互加强的构建模块：客户价值主张、价值生成架构和收入模式。其中，价值生成架构主要描述了价值创造所需要的跨界活动和资源。对互联网平台而言，跨界的动力是合作主体间的资源依赖关系，跨界可以满足新型消费需求，提高品牌曝光度，增加产品功效及应用，从而创造新的价值。互联网平台的跨界和引流，有利于节约经营成本，提升价值创造效率。因此，本节提出如下假设。

假设 3：互联网平台商业模式中，跨界正向影响价值创造效率。

（四）定制对互联网平台价值创造效率的影响

定制源于人们消费观念的改变，更趋向于特色个性化购买，每一位顾客单独成为一个细分市场。互联网平台在线模式积极创造了大规模个性化定制的生产条件，增加了线上线下相结合的营销模式，赋能企业创新智造（徐远彬、卢福财，2021）。在工业互联网背景下，企业价值链模型演变为价值环，通过数字化精准营销、智能化产品设计、数据驱动柔性智能生产及智慧物流和服务，实现了 C2M 大规模定制，满足了用户个性化、多样化发展需求，极大地提供了总的价值供给。因此，本节提出如下假设。

假设 4：互联网平台商业模式中，定制正向影响价值创造效率。

（五）创新对互联网平台价值创造效率的影响

熊彼特式创新强调了创新是价值创造的源泉。开放式创新是企业的一种动态能力，它改变了企业的资源基础（Chesbrough et al.，2018）。在相对开放的平台策略中，更开放的平台拥有更多样化和差异化的互补品，互补品的创新越多，它通过网络效应为平台及其用户创造的价值越大，平台创造的累积优势就越明显。通过不断积累，该平台变得更难被竞争者或新进入者驱逐（Gawer and Cusumano，2014）。跨行业平台通过尝试促进不同公司战略和结构的融合来支持创新和营销，跨学科平台专注于创新过程的设计，系统支持从设计到营销的整体创新过程（Kagermann，2015）。因此，创新是获得持续竞争优势的重要手段。本节提出如下假设。

假设5：互联网平台商业模式中，创新正向影响价值创造效率。

三　商业模式提升互联网平台价值创造效率的研究设计

（一）样本选取与数据来源

本节选取在国内证券市场、美国证券市场上市的61家互联网平台为研究样本，并根据互联网平台标准进行判定，剔除已经退市、数据不完整的企业样本。最终确定53家互联网平台为研究对象。财务数据来源于公开年报、Wind数据库，非财务数据来源于全球性流量排名网站Alexa及艾媒数据咨询网。数据进行了无量纲化处理，参考方法为：

$$y_{ij} = 0.1 + \frac{x_{ij} - m_j}{M_j - m_j} \times 0.9 \qquad (7-1)$$

其中，$m_j = \min(x_{ij})$，$M_j = \max(x_{ij})$，$i = 1, 2, \cdots, n$，$y_{ij} \in [0.1, 1]$。

（二）变量定义与模型构建

（1）被解释变量。由DEA模型计算得到的互联网平台价值创造效率。

（2）解释变量。基于商业模式视角提出的五个关键因素：社群、锁定、跨界、定制、创新。

（3）控制变量。选取企业规模、企业年龄、资产负债率、总资产周转率作为控制变量。

各变量定义如表7-2所示。

表7-2　价值创造效率的主要影响因素及测度方法

变量类型	变量名称	变量含义	测量方法	相关文献
被解释变量	价值创造效率（Eff）	企业投入资本进行价值创造的投入与产出效率	DEA模型	Demerjian 等（2012a）

变量类型	变量名称	变量含义	测量方法	相关文献
解释变量	社群（*Social*）	以社群用户互动频率来计，对社群类型按照不同等级进行划分	0 为无社群；1 为消费型；2 为兴趣型；3 为品牌型；4 为社交型	王昕天和汪向东（2019）
	锁定（*Lockin*）	企业会员类型	付费会员制取值为 2；积分会员制取值为 1；无会员制取值为 0	岳云嵩和李兵（2018）
	跨界（*Cross*）	企业跨界数量	以主营业务构成分析中的行业数量来计	陈艳莹和鲍宗客（2013）
	定制（*Custom*）	以顾客参与定制程度来计，对定制类型按照不同等级进行划分	0 为无定制；1 为消费型；2 为适应型；3 为选择型；4 为合作型	张余华（2010）
	创新（*Innovate*）	企业的研发投入	研发费用总额/主营业务收入	Aghabekyan（2010）
控制变量	企业规模（*Size*）	企业的市场竞争力	总资产账面价值的自然对数	Frijns 等（2012）
	企业年龄（*AGE*）	企业成立的年限	企业经营年限加 1 后取自然对数	Demerjian 等（2012a）
	资产负债率（*LEV*）	企业的风险水平	总资产/总负债	池国华等（2013）
	总资产周转率（*ATO*）	企业的盈利能力	销售收入/总资产	Santosuosso（2014）

根据 Demerjian 等（2012a）的研究，本节采用第四章第二节数据包络分析法计算得到的效率值为因变量，以社群、锁定、跨界、定制和创新作为自变量，建立如下多元线性回归模型，以验证前文提出的5 个假设：

$$模型 1: Eff = \alpha + \beta_1 Size + \beta_2 AGE + \beta_3 LEV + \beta_4 ATO + \varepsilon \tag{7-2}$$

$$模型 2: Eff = \alpha + \beta_1 Social + \beta_2 Lockin + \beta_3 Cross + \beta_4 Custom + \beta_5 Innovate + \beta_6 Size +$$
$$\beta_7 AGE + \beta_8 LEV + \beta_9 ATO + \varepsilon \tag{7-3}$$

其中，互联网平台价值创造效率为 *Eff*，社群为 *Social*，锁定为 *Lockin*，跨界为 *Cross*，定制为 *Custom*，创新为 *Innovate*，企业规模为 *Size*，企业年龄为 *AGE*，资产负债率为 *LEV*，总资产周转率为 *ATO*，*ε* 则是模型的误差项。所有数据年度均为 2019 年。

四　商业模式提升互联网平台价值创造效率的实证分析

（一）描述性统计分析

首先，对样本进行描述性统计分析。互联网平台价值创造效率最小值为 0.09，均值为 0.58，最大值为 1。社群最小值为 0，均值为 2，最大值为 4。锁定最小值为 0，均值为 1.26，最大值为 2。跨界最小值为 1，均值为 2.57，最大值为 5。定制最小值为 0，均值为 2.11，最大值为 4。具体如表 7-3 所示。

表 7-3　互联网平台商业模式对价值创造效率影响的研究变量描述性统计

变量	样本数	最小值	最大值	均值	标准差
Social	53	0	4	2	1.21
Lockin	53	0	2	1.26	0.84
Cross	53	1	5	2.57	1.07
Custom	53	0	4	2.11	1.28
Innovate	53	0.01	0.32	0.13	0.09
Size	53	0.34	9.48	4.95	1.67
AGE	53	0.69	3.47	2.63	0.59
LEV	53	0.93	6.66	3.07	1.26
ATO	53	0.24	4.07	1.71	0.98
Eff	53	0.09	1	0.58	0.31

（二）相关性分析与多重共线性检验

其次，进行相关性分析与多重共线性检验。社群、锁定、定制、创新均与价值创造效率在 5% 的显著性水平下保持正相关。初步证明已有假设的合理性。跨界与价值创造效率不相关，表明假设 3 可能不成立。从控制变量角度看，资产负债率与价值创造效率呈显著负相关；企业规模与价值创造效率呈显著正相关，该结论与已有学者的结论一致。各变量的 VIF 值均小于 5，说明变量间不存在多重共线性。

（三）多元线性回归分析

互联网平台商业模式与价值创造效率的回归结果如表 7-4 所示。模型 1 不包含商业模式变量，可以解释互联网平台 47.7% 的价值创造效率。模型 2 加入 5 个商业模式价值驱动因素，社群对价值创造效率具有显著正向影响（$\beta = 0.183$，$P < 0.05$），锁定对价值创造效率具有显著正向影响（$\beta = 0.189$，$P < 0.05$），定制对价值创造效率具有显著正向影响（$\beta = 0.246$，$P < 0.05$），创新对价值创造效率具有显著正向影响（$\beta = 0.217$，$P < 0.05$），假设 1、2、4 和 5 得证；跨界对价值创造效率影响不显著（$\beta = -0.036$，$P > 0.1$），说明跨界与价值创造效率之间缺乏必然联系，假设 3 不成立。定制对价值创造效率的影响最大，其次是创新，说明个性化产品与服务是价值创造效率最高的元素，直接影响着互联网平台价值创造，因而平台可以不断增加创新投入，提高价值创造效率。

表 7-4　互联网平台商业模式与价值创造效率的回归结果

变量	模型 1	模型 2
Size	0. 395 *** （3. 493）	0. 195 ** （2. 036）
AGE	0. 129 （1. 224）	0. 072 （0. 907）
LEV	−0. 448 *** （−3. 967）	−0. 193 ** （−2. 056）
ATO	0. 04 （0. 378）	0. 014 （0. 172）
Social		0. 183 ** （2. 046）
Lockin		0. 189 ** （2. 042）
Cross		−0. 036 （−0. 443）
Custom		0. 246 ** （2. 580）

变量	模型 1	模型 2
Innovate		0.217** (2.171)
截距	0.360	0.069
F 值	12.847***	15.470***
调整 R^2	0.477	0.715

注：**、*** 分别表示双尾 t 检验值在 5%、1%的水平下统计显著；括号内为 t 统计值。

（四）稳健性检验

继续对模型进行稳健性检验。选取托宾 Q 值替代互联网平台价值创造效率，重新分析发现，各个解释变量的回归结果基本没有变化，说明本节研究结论有较好的稳健性。

五　商业模式提升互联网平台价值创造效率的策略启示

（一）实证结果

本节最终的实证结果汇总如表 7-5 所示。

表 7-5　互联网平台商业模式对价值创造效率影响的假设结果

假设	假设内容	假设结果
假设 1	互联网平台商业模式中，社群正向影响价值创造效率	不拒绝
假设 2	互联网平台商业模式中，锁定正向影响价值创造效率	不拒绝
假设 3	互联网平台商业模式中，跨界正向影响价值创造效率	拒绝
假设 4	互联网平台商业模式中，定制正向影响价值创造效率	不拒绝
假设 5	互联网平台商业模式中，创新正向影响价值创造效率	不拒绝

（二）回归结果讨论

（1）社群。社群是提升互联网平台价值创造效率的有效途径之一。通过社群内部成员在互动中创造价值，社群可以迅速聚集同质用户群体，激发用户兴趣，抓住用户情感需求与身心体验需求，提升用户对平台的忠诚度，增强平台用户黏性，最终实现平台价值创造。结合线上线下的互动活动，可以提升互联网平台内容的真实性，加强用户之间的反馈。充分利用社群裂变的力量，让社群价值不断增加，提升互联网平台价值创造能力。

（2）锁定与定制对互联网平台价值创造效率均表现出显著的正向影响。平台生态需要拓宽产品与服务的接口，依托独具特色的多元化定制战略，吸引消费者参与到产品创造与创新的过程中，从而有效提升互联网平台价值创造效率。通过为顾客提供个性化解决方案，满足用户不同的偏好。通过整合线上、线下资源，降低运营成本。通过为用户提供专属优惠价格与特定个性化服务，从而锁定用户，提升用户黏性。依托互联网平台生态系统盈利模式的升级，使平台长久可持续发展，最终实现平台价值创造。

（3）跨界不是互联网平台价值创造效率的影响因素。这从侧面反映出互联网平台应关注核心技术，占有优势的核心资源，从而打造核心产品，稳固市场的竞争地位。互联网平台跨界失败的主要原因是没有形成强势的竞争力量。因此，提升互联网平台核心竞争力，在行业中占据领先地位，完善平台产品，可以帮助互联网平台实现价值创造。在资源匹配条件下，创造真正具有核心价值的产品与服务，以行业领先体验吸引更多顾客，产生协同效应。

（4）互联网平台生态系统是由商业模式创造与科技创新进步共同发展起来的。作为创新主体，互联网平台首先要完善核心资产与运营体系，加大研发投入，适应多变的环境，抓住发展契机，充分发挥互联网的"互联互通"作用，加大创新研发力度，满足更多生态系统成员的需求。另外，针对互联网平台出现的诸如大数据"杀熟"等不良现象，需要实施有效的监管，形成行政管理部门与企业内部管理的合力，始终保持以提升互联网平台价值为目标的全面高质量发展。

本节从商业模式的社群、锁定、跨界、定制和创新五个角度对互联网平台价值创造效率的影响展开实证研究，通过面板数据回归分析发现，社群、锁定、定制和创新正向影响了互联网平台价值创造效率。因此，对于互联网平台而言，商业模式影响价值创造效率的落脚点在于形成社群，创造稳定的用户群体；形成特色多元化的定制战略，提升产品个性化水平与匹配度；增强核心技术优势，获得优势资源；加大创新力度，配合政府监管。

第二节　聚焦忠诚度提升平台用户价值

用户是互联网平台重要的资源，关系到平台未来的发展方向，提升用户忠诚度对互联网平台的发展至关重要。但是随着互联网平台的竞争加剧，用户可选择的同质平台更加多样，平台间过度抢占用户资源，造成已有社会总体资源的浪费，不具有可持续性。因此，通过提升用户忠诚度来实现有效用户的保留是提升互联网平台价值的一种途径。本节将从用户感知价值、用户互动等角度，研究用户忠诚度对平台价值的影响。

一　用户忠诚度提升平台用户价值的理论基础

（一）用户感知价值及其构成

感知价值是消费者基于对所得的感知而形成的对产品（或服务）效用的总体评价（Sweeney and Soutar，2001）。通过产品或服务的"获得"和"给予"成本的比较，描述价格和质量之间的关系，两者对感知价值会产生相反的影响，是对消费者行为进行预测的重要手段，并在说服消费者使用公司产品方面发挥着不可或缺的作用（Cheng et al.，2009）。

要确定用户感知价值，使其变得可以度量，就需要对其进行维度划分。Sheth 等（1991）提出了广泛接受的感知价值理论框架，消费者"消费价值"的维度包括社会、情感、功能、认知和条件价值。这种选择的感知效用出现在决策层面、产品层面和品牌层面。Sweeney和 Soutar（2001）开发了 PERVAL 量表，用于确定何种消费价值观驱动购买态度和行为，主要包括情感、社交、质量/性能和价格/性价比四个维度。Cheng 等（2009）使用调查研究的方法，对感知价值的功能性、社会性、情感性和认知性价值影响台湾顾客通过互联网进行信息收集和订单下达的意向。Walsh 等（2014）对 PERVAL 量表进行评估，通过对不同国家的研究，指出 12 项和 8 项的短量表具有同样的预测效果。

　　国内的研究主要包括：段文奇等（2020）以长三角地区共享出行平台为研究对象，实证研究消费端用户忠诚度的影响因素。李健等（2019）从用户感知价值视角，测度医疗信息服务评价体系质量，顾客让渡价值模型包括产品价值、服务价值、人员价值、情境价值、品牌价值、冲突成本、时间+体力成本、精神成本、风险成本等 9 个维度。

（二）用户忠诚度及其决定因素

　　早期研究中的用户忠诚度可以从三个角度理解。第一，处于传统经济中的顾客忠诚度，是购买重复性、持续性的体现，指顾客购买行为不受产品、价格、服务的影响（韩经纶、韦福祥，2001）。第二，以一段时间内连续购买的次数来衡量用户忠诚度（McGoldrick and Andre，1997）。第三，体现为用户情感或购买态度。具体指用户在情感上的忠诚，是对产品、服务的一种认可与推荐。比如口碑效应，顾客对该品牌认可与信赖，并乐于再次消费（Jones and Sasser，1995）。

　　进一步发展，用户忠诚度成为用户综合行为与情感态度的表达。用户忠诚度成为用户的一种行为意向，即有意愿对特定产品或服务重复使用或消费（Kuo et al.，2009）。在互联网时代，对于互联网平台而言，用户忠诚不仅会为平台保持稳定的流量，也会带动平台获得更多的流量。建立已有用户群体基础将会带来比新开发用户更多的效用，其对互联网平台价值的影响不可小觑。因此，互联网平台应做好用户忠诚度对价值发展的重要铺垫。

　　根据已有文献，本节将用户忠诚度影响因素归纳为六类：服务质量、用户信任、用户感知价值、用户满意、转换成本及用户个体特征。Smith（2000）认为，在线忠诚度是由价格、品牌形象、产品质量和服务驱动的。Gommans 等（2001）指出用户服务、网站和技术、信任和安全、价值主张以及品牌建设影响电子忠诚度。基于以上分析，本节将围绕用户满意、转换成本、用户感知价值三个角度对互联网平台用户忠诚度展开研究。

（1）用户满意。用户满意是消费者感到消费满足了某种需要、欲望、目标等，是消费者的一种感觉。用户满意是忠诚形成的必要步骤，而当忠诚开始通过其他机制建立时，满意度变得不那么重要了（Oliver，1999）。

（2）转换成本。转换成本是转换替代品时感知到的时间、精力、财务等经济和心理成本（Jones et al.，2002）。用户转换成本显著影响了用户忠诚度（Szymanski and Henard，2001）。

（3）用户感知价值。价值是消费者满意的前因（García-Fernández et al.，2018），与用户忠诚度显著正相关（Sirdeshmukh et al.，2002）。价值创造会增加消费者对零售企业的忠诚度（Gallarza and Saura，2006）。

综上所述，用户忠诚度、用户感知价值对互联网平台用户的采纳具有重要影响，目前已有不同研究从各种维度对用户感知价值进行了不同层次的分类。本节将首先从共享出行平台用户感知价值影响用户满意和转换成本，进而影响用户忠诚度的作用机理进行分析；然后从直播业务出发，对顾客间互动、顾客体验和顾客感知价值三者之间的影响关系与作用机理进行研究。

二　用户忠诚度提升平台用户价值的研究假设

（一）用户忠诚度与用户感知价值

用户感知价值是用户锁定的驱动因素（Cronin et al.，2000）。用户感知价值与用户忠诚度显著正相关（Sirdeshmukh et al.，2002）。具体而言，Hur 等（2013）通过对美国 517 名购买和拥有混合动力汽车的消费者进行实证研究，探索了消费者在践行绿色消费行为时感知价值与其满意度、忠诚度之间的联系。结果显示，用户感知的社会、情感和功能价值对绿色创新的用户满意度有显著正向影响，同时，用户满意将使用户忠诚。Ma 等（2019）建立了基于满意度、感知价值、时间灵活性、感知易用性和名人吸引力的研究模型，以识别短视频背景下用户忠诚度的前因。该模型对 TikTok 的 278 名用户进行测试，得出用户忠诚度受到满意度的强烈驱动，而满意度受到感知价值的驱动。对于共享平台而言，用户可以从经济便捷舒适、安全保障维度产生感知价值，进而影响用户忠诚度。因此，本节提出如下假设。

H_{1a}：共享出行平台用户感知价值经济便捷舒适维度显著正向影响用户忠诚度。

H_{1b}：共享出行平台用户感知价值安全保障维度显著正向影响用户忠诚度。

（二）用户满意与用户感知价值

大量研究证实了用户感知价值与用户满意之间的关系。Chen（2008）运用结构方程模型对航空旅客服务质量、感知价值、满意度与行为意向之间的关系进行研究，认为感知价值显著正向影响满意度。满意度是感知价值与重复购买意愿之间的中介变量（Patterson and Spreng，1997）。Kuo 等（2009）以台湾 15 所主要高校的本科生及研究生为研究对象，构建了针对移动增值服务质量的评价工具，发现感知价值对顾客满意度和购买意愿均有正向影响。因此，本节推论共享出行平台用户感知价值同样会正向影响用户满意度。这种感知价值主要通过感知的经济便捷舒适性与感知的安全保障性展开。因此，本节提出如下假设。

H_{2a}：共享出行平台用户感知价值经济便捷舒适维度显著正向影响用户满意。

H_{2b}：共享出行平台用户感知价值安全保障维度显著正向影响用户满意。

（三）转换成本与用户感知价值

转换成本可以定义为从一个供应商转换到另一个供应商所涉及的成本，是支出时间和努力之间的转换成本，包括经济成本，风险、评估、学习和设置成本，财务上可量化的资源损失的财务转换成本，由身份丧失或关系破裂导致的关系转换成本（Burnham et al.，2003）。这些转换成本可以显著影响消费者的使用意愿。互联网时代的转换成本比传统时代的转换成本更低，通过对网络在线服务使用者的调查发现，只有当顾客满意度或感知价值高于平均水平时，转换成本对顾客忠诚度、顾客满意度和感知价值的调节作用才显著（Yang and Peterson，2004）。优质的服务与个性化的产品会增加顾客的感知价值，会使顾客的转换成本提高（Chen and Hitt，2002）。Pae 和 Hyun（2006）通过对韩国消费者的调查研究指出，转换成本与技术承诺和赞助正相关。因此，本节提出如下假设。

H_{3a}：共享出行平台用户感知价值经济便捷舒适维度显著正向影响转换成本。

H_{3b}：共享出行平台用户感知价值安全保障维度显著正向影响转换成本。

（四）用户忠诚度与用户满意

大量研究从顾客满意度的认知成分角度发现顾客满意度和忠诚度之间存在显著的正相关关系（Colgate and Stewart，1998）。用户满意是用户忠诚度提高的必要而非充分条件。Yu 和 Dean（2001）基于情感成本发现积极和消极情绪以及满意度的认知成本都与忠诚度相关。研究结果表明，用户满意与用户忠诚度正向相关，满意度为忠诚度重要的决定因素之一。因此，本节提出如下假设。

H_4：共享出行平台用户满意显著正向影响用户忠诚度。

（五）用户忠诚度与转换成本

转换成本是忠诚度框架中的一个调节因素，对用户忠诚度有深刻的解释作用（Sharma，2003）。转换成本可以预测信用卡和长途电信中 16% 和 30% 的客户忠诚度（Burnham et al.，2003）。Szymanski 和 Henard（2001）指出，高转换成本可以提升用户忠诚度的解释力，实证分析证实了转换成本与用户忠诚度之间的显著正相关关系。Tsai 等（2006）指出，电子零售中转换成本可以预测 59% 的用户忠诚度。因此，本节提出如下假设。

H_5：共享出行平台转换成本显著正向影响用户忠诚度。

（六）模型设计与构建

参照段文奇等（2020）的研究，本节提出的理论模型如图 7-1 所示。从用户感知价值维度划分经济便捷舒适与安全保障两个共享出行平台适用的维度，分别检验在用户满意与转换成本作为中介变量的情况下，共享出行平台用户忠诚度的影响因素和形成机理。

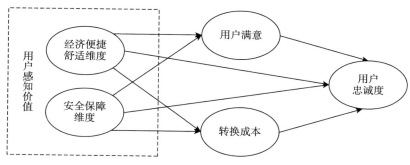

图 7-1　共享出行平台用户忠诚度决定因素模型

三　用户互动提升用户忠诚度和用户价值的研究假设①

（一）用户互动与用户感知价值

直播业务会让消费者感受到功利价值（实时通信和信息）、享乐价值（享受）和社会价值（归属感），这些价值反过来会增强消费者对产品的体验和态度，从而增强了购买意愿（Wongkitrungrueng et al.，2020）。Sun 等（2019）对直播媒体购物平台影响用户购买意愿展开调查研究，指出客户感知价值对其参与直播购物有积极的影响。直播业务中交互性显著提升，可视化、娱乐化和职业化水平极大提高（Ma et al.，2022）。Zhang 等（2021）从信息质量和互动质量角度，基于社会交换理论，探讨了直播平台用户互动与购买意愿之间的关系。结果显示，信息质量（可信度、有用性、生动性）和互动质量（响应性、实时互动和共情）与购买意愿正相关。一般而言，用户的互动行为正向影响用户感知价值。因此，本节提出如下假设。

① 限于篇幅，本部分研究假设的实证检验结果未列出，本部分假设均得证。

H1：用户互动正向影响用户感知价值。

（二）用户互动、用户体验与用户感知价值

用户体验是最终用户和服务或产品提供者之间产生交互与响应，这种体验的评估依赖于客户期望和双方接触的产品或服务的交互（Sheng and Teo，2012）。Gentile 等（2007）指出用户体验不仅能为用户带来价值，也能为公司创造价值。这种体验结构是完整的，包括认知、情绪、身体和社会等各方面（Verhoef et al.，2009）。Hsu 和 Chen（2018）对 350 名受访者的游戏网站使用评价进行调查研究，发现用户体验会影响感知价值。而用户互动质量会正向影响用户体验，进而影响感知价值（Kim et al.，2013）。因此，本节认为用户体验会通过用户互动影响用户感知价值。

另外，服务导向的用户体验与产品导向的用户体验具有独立性。用户价值体现为服务或产品的体验的"经验"（Simon and Roederer，2019）。对互联网平台直播业务而言，服务导向的直播模式和产品导向的直播模式分别对应服务性质体验及产品性质体验。因此，本节提出如下假设。

H2a：用户互动正向影响服务导向体验。

H2b：用户互动正向影响产品导向体验。

H3a：服务导向体验正向影响用户感知价值，并在用户互动与用户感知价值间起到中介作用。

H3b：产品导向体验正向影响用户感知价值，并在用户互动与用户感知价值间起到中介作用。

（三）用户互动要素与用户感知价值要素

网络直播平台用户间的交流产生了人际影响下的同伴影响：信息和规范。规范影响促使选择加入直播间的人遵守直播间的购买规范，并根据同伴的期望改变他们的态度和行为。信息影响会促使进入直播间的用户通过与其他已在直播间的用户的交互，寻找信息来了解某种产品或服务（Wang et al.，2012b）。Chen 和 Lu（2015）发现顺从社会影响和加入在线网络团购的意愿之间有很强的关系。人际影响的敏感性

与消费者参与购买的意愿之间具有显著关系（Sharma and Klein，2020）。因此，直播平台中的人际沟通与平台购买意愿中的社会价值具有很强的关系。

社交网络使用起来很有趣，可以提供娱乐、激发想象力，并为用户提供从紧张生活中解脱的方法（van der Heijden，2004）。关系交换理论认为，情绪会增强和巩固群体成员的关系（Lawler and Thye，1999）。Soares 和 Pinho（2014）通过对 18~35 岁人群在社交网络中的感知快乐对广告反应的影响进行实证研究，指出作为个人可感知的享受体验，可以形成和加强社会认同以及对共同群体规范的采纳。互联网平台直播中的用户交互具有娱乐性（王永贵、马双，2013），因此，这种用户交互可以提升直播平台的娱乐价值。本节提出如下假设。

H4a：人际沟通正向影响社会价值、娱乐价值。

在线帮助指直播平台中，对用户提出的问题提供实时在线回复的行为。Qiu 和 Benbasat（2005）指出，在网上购物时通过即时消息或文本聊天提供"实时帮助"，会促进在线消费者和服务提供者之间的互动，特别是语音支持（TTS）和三维虚拟形象（3D）将会丰富用户的交互体验，提高消费者对企业社会责任的认知和情感信任，提升互联网平台感知的功能价值。信息质量对满意度有正向影响。在互联网直播平台中，通过在线帮助方式产生的用户互动行为将会提升平台感知的功能价值。因此，本节提出如下假设。

H4b：在线帮助正向影响功能价值。

主张传递最初是在电子邮件调查中出现的，主要是指由调查导致信息被转发至预期样本之外的情况（Kaye and Johnson，1999）。传递效应是网络口碑传播的一个重要行为结果，促进了信息的流动，在互联网的帮助下，具有更大的灵活性（Sun et al.，2006）。对于网络直播平台而言，主张传递可以通过弹幕、直播间的沟通和提问等多种方式进行语言的输出，从而达到传播主观意识的作用。无目的的主张传递将给予用户更多娱乐价值，有利于情感抒发。（Chu et al.，2011）。有目的的主张传递更多以输出价值主张为主要目的，通过口碑效应影响他人的决策，从而具有感知的社会价值。另外，主张传递在直播平台具有推介产品的功能，帮助产品或服务获得更多人的认可，因此具有感知的功能价值。本节提出如下假设。

H4c：主张传递正向影响娱乐价值、社会价值、功能价值。

维护和反馈是指用户在直播环境中为了维护直播间的健康环境与平稳的在线播放体验而进行的规范行为、遵守规则的行为。通过与其他用户进行沟通和交流，从而对他们存在的问题进行指正，因而这种行为具有一定的社会价值。同时，这种维护和反馈行为也具有功能价值，因为它塑造了直播间良好的感知环境，并使其他用户意识到他们的不当行为。本节提出如下假设。

H4d：维护和反馈正向影响社会价值、功能价值。

（四）模型设计与构建

对上述研究进行概括，得到本模型变量如表 7-6 所示。

表 7-6　概念模型相关研究变量整理

变量类型	变量名称	与变量相关的二阶潜变量
自变量	用户互动	人际沟通
		在线帮助
		主张传递
		维护和反馈
中介变量	服务导向体验	—
	产品导向体验	—
因变量	用户感知价值	娱乐价值
		社会价值
		功能价值

将相关假设通过模型的形式呈现，概念模型如图 7-2 所示。

四　共享出行平台用户价值提升策略案例研究

（一）问卷设计与预调研

问卷设计遵循科学性、准确性和可靠性原则，采用 Likert 5 级量

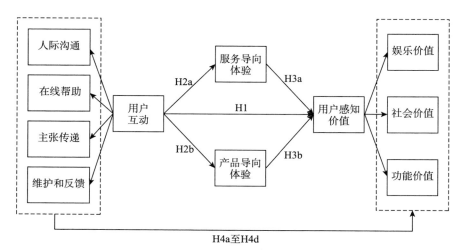

图 7-2　概念模型

表，1 代表最低程度，5 代表最高程度，1~5 代表程度递增。正式调研前，进行一次预调研，对问卷进行微调，以确保问卷科学有效。在对金华市小范围发放了 207 份预调研问卷后，得到有效问卷 169 份，之后对预调研结果进行科学分析。表 7-7 为用户忠诚度影响因素测评量表。

表 7-7　用户忠诚度影响因素测评量表

潜变量	编号	测项
用户忠诚度	LY1	同类打车服务中，该共享出行平台是首选
	LY2	只要该平台保持现有服务，会继续使用
	LY3	会向亲朋好友推荐使用该平台打车
	LY4	即使费用略高，仍会使用该平台
用户满意	SA1	对该共享出行平台总体上感到满意
	SA2	对该平台司机的服务感到满意
	SA3	与预期相比，该平台的服务让您感到满意
	SA4	与出租车相比，该平台让您感到满意
转换成本	SC1	不想放弃该出行平台上的折扣和优惠
	SC2	放弃该平台使用其他出行方式，会花费更多时间或精力
	SC3	使用新平台后，服务质量将面临较大的不确定性
	SC4	使用新平台后，安全保障将面临较大的不确定性

潜变量		编号	测项
用户感知价值	经济便捷舒适安全保障	PV1	相比于该平台的整体服务来说，支付的价格是划算的
		PV2	相比于同类出行方式，该平台的收费更便宜
		CV1	与其他出行方式相比，该平台让您的出行变得非常方便
		CV2	该平台的软件操作便捷、界面简洁、运行流畅
		CV3	该平台的支付方式便捷可靠
		EV1	该平台的乘车环境总体上舒适规范
		EV2	使用该平台打车的出行体验，令您心情舒畅
		SV1	使用该平台出行，总体上觉得安全可靠
		SV2	该平台司机的准入资质认证情况使您感到安全
		SV3	该平台很好地保护了乘客的隐私
		QS1	出现问题时，该平台会积极处理，并弥补用户的损失
		QS2	出现问题时，该平台司机总体上会妥善解决，以服务好乘客
		QS3	出现问题时，该平台会及时解决

信度分析显示，变量总体的 Cronbach's α 系数为 0.955，各分项 Cronbach's α 系数均大于 0.8，本量表的变量信度较好，可以在此基础上继续研究。

1. 用户感知价值影响因素测评

对用户感知价值共计 13 个测项进行探索性因子分析。表 7-8 结果显示，用户感知价值量表的 KMO 值为 0.926，大于 0.9，显著性为 0.000，小于 0.001，量表内部设计结构合理，各测项之间具有一定的相关性，量表通过效度检验。

表 7-8　用户感知价值测项 KMO 和 Bartlett 检验

取样足够度的 Kaiser-Meyer-Olkin 度量		0.926
Bartlett's 球形检验	近似卡方	2470.287
	df	78
	Sig.	0.000

公因子方差分析显示，用户感知价值量表中 CV3 测项的公因子方差为 0.489，小于 0.5。SV1 测项在两个因子上的载荷都大于 0.5，故删去测项 CV3 和 SV1。再次进行因子分析，修正后的用户感知价值量表的 KMO 值为 0.92，大于 0.9，显著性为 0.000，小于 0.001，通过效度检验。此时公因子方差均大于 0.5，说明公因子能解释原变量的信息。提取主成分后，两个因子共同解释了总方差的 66.999%，说明两个主成分解释效果较好，用户感知价值量表的 11 个测项适合划分成两个潜变量，具体如表 7-9 所示。从旋转成分矩阵来看，各测项的因子载荷均大于 0.5，不存在双重因子载荷均高的情况。经过探索性因子分析，本节认为共享出行平台用户感知价值划分为两个维度较为合适，其中经济便捷舒适作为一个维度，安全保障作为另一个维度。

表 7-9　用户感知价值测项探索性因子分析解释的总方差

成分	初始特征值			提取平方和载入			旋转平方和载入		
	合计	方差贡献率（%）	累计贡献率（%）	合计	方差贡献率（%）	累计贡献率（%）	合计	方差贡献率（%）	累计贡献率（%）
1	6.110	55.547	55.547	6.110	55.547	55.547	3.734	33.942	33.942
2	1.260	11.452	66.999	1.260	11.452	66.999	3.636	33.057	66.999
3	0.653	5.934	72.934						
4	0.586	5.326	78.259						
5	0.483	4.388	82.648						
6	0.473	4.304	86.951						
7	0.382	3.476	90.427						
8	0.332	3.017	93.444						
9	0.289	2.626	96.069						
10	0.269	2.446	98.516						
11	0.163	1.484	100.000						

2. 用户忠诚度、用户满意和转换成本影响因素测评

本节按照用户忠诚度、用户满意和转换成本各设置单一维度潜变量，进行探索性因子分析。表 7-10 结果显示，转换成本量表的 KMO 值为 0.718，其他潜变量量表的 KMO 值均大于 0.8，Bartlett's 球形检验的显著性水平均为 0.000，小于 0.05，说明量表设计合理，能够进行因子分析。公因子方差矩阵中各测项公因子方差均大于 0.5，予以保留。用主成分分析法分析各潜变量时仅提取一个主成分，初始特征值均大于 2，累计贡献率均大于 60%，接受此主成分的解释程度。表7-11 成分矩阵显示，各测项的因子载荷均大于 0.5，能很好地解释量表所要测量的潜变量。

表 7-10 用户忠诚度等潜变量探索性因子分析关键数据

		用户忠诚度	用户满意	转换成本
KMO		0.805	0.836	0.718
Bartlett's 球形检验	近似卡方	496.064	782.917	409.197
	df	6	6	6
	Sig.	0.000	0.000	0.000
提取成分数		1	1	1
初始特征值		2.714	3.102	2.469
累计贡献率（%）		67.856	77.554	61.716

表 7-11 用户忠诚度等潜变量、测项和因子载荷

潜变量	测项	因子载荷
用户忠诚度	LY1	0.683
	LY2	0.776
	LY3	0.679
	LY4	0.576
用户满意	SA1	0.815
	SA2	0.774
	SA3	0.803
	SA4	0.711
转换成本	SC1	0.715
	SC2	0.539
	SC3	0.688
	SC4	0.526

（二）正式调研与数据质量评估

1. 全样本描述性统计分析

预调研后，通过前述调整，对整体问卷在"问卷星"平台上进行实际发放，主要发放地点包括杭州、上海、合肥、南京、金华等，共计收回问卷 368 份，有效问卷 308 份，有效回收率为 83.7%。

人口统计特征显示，共计 141 位男性、167 位女性对本次问卷作答，女性比例略高于男性。从年龄构成看，25~39 岁人群占比最高，达到 49%。本科/大专学历人群占比较高，达到 57.1%。企业职员占比 46.8%，学生群体占比 32.8%。问卷人口特征分布均匀，能够较好地体现样本特征。

表 7-12 行为统计特征显示，受访者中，231 人使用滴滴出行平台，占比 75.0%。75.3% 的用户每月使用 4 次及以下共享出行平台。44.1% 的用户消费 21~30 元，39.3% 的用户消费 11~20 元。60.7% 的用户会在使用共享平台出行以后，经常对服务进行评价。而且有49.7% 的用户对平台推出的新服务项目表达积极且乐意参与的意愿。

表 7-12　调查样本行为统计特征

测项	类别	人数（人）	占比（%）
共享出行平台使用分布	滴滴出行	231	75.0
	美团打车	46	14.9
	高德打车	9	2.9
	其他	22	7.2
每月使用该出行平台的次数	1~2 次	86	27.9
	3~4 次	146	47.4
	5~8 次	49	15.9
	9~12 次	18	5.8
	12 次以上	9	3.0
每次使用该平台的平均消费金额	10 元及以内	28	9.1
	11~20 元	121	39.3
	21~30 元	136	44.1
	30 元以上	23	7.5

测项	类别	人数（人）	占比（%）
使用后对服务进行评价的频率	很少评价	121	39.3
	经常评价	187	60.7
愿意尝试该平台推出的新服务项目	不愿意	56	18.2
	一般	99	32.1
	很愿意	153	49.7

各潜变量的描述性统计分析如表 7-13 所示。各测项结果处于正常范围内，并未出现极端异常值，说明样本描述了用户的实际情况，可进行下一步分析。

表 7-13　各潜变量描述性统计分析

潜变量		测项编号	均值	标准差	变量均值
用户忠诚度		LY1	3.66	1.108	3.205
		LY2	3.51	1.035	
		LY3	3.12	1.165	
		LY4	2.53	1.176	
用户满意		SA1	3.58	0.882	3.488
		SA2	3.54	0.870	
		SA3	3.40	0.887	
		SA4	3.43	1.017	
转换成本		SC1	3.31	1.216	3.173
		SC2	2.90	1.146	
		SC3	3.18	1.244	
		SC4	3.30	1.092	
用户感知价值	经济便捷舒适	PV1	3.91	0.898	3.7
		PV2	3.59	0.874	
		CV1	3.84	1.020	
		CV2	3.83	0.906	
		EV1	3.65	0.914	
		EV2	3.38	0.925	

潜变量		测项编号	均值	标准差	变量均值
用户感知 价值	安全保障	SV2	2.92	1.061	2.906
		SV3	3.10	1.058	
		QS1	2.75	1.130	
		QS2	3.00	1.072	
		QS3	2.76	1.156	

2. 全样本信度分析

表 7-14 信度分析显示，各潜变量总体的 Cronbach's α 系数为 0.952，大于可接受值 0.8。转换成本 Cronbach's α 系数为 0.793，略小于 0.8；其他各分项 Cronbach's α 系数均大于 0.8。各潜变量细分指标的校正项总计相关性均高于 0.5，因此，量表信度较好，可以进行下一步研究。

表 7-14　各潜变量信度分析

潜变量	测项编号	校正项总计相关性	Cronbach's α	总体 Cronbach's α
用户忠诚度	LY1	0.674	0.838	0.952
	LY2	0.759		
	LY3	0.669		
	LY4	0.591		
用户满意	SA1	0.818	0.900	
	SA2	0.776		
	SA3	0.804		
	SA4	0.728		
转换成本	SC1	0.685	0.793	
	SC2	0.542		
	SC3	0.656		
	SC4	0.533		
经济便捷舒适	PV1	0.691	0.882	
	PV2	0.735		
	CV1	0.632		
	CV2	0.635		
	EV1	0.721		
	EV2	0.754		

续表

潜变量	测项编号	校正项总计相关性	Cronbach's α	总体 Cronbach's α
安全保障	SV2	0.645		
	SV3	0.630		
	QS1	0.781	0.883	0.952
	QS2	0.748		
	QS3	0.797		

3. 用户感知价值量表验证性因子分析

用户感知价值量表验证性因子分析结果如图 7-3 所示，适配度检验结果如表 7-15 所示。其中，CMIN/DF 指标为 2.272，大于 1 且小于 3，说明模型拟合度较好；GFI 指标、AGFI 指标、NFI 指标、IFI 指标、TLI 指标、CFI 指标均大于 0.9，说明模型具有较高的适配度；RMSEA 指标为 0.064，小于 0.08，进一步证明了本节所构建的模型具有合理性。

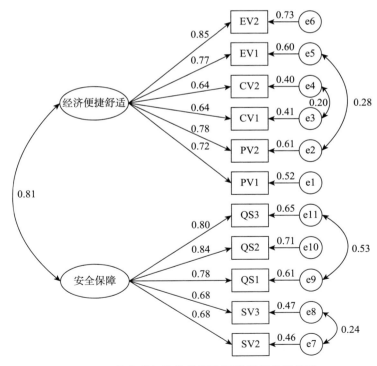

图 7-3　用户感知价值量表验证性因子分析结果

表 7-15　　用户感知价值测量模型适配度检验

适配指标	CMIN/DF	GFI	AGFI	RMSEA	NFI	IFI	TLI	CFI
评价标准	<3	>0.9	>0.9	<0.08	>0.9	>0.9	>0.9	>0.9
模型结果	2.272	0.949	0.913	0.064	0.958	0.976	0.966	0.976
拟合情况	理想	理想	理想	理想	理想	理想	理想	理想

4. 用户忠诚度、用户满意和转换成本量表验证性因子分析

本节对共享出行平台用户忠诚度、用户满意和转换成本这三个潜变量量表一起进行验证性因子分析，结果如图 7-4 所示。三个潜变量共计有 12 个测项，共计估计 27 个参数，符合模型识别的必要条件（27<12×13/2）。经过测算，所有构面的误差变异量介于 0.153 和 0.749 之间，没有出现负的误差方差；所有构面的组合信度介于 0.608 和 0.896 之

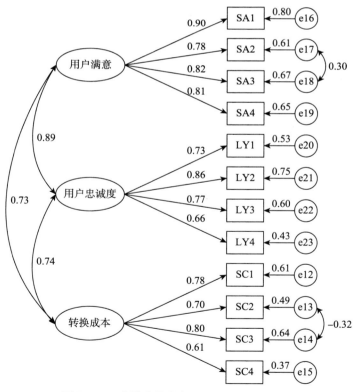

图 7-4　　三个潜变量量表验证性因子分析结果

间，大于 0.6；标准误介于 0.049 和 0.086 之间；各潜变量的组合信度介于 0.8147 和 0.8959 之间，均大于 0.8，模型适配度较好。

本部分采用 8 项适配度指标检验模型整体适配度，结果如表 7-16 所示。结果显示，模型具有较高的适配度，证明了本节所构建模型的合理性。

表 7-16　三个潜变量测量模型适配度检验

适配指标	CMIN/DF	GFI	AGFI	RMSEA	NFI	IFI	TLI	CFI
评价标准	<3	>0.9	>0.9	<0.08	>0.9	>0.9	>0.9	>0.9
模型结果	2.893	0.927	0.884	0.079	0.938	0.958	0.944	0.958
拟合情况	理想	理想	接受	理想	理想	理想	理想	理想

本节采用 AVE 法评估区分效度。表 7-17 显示，所有潜变量 AVE 的平方根均大于与其同行及同列的标准化相关系数。因此，可以认为本节的研究结果具有较好的区分效度。

表 7-17　所有潜变量 AVE 的平方根与相关系数比较（区分效度检验）

潜变量	经济便捷舒适	安全保障	用户忠诚度	用户满意	转换成本
经济便捷舒适	0.7389				
安全保障	0.687**	0.7607			
用户忠诚度	0.672**	0.642**	0.7603		
用户满意	0.716**	0.708**	0.750**	0.8266	
转换成本	0.601**	0.587**	0.650**	0.644**	0.7255

注：对角线上为潜变量 AVE 的平方根；** 表示在 0.05 水平（双侧）上显著相关。

（三）结构方程模型分析

本节使用 AMOS 23 分别对共享出行平台用户感知价值影响用户忠诚度的直接模型和间接模型进行估计。

直接模型的估计结果如图 7-5 和表 7-18 所示，8 项适配度指标均符合标准，模型具有较高的适配度。具体而言，RMSEA 值为 0.076，小于 0.08。GFI 值为 0.908，IFI 值为 0.948，TLI 值为 0.934，CFI 值为 0.947，均大于 0.9。PGFI 值为 0.635，PNFI 值为 0.736，均

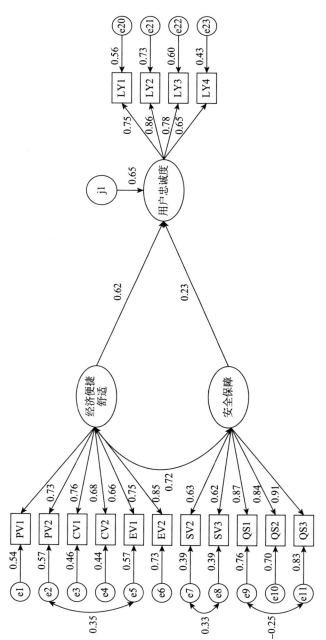

图 7－5 用户感知价值各维度与用户忠诚度的直接模型估计结果

大于 0.5，说明直接模型具有较好的拟合效果。

表 7-18　直接模型拟合指数

	绝对适配度指数			增值适配度指数			简约适配度指数	
	RMSEA	CMIN/DF	GFI	IFI	TLI	CFI	PGFI	PNFI
评价标准	<0.08	<3	>0.9	>0.9	>0.9	>0.9	>0.5	>0.5
模型结果	0.076	2.761	0.908	0.948	0.934	0.947	0.635	0.736
拟合情况	理想	理想	理想	理想	理想	理想	理想	理想

表 7-19 给出了直接模型的分析结果和路径系数，从中可知，用户感知价值维度之一的经济便捷舒适对用户忠诚度具有正向影响（$\beta = 0.624$，P<0.01）。用户感知价值维度之二的安全保障对用户忠诚度具有显著正向影响（$\beta = 0.228$，P<0.05）。假设 H_{1a}、H_{1b} 成立。

表 7-19　直接模型路径系数

路径	非标准化系数	S.E.	C.R.	P	标准化路径系数
用户忠诚度←经济便捷舒适	0.785	0.108	7.250	***	0.624
用户忠诚度←安全保障	0.283	0.092	3.090	**	0.228

注：*** P<0.01，** P<0.05。

间接模型估计结果如图 7-6 及表 7-20 所示，8 项适配度指标基本符合标准，模型具有较高的适配度。具体而言，RMSEA 值为 0.064，小于 0.08。GFI 值为 0.878，很接近 0.9 的理想标准。IFI 值为 0.944，TLI 值为 0.934，CFI 值为 0.943，均超过了 0.9 的理想标准。PGFI 值为 0.690，PNFI 值为 0.775，均大于 0.5。总体模型的拟合情况理想。

但是，表 7-21 显示，间接模型路径中，经济便捷舒适、安全保障对用户忠诚度的影响不显著，因此，去掉这两条影响路径，修正后的结果如表 7-22、图 7-7 和表 7-23 所示。

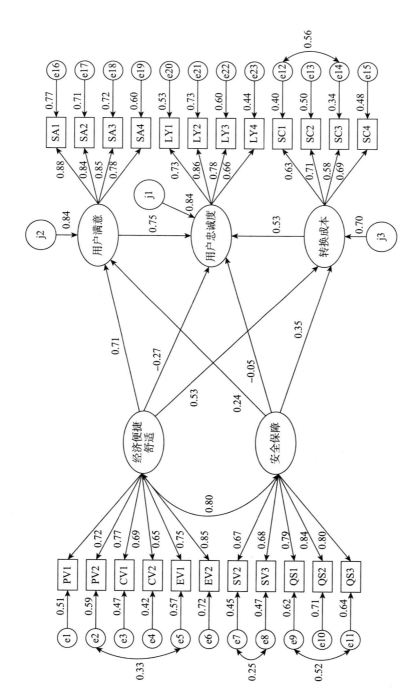

图 7 - 6　用户感知价值各维度与用户忠诚度的间接模型估计结果

表 7-20　间接模型拟合指数

	绝对适配度指数			增值适配度指数			简约适配度指数	
	RMSEA	CMIN/DF	GFI	IFI	TLI	CFI	PGFI	PNFI
评价标准	<0.08	<3	>0.9	>0.9	>0.9	>0.9	>0.5	>0.5
模型结果	0.064	2.256	0.878	0.944	0.934	0.943	0.690	0.775
拟合情况	理想	理想	接受	理想	理想	理想	理想	理想

表 7-21　间接模型路径系数

路径	非标准化路径系数	S.E.	C.R.	P	标准化路径系数
用户满意←经济便捷舒适	0.855	0.103	8.321	***	0.712
转换成本←经济便捷舒适	0.628	0.137	4.572	***	0.527
用户满意←安全保障	0.263	0.083	3.185	0.001	0.242
转换成本←安全保障	0.383	0.121	3.155	0.002	0.354
用户忠诚度←用户满意	0.780	0.155	5.042	***	0.751
用户忠诚度←转换成本	0.550	0.138	4.001	***	0.526
用户忠诚度←经济便捷舒适	−0.335	0.204	−1.640	0.101	−0.268
用户忠诚度←安全保障	−0.060	0.117	−0.516	0.606	−0.053

注：　*** P<0.01。

表 7-22　修正后的间接模型拟合指数

	绝对适配度指数			增值适配度指数			简约适配度指数	
	RMSEA	CMIN/DF	GFI	IFI	TLI	CFI	PGFI	PNFI
评价标准	<0.08	<3	>0.9	>0.9	>0.9	>0.9	>0.5	>0.5
模型结果	0.063	2.237	0.878	0.944	0.935	0.944	0.694	0.779
拟合情况	理想	理想	接受	理想	理想	理想	理想	理想

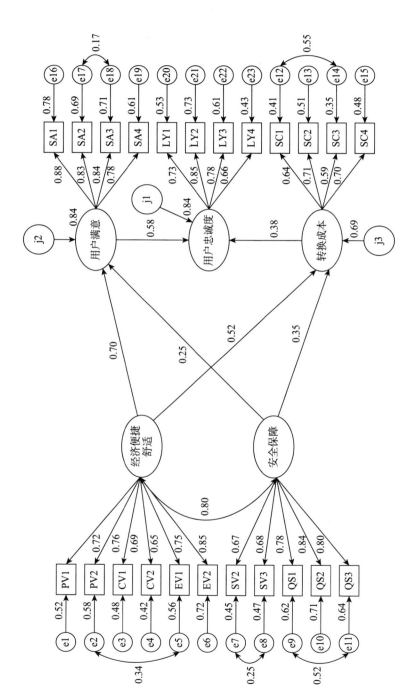

图 7 - 7　修正后的用户感知价值各维度与用户忠诚度的间接模型估计结果

表 7-23　修正后的间接模型路径系数

路径	非标准化路径系数	S. E.	C. R.	P	标准化路径系数
用户满意←经济便捷舒适	0.845	0.103	8.189	***	0.699
转换成本←经济便捷舒适	0.622	0.135	4.604	***	0.518
用户满意←安全保障	0.277	0.084	3.294	***	0.252
转换成本←安全保障	0.385	0.119	3.233	***	0.354
用户忠诚度←用户满意	0.596	0.088	6.803	***	0.575
用户忠诚度←转换成本	0.401	0.093	4.297	***	0.384

注：*** P<0.01。

修正后的间接模型显示，用户满意和转换成本对用户忠诚度有显著的正向影响。用户满意对用户忠诚度具有正向影响（$\beta = 0.575$，P<0.01）（假设 H_4 成立），用户感知价值维度之一的经济便捷舒适对用户满意具有正向影响（$\beta = 0.699$，P<0.01）（假设 H_{2a} 成立），用户感知价值维度之二的安全保障对用户满意具有正向影响（$\beta = 0.252$，P<0.01）（假设 H_{2b} 成立）。转换成本对用户忠诚度具有正向影响（$\beta = 0.384$，P<0.01）（假设 H_5 成立）。同时，用户感知价值两个维度对转换成本有显著的影响效果，其中经济便捷舒适对转换成本具有正向影响（$\beta = 0.518$，P<0.01）（假设 H_{3a} 成立），安全保障对转换成本具有正向影响（$\beta = 0.354$，P<0.01）（假设 H_{3b} 成立）。

综上所述，本节提出了共享出行平台用户感知价值对用户忠诚度的影响模型。其中，间接模型优于直接模型。中介变量在模型中起到重要作用。表 7-24 列示了直接模型和间接模型中用户感知价值两个维度影响用户忠诚度的综合效应。

表 7-24　用户感知价值对用户忠诚度的影响

自变量	中介变量		最终因变量：用户忠诚度	
	用户满意	转换成本	直接模型	间接模型
经济便捷舒适	0.699	0.518	0.624	0.601
安全保障	0.252	0.354	0.228	0.281

本节通过构建用户忠诚度和用户感知价值、用户互动影响用户忠诚度最终影响用户感知价值两个基础模型，对共享出行平台用户维度的价值创造进行研究，旨在明确互联网平台可以通过用户满意和用户锁定策略来提升平台价值。其中，用户满意策略通过提升平台用户整体满意度来获得用户忠诚度；用户锁定策略旨在通过提升平台用户转换成本，促进用户忠诚度提升。特别地，共享出行平台可以通过提升用户感知价值，从经济、安全、便捷、保障、舒适五个方面，与用户建立长期稳定的互动关系。

第三节　聚焦协同并购提升平台溢出价值

随着互联网平台的不断扩张，跨业务、跨领域的生态系统形成，平台与平台之间、平台与中小企业之间的协同并购对平台跨界经营、增加用户资源起到了重要作用。但是，尽管大量平台期望通过兼并收购来提升平台价值，但实际成功的案例却远远少于预期。互联网平台由于本身前期投入大、无形资产多、盈利反馈周期长等特征，在并购时评估其价值存在一定困难。本节将立足协同并购视角，总结与凝练通过协同并购渠道提升互联网平台价值的基本逻辑，并对阿里巴巴并购饿了么案例进行分析。

一　并购创造互联网平台协同价值的理论基础

（一）互联网平台的并购

互联网平台的交易动辄数十亿甚至数百亿美元，比如谷歌在2006年收购了视频分享平台YouTube，达成16亿美元交易。微软在2016年以超过260亿美元的价格收购了社交媒体平台LinkedIn。截至2018年底，美国六大科技巨头互联网平台（谷歌、苹果、微软、亚马逊、脸书和IBM）的收购总数超过950起，且近70%发生在过去十年（Koski et al.，2020）。并购是为了给并购后的实体创造价值，这些价值源于内部重组和市场重塑。对互联网平台而言，结构和资源这两个不同的经济特征是非常重要的。对于结构而言，互联网平台是典型的多边市场，很多价值不是创造的，而是通过并购安排的，比如网络搜索、操作系统、电子商务市场和社交网络，平台是经营市场的一个媒介。对于资源而言，无形的信息是非竞争的，双方或多方可以共享这些无形资产作为生产的投入。因而，限制信息使用的互联网平台收购将会降低信息创造的价值（Parker et al.，2021）。

（二）并购对企业价值创造的影响

首先，绝大多数企业的并购依赖于价值创造过程中的协同效应，其最简洁的定义为：竞争力的提高以及由此产生的现金流超出了两家公司独立完成的预期。Campbell 和 Goold（1998）对这一定义进行补充，指出企业间转移的能力提高了企业的竞争地位，增加了企业绩效，从而产生了协同效应。因此，当企业出于行业特定要求、全球化导致规模需求、增长的速度和成本、产品和服务范围的扩大、降低风险和多样化水平、核心竞争力或技术变革的杠杆作用等六方面的考虑而进行合并和收购时，就形成了协同因素（Kode et al.，2003）。

从管理角度分析，并购提升了企业资本配置能力，从而形成了管理角度的协同效应（郑文风、王凤荣，2018）。这个概念最早由 Chatterjee 于 1996 年提出，指效应能为并购双方创造正收益。管理协同效应能够帮助企业在协同过程中形成管理职能一体化，从而降低企业管理成本，提高企业管理效率，实现企业增值（林钟高等，2015）。

经营协同效应指并购双方在并购后企业价值创造受到并购前双方的经营活动协同程度的影响。一般通过纵向并购、横向并购、混合并购实现经营协同效应，从而提升综合竞争力，增强获取重要资源的能力，创造更多价值（Chung and Alcácer，2002）。比如，微软积极并购诺基亚，实现了经营协同效应，抢占了更多市场份额。

并购活动会产生财务协同，影响企业价值创造，比如混合并购可以创造财务协同。百度并购去哪儿网案例体现了财务协同效应在企业并购活动中具有创造价值的重要意义。

其次，并购活动结束后企业整合情况会影响价值创造，而且会对协同效应的释放情况造成重要影响。通过对我国 43 个并购事件进行研究，李善民和刘永新（2010）发现，并购之后的整合速度与协同程度成正比，更高的协同程度会产生更快的整合速度、更多的价值创造。并购活动同样引起战略层面的价值创造，从而提升企业整体竞争力。

最后，影响并购活动价值创造的因素还包括以下五种。第一，企业的内部控制与高层管理权集中度。其中，企业内部控制与并购活动价值创造成正比，管理权集中度与并购活动价值创造成反比（赵息、刘佳音，2014）。第二，收购股权比重。并购方在并购活动中获得越大比例的股权，越有利于实现价值创造（周小春、李善民，2008）。第三，收购的支付方式。运用股票收购的标的比运用现金收购的标的更容易获得超过股价的收益（赵息、刘佳音，2014），但是过高溢价的并购会损害价值（Rhodes-Kropf et al.，2005），且与支付方式无关。第四，行业生命周期。企业并购活动的价值创造还受到所处行业生命周期的影响（刘笑萍等，2009）。第五，投资者保护程度。民营企业并购活动显示，所在地域对投资者的保护程度与并购方价值创造正相关（唐建新、陈冬，2010）。

二　协同并购视角的互联网平台价值提升因素

（一）互联网平台并购动因

1. 并购增强网络效应

互联网平台中，网络效应会使参与平台的用户价值随其他用户的增加而上升（Parker and Van Alstyne，2005）。通过并购，可以提升这种网络效应产生的额外价值（Parker et al.，2021）。比如美团通过对大众点评的并购，获取大量需求端用户，用户规模占据行业第一。之后，它又发起对遥遥排队、钱袋宝、酷讯旅游等的并购，提升平台线上排队功能、取得支付牌照、布局旅游业务，拓展垂直细分领域，将网络效应在技术的支持下继续扩大，通过提升服务内在质量，吸引双边用户增长。

2. 并购产生范围经济

传统概念中，范围经济代表联合生产和再利用背景下，使用相同产品或资产生产其他产品的零边际成本。在互联网平台中，其强大的交互能力使得数字数据的边际再生产成本几乎为零。这是互联网平台可以通过并购获得私人数据，从而产生范围经济的一大原因（Martens，2021）。此外，数据的范围经济还体现在数据的聚合上。将两个互补的数据集单独保存在数据仓库中，合并它们可以产生更大的洞察力和经济价值。互联网平台可以通过并购形成互补的数据集，降低编辑成本，提高生产效率（Parker et al.，2021）。

3. 并购实现跨界成长

通过并购缔结联盟关系，可以帮助互联网平台实现跨界成长，从而创造价值。比如，携程在 2000 年通过并购的方式跨界到酒店预订业务；在 2002 年通过并购海岸航空服务有限公司，跨界到机票预订业务；在 2008 年通过收购中软好泰，增强酒店业务上的领先优势；在 2010 年通过收购香港永安旅游，部署国际化战略（杨林等，2021）。因此，通过并购，中小互联网平台可以从行业弱势中找到出路，而大型平台可以实现跨界成长，提升市场占有率，巩固行业的领先地位。

（二）并购视角下互联网平台的价值影响因素

在并购视角下，互联网平台以并购前自身价值为基础，通过并购活动，依靠协同效应与战略达成情况，获得并购价值。因此，本节认为，并购影响互联网平台价值创造的主要因素为互联网平台并购前的独立价值、并购带来的协同价值以及并购完成后战略达成的价值。

1. 并购前的独立价值计算

互联网平台并购前独立价值的衡量取决于该平台是不是上市公司。如果该互联网平台为上市公司，则可以用发行在外的股票价格作为企业权益价值的衡量指标（杨峰，2012）。以一段时间内市场价值的变化情况作为价值创造的计算依据。

若该平台没有上市，根据 Gupta（2009）的做法利用客户价值代表企业价值。首先，至少参考 50 家代表性互联网平台，计算它们的总市值与总活跃用户数之比，得到单位活跃用户的基本价值。其次，根据经营性现金流量（本期期间数）除以资产（上期期末数），计算得到待评估平台的变现因子。再次，将单位活跃用户的基本价值用变现因子进行调整。最后，待评估平台用户价值等于变现因子、活跃用户数和调整后单位活跃用户价值三者乘积。

2. 并购带来的协同价值计算

由于协同效应是从管理、经营与财务三个方面影响互联网平台价值创造，所以，从财务角度与非财务角度对影响互联网平台价值的协同效应进行衡量。考虑到财务角度的协同效应可以反馈在财务报表与股价增长上，非财务角度的协同效应最终可以帮助互联网平台增强网络效应、产生范围经济、实现跨界成长，本节将依据资源基础理论（RBV）对资源的估价，视并购企业为一种特殊的资源，以估计并购带来的价值增长。

3. 并购完成后战略达成的价值计算

并购作为一种战略手段，当并购完成后，互联网平台的价值因企业的战略决策而增加，即合理的战略决策带来平台价值的增长。同样，上市公司按照已有价值计算并购后价值，非上市公司参考客户价值计算并购后价值。

本节模型的具体构建思路如图 7-8 所示。

三　并购视角下互联网平台价值评估模型

（一）模型构建的理论基础

根据资源基础观，建立互联网平台价值评估模型。根据 Schmidt 和 Keil（2013）的做法，构建价值评估模型。资源价值计算公式为：

$$RV_{sta}^{i} = \frac{1}{n+1}\Delta_{t+1}^{i,sta} \cdot \left(n \cdot v_t^i + n \cdot v_{t+1}^i - 2\sum_{j=1,j\neq i}^{n} v_{t+1}^j \right) \cdot s \tag{7-4}$$

$$RV_{com}^{i} = \frac{1}{n+1}\Delta_{t+1}^{i,com} \cdot \left(n \cdot v_t^i + n \cdot v_{t+1}^i - 2\sum_{j=1,j\neq i}^{n} v_{t+1}^j \right) \cdot s \tag{7-5}$$

其中，式（7-4）表示资源独立价值，式（7-5）表示资源协同

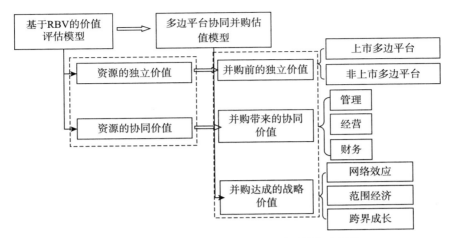

图 7-8　并购视角下平台价值评估模型的构建思路

价值。n 代表市场中差异化竞争企业，v_t^i 表示企业 i 在时间点 t 的价值创造水平（并购前独立价值）。而在并购后的时间点 $(t+1)$，企业 i 的价值创造水平提升为 v_{t+1}^i。企业 i 的价值创造水平通过战略的正确决策而实现提升，表示为式（7-4）中的 $\Delta_{t+1}^{i,sta}$；而并购资源的协同效果表示为式（7-5）中的 $\Delta_{t+1}^{i,com}$。

公式中 v_{t+1}^j 表示在时间点 $t+1$ 企业 j 的价值创造水平，s $(s>0)$ 代表产品市场的规模。

考虑到互联网平台的价值评估逻辑，并购的价值创造体现为并购前的独立价值与并购带来的协同价值之和，故本节将式（7-4）和式（7-5）进行加总合并，得到完整的资源价值公式为：

$$RV = RV_{sta}^t + RV_{com}^t = \frac{1}{n+1}(\Delta_{t+1}^{i,sta} + \Delta_{t+1}^{i,com}) \cdot \left(n \cdot v_t^i + n \cdot v_{t+1}^i - 2\sum_{j=1,j\neq i}^{n} v_{t+1}^j \right) \cdot s$$

$$(7-6)$$

同时，参考模型假设前提，保持未获得资源的企业价值创造水平一致，则有：

$$v_t^j = v_{t+1}^j \qquad (7-7)$$

最后，合并整理的完整资源价值模型为：

$$RV = \frac{1}{n+1}(\Delta_{t+1}^{i,sta} + \Delta_{t+1}^{i,com}) \cdot \left(n \cdot v_t^i + n \cdot v_{t+1}^i - 2\sum_{j=1,j\neq i}^{n} v_t^j\right) \cdot s \qquad (7-8)$$

其中，价值创造水平是用户单位产品的支付意愿与产品成本之差。

（二）并购视角下的互联网平台价值评估模型

在上述理论基础上，本节构建基于并购视角的互联网平台价值评估模型。对公式（7-8）中的关键概念进行定义。其中，发起并购的企业为 i，在产品市场中，拥有竞争关系企业共计 $n-1$ 家，用 j 表示，被并购企业用 e 表示。v_t^i 表示企业 i 在并购前价值创造水平，在并购企业 e 之后，价值创造水平提升为 v_{t+1}^i。企业 i 价值创造水平的提升，包括企业 e 自身价值的增加，以 $\Delta_{t+1}^{i,sta}$ 表示，以及企业 e 和企业 i 产生的协同价值 $\Delta_{t+1}^{i,com}$。两者之和为并购带来的价值创造总量，用 Δ_{t+1}^i 表示。由此有：

$$\Delta_{t+1}^{i,sta} + \Delta_{t+1}^{i,com} = \Delta_{t+1}^i = v_{t+1}^i - v_t^i \qquad (7-9)$$

v_t^j 表示企业 j 的价值创造水平，s（$s>0$）为 n 家相互竞争的企业所处行业的市场规模指标。最终可以得到，在并购视角下企业 e 的价值为：

$$EV = \frac{1}{n+1}(v_{t+1}^i - v_t^i) \cdot \left(n \cdot v_{t+1}^i + n \cdot v_t^i - 2\sum_{j=1,j\neq i}^{n} v_t^j\right) \cdot s \qquad (7-10)$$

其中，v_t^i、v_t^j 分别根据企业 i、j 的历史经营业绩计算所得，而 v_{t+1}^i 根据企业 i 的历史经营状况、对企业 e 的并购活动影响价值创造预测得到。

（三）模型指标的具体计算

1. 互联网平台价值创造水平

互联网平台的价值创造指平台花费的平均单位用户成本与平均单位用户支付之间的差额，在此通过某一时期内互联网平台价值创造总量与用户总数之比体现。因此，互联网平台 e 此时的价值 PV 为：

$$PV = \frac{1}{n+1}(v_{t+1}^i - v_t^i) \cdot \left(n \cdot v_{t+1}^i + n \cdot v_t^i - 2\sum_{j=1,j\neq i}^{n} v_t^j\right) \cdot s \qquad (7-11)$$

其中，

$$v_t^i = \frac{V_t^i}{N_t^i} ; v_t^j = \frac{V_t^j}{N_t^j} ; v_{t+1}^i = \frac{V_{t+1}^i}{N_{t+1}^i} \qquad (7-12)$$

V_t^i 表示并购方平台 i 在评估基准日之前 t 时期价值创造总量，N_t^i 表示其在该段时期内的用户总数，它们的比值为并购方平台 i 在并购之前的价值创造水平 v_t^i。V_t^j 表示与平台 i 相互竞争的平台 j 在评估基准日之前 t 时期价值创造总量，N_t^j 表示平台 j 在该段时期内的用户总数，它们的比值为平台 j 的价值创造水平 v_t^j。而 V_{t+1}^i 表示并购方平台 i 在评估基准日之后的某一时期内的价值创造总量预测值，N_{t+1}^i 表示其在该段时期内的用户总数预测值，它们的比值为并购方平台 i 在并购企业 e 之后的价值创造水平预测值 v_{t+1}^i。

2. 互联网平台用户总数

互联网平台价值创造主体为平台中的活跃用户，因此，采用月活跃用户数衡量。

（1）互联网平台 i、j 在评估基准日之前 t 时期月活跃用户总数分别用 N_t^i、N_t^j 衡量。

（2）以平台 i 在评估基准日之前的历史月活跃用户数及其变化趋势、被并购平台 e 的历史月活跃用户数及其变化趋势、并购双方用户重合度、用户偏好等综合预测 N_{t+1}^i。

3. 互联网平台价值创造总量

以某一时期内平台价值增长量计算平台价值创造总量。

（1）平台 i、j 在评估基准日之前 t 时期内价值增长量分别用 V_t^i、V_t^j 表示。

（2）并购方平台 i 于评估基准日之后某一时期价值增长量预测值用 V_{t+1}^i 表示。

4. 市场规模的衡量指标

本节界定的市场规模衡量指标为 s（$s>0$），指服务或产品需求曲线斜率的负倒数，按照模型等量关系式的推导来计算：

$$q_t^i = \frac{1}{n+1}\left(n \cdot v_t^i - \sum_{j=1,j\neq i}^{n} v_t^j\right) \cdot s \qquad (7\text{-}13)$$

其中，q_t^i 表示企业 i 提供产品或服务的数量，对应互联网平台的月活跃用户数量。

将式（7-13）变换得到：

$$s = \frac{(n+1) \cdot q_t^i}{n \cdot v_t^i - \sum_{j=1,j\neq i}^{n} v_t^j} \qquad (7\text{-}14)$$

按照模型假设，单一顾客对应单一企业购买产品（Schmidt and Keil，2013），本节同样沿用此假设，按照单独平台计算用户对其的价值创造，因而不涉及购买平台交叉问题。

四　阿里巴巴并购饿了么案例分析

（一）并购双方概况

1. 阿里巴巴平台概况

阿里巴巴创立于 1999 年，并于 2014 年正式登陆纽约交易所上市，是国际领先的互联网平台，拥有我国最大的 C2B2C 市场——淘宝网与最大的 B2B2C 市场——天猫商城（汪旭晖、张其林，2017）。阿里巴巴以每年 4 月 1 日至次年 3 月 31 日作为一个完成的财年。

2. 饿了么平台概况

"饿了么"成立于 2008 年，作为我国领先的本地生活平台，专注于在线餐饮供应与外卖等业务。截至 2021 年，它在全国 670 余个城市已覆盖基本配送业务，拥有蜂鸟配送人员 300 万，拥有超过 15000 名企业员工、340 万个在线餐厅、2.6 亿名用户。2018 年 4 月，饿了么因存在不正当竞争和垄断经营行为，被无锡市工商局约谈，面临着激烈竞争与新挑战（童迎香、潘雅琼，2021）。

（二）并购历程介绍

2018 年 4 月 2 日，阿里巴巴联合蚂蚁金服以 95 亿美元全资收购饿了么，这是阿里巴巴在发展本地生活服务领域的战略性突破（童迎香、潘雅琼，2021）。

（三）模型应用与分析

1. 计算并购前阿里巴巴的价值创造水平

阿里巴巴属于上市互联网平台，拥有相对稳定的市场价值，故采用 2017 年第一季度至 2018 年第一季度阿里巴巴市值增量除以 2018 年第一季度月活跃用户数，计算并购前阿里巴巴价值创造水平，相关数据如表 7-25 所示。

表 7-25 阿里巴巴 MAU 及市场价值

指标	2017 年第一季度	2018 年第一季度
移动 MAU（百万个）	507.00	617.00
市场价值（亿元）	18520.06	29555.92
市场价值增加量（亿元）	11035.86	
并购前阿里巴巴价值创造水平	11035.86（亿元）/61700（万个）= 1788.63（元/个）	

计算得到并购前阿里巴巴价值创造水平 $v_t^{i(A)} = 1788.63$ 元/个。

2. 计算竞争企业的价值创造水平

阿里巴巴作为我国三大互联网巨头 BAT 之一，与之竞争的是百度和腾讯。本节按照上述方法，计算百度与腾讯的价值创造水平，并保持与阿里巴巴一致的时间跨度。计算过程见表 7-26 和表 7-27，计算得到 $v_t^{j(B)} = 556.26$ 元/个，$v_t^{j(T)} = 1192.27$ 元/个。

表 7-26 百度 MAU 及市场价值

指标	2017 年第一季度	2018 年第一季度
移动 MAU（百万个）	116.10	137.00
市场价值（亿元）	4123.71	4885.78
市场价值增加量（亿元）	762.07	

表 7-27 腾讯 MAU 及市场价值

指标	2017 年第一季度	2018 年第一季度
移动 MAU（百万个）	937.80	1040.00

指标	2017 年第一季度	2018 年第一季度
市场价值（亿元）	18697.61	31097.24
市场价值增加量（亿元）	12399.63	

3. 市场规模计算

将表 7-28 数据代入式（7-14），得到市场规模的衡量指标 s 的值为 682265.52。

表 7-28　计算 s 所需数据

n	q_t^i	v_t^i	$\sum\limits_{j=1,\,j\neq i}^{n} v_t^j$
3	6.17E+08	1788.63	1748.53

4. 预测并购后阿里巴巴的价值创造水平

阿里巴巴在并购后的价值创造水平遵循以下的计算方法：

（1）计算变现因子，调整平台在不同时期变现能力的变化；

（2）获得单位活跃用户的基本价值；

（3）调整单位活跃用户基本价值；

（4）预测阿里巴巴并购饿了么以后月活跃用户数量及变现因子；

（5）得到并购后阿里巴巴估值。

首先计算变现因子为 0.2467，接着计算单位活跃用户基本价值为 4790.26 元，按照变现因子调整后单位活跃用户基本价值为 19418.53 元，具体结果见表 7-29。

表 7-29　阿里巴巴 2018 财年经营性现金流量等数据

指标	数值
市值（亿元）	29555.92
移动 MAU（亿个）	6.17
经营性现金流量（亿元）	1250.23
资产（亿元）	5068.12
变现因子	0.2467

指标	数值
单位活跃用户基本价值（元）	4790.26
调整后单位活跃用户价值（元）	19418.53

预测阿里巴巴未来一年内各季度的月活跃用户增长率，根据图7-9，选取增长率相对稳定的 2017～2018 财年各季度月活跃用户增长率的均值表示，计算得到 5.26%。

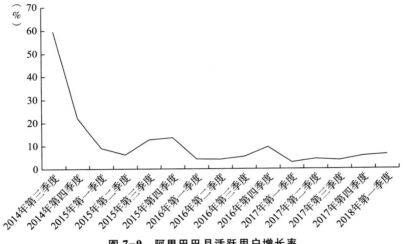

图7-9　阿里巴巴月活跃用户增长率

并购后阿里巴巴与饿了么将形成协同效应，阿里巴巴的月活跃用户增长率一定高于 5.26%。按照 2018 年第一季度外卖活跃用户平均增长达到 34%，MAU 为 5467 万个。① 而饿了么的市场份额为 35%，如此计算饿了么本身的 MAU 约为 1913.45 万个，占 61700 万个 MAU 的 3.1%。考虑到用户之间存在交叉，本节在此将增长率调增 0.3 个百分点，得到 5.56% 的增长率。据此估计阿里巴巴 2019 年第一季度月活跃用户数为 7.661 亿个。

通过预测营业收入，估计未来现金流量，从而预测阿里巴巴并购

---

① Trustdata：《2018 年 Q1 中国外卖 O2O 行业发展分析报告》，2019 年 3 月 26 日，https://max.book118.com/html/2019/0325/7156135050002015.shtm。

后的变现因子（杨峰，2012）。第一，以营业收入为中心，按照财务
项目各历史比率预测不发生并购的情况下，阿里巴巴基本财务情况；
第二，基于历史营业收入，预测不发生并购的情况下阿里巴巴营业收
入；第三，修正发生并购事件后阿里巴巴营业收入，得到并购后估计
值；第四，对并购造成营业成本、所得税发生变化的部分进行调整；
第五，预计阿里巴巴经营性现金流量。表 7-30 为阿里巴巴 2014～
2018 年的历史数据。

表 7-30　阿里巴巴 2014~2018 年资产负债表及利润表摘要

单位：亿元，%

指标	2014 年	2015 年	2016 年	2017 年	2018 年
营业收入	525.04	762.04	1011.43	1582.73	2502.66
营业收入增长数	179.87	237.00	249.39	571.30	919.93
营业收入增长率	52.11	45.14	32.73	56.48	58.12
营业成本	133.69	238.34	343.55	594.83	1070.44
营业成本/营业收入	25.46	31.28	33.97	37.58	42.77
所得税	31.96	64.16	84.49	137.76	181.99
所得税/营业收入	6.09	8.42	8.35	8.70	7.27
资产	1115.49	2554.34	3642.45	5068.12	7171.24

根据 Excel 计算得到历史营业成本与营业收入的关系 $y = 4.09x + 21.93$（趋势如图 7-10 所示），由此得到基本预测值：2019 财年阿里巴
巴营业收入增长率为 57.3%，营业成本占营业收入的 46.47%，所得税
占营业收入的 7.77%。在此基础上，计算阿里巴巴并购饿了么的预计
数据。假设协同效应与战略优势会提高营业收入，将增长率在原始数
据基础上调增 5 个百分点，得到营业收入增长率为 62.3%，计算得到
预计营业收入为 4061.82 亿元。假设财务协同会降低营业收入，将该
比值调低 5 个百分点，得到预计营业成本占营业收入的比例为
41.47%，计算得到预计营业成本为 1684.44 亿元。假设并购优化了阿
里巴巴税收筹划，因此将所得税与营业收入的比值调低 1 个百分点，
确定所得税占营业收入的比例为 6.77%，得到预计所得税费用为

274.99 亿元。

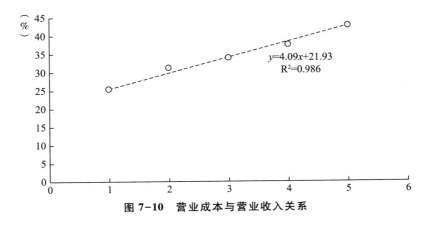

图 7-10　营业成本与营业收入关系

综上所述，并购后一年，阿里巴巴经营性现金流量为 2102.39 亿元，变现因子为 0.293170，企业估值为 43613.54 亿元。

并购后一年阿里巴巴市场价值增加量与月活跃用户数如表 7-31 所示。

表 7-31　阿里巴巴 MAU 及市场价值预测

指标	2018 年第一季度	2019 年第一季度
移动 MAU（百万个）	617.00	766.1
市场价值（亿元）	29555.92	43613.54
市场价值增加量（亿元）	14057.62	
调整后单位活跃用户价值	14057.62（亿元）/76610（万个）= 1834.96（元/个）	

计算得到并购后阿里巴巴价值创造水平 $v_{t+1}^{i(A)} = 1834.96$ 元/个。

5. 并购视角下饿了么的价值估计

最终得到并购视角下饿了么价值约为 582.7 亿元。与实际并购价格 95 亿美元（换算成人民币约为 596.64 亿元）误差为 2.34%。

以阿里巴巴并购饿了么为案例，对基于资源基础观提出的并购视角下资源定价模型进行验证。通过案例实际检验，发现模型具备较好的预测效果。

第四节　聚焦生态系统提升平台整体价值

越来越多研究关注互联网平台生态系统的价值创造，研究领域涉及技术管理视角、创新战略视角、服务科学与营销视角等，这些研究为目前互联网平台价值创造的基本理论研究奠定了基础。但是，对于成熟互联网平台而言，平台的基本架构与治理决策依旧存在不确定性。本节将聚焦互联网平台生态系统，探究互联网平台如何通过生态系统建设实现整体价值的提升。

一　互联网平台生态系统的基础内涵

目前，已有针对互联网平台生态系统的定义主要有三个方面：从平台架构出发的技术导向型、从平台功能出发的市场导向型、从战略组织出发的元组织型（Roma and Vasi，2019；Kretschmer et al.，2022）。技术导向型平台生态系统将平台视为一组组件，是独立开发的、不断发展的模块化技术系统，被定义为基于技术的业务系统中的中心或控制点（Gawer and Cusumano，2014）。这种观点在理论上更强调平台生态系统架构的设计、平台接口及模块化。市场导向型平台被定义为一组包括服务和内容的数字资源，能够在外部生产者和消费者之间通过市场的供需匹配实现互动和交易，从而创造价值（Roma and Vasi，2019），这种观点与架构观点下的平台生态系统定义一致（Nambisan et al.，2018），即互联网平台生态系统是通过互动实现核心价值主张的多边合作伙伴的组合结构（Adner，2017）。元组织型平台生态系统是与传统平台不同的组织形式，它通过互联网平台缔结关系，相互的耦合更加紧密，等级结构更少，需要协调多方参与者的利益，以获得各单位的合作、协调和整合（Kretschmer et al.，2022）。

二　生态系统提升平台整体价值的指标与假设

（一）互联网平台生态系统的多样性

多样性是依据互联网平台生态系统结构来定义的特征，是平台所有者通过放弃对产品系统的组件和模块的所有权和控制权，而体现出的补充资产和平台组件的多样性（Thomas，2014）。一个理想的平台架构应该支持目前的多样性与随着时间推移的可进化性（Tiwana et al.，2010）。这种结构组件描述了要素如何与价值主张和价值创造相互作用，从而协调系统的参与者（Hein et al.，2020）。生态系统参与者通过平台生态系统获得互补资产进而提高自己的绩效（Boudreau，2012）。

根据多边市场的网络经济学理论，平台价值增长和市场份额增加的主要驱动力是用户群的扩大和补充产品的可用性（Cennamo and Santalo，2013）。互补创新是通过网络效应产生互补，使平台更具价值（Gawer and Cusumano，2014）。通过互补的技术，实现整体大于部分之和的价值。

因此，平台所有者价值创造的决策体现在能在多大程度上满足平台的多样性。过多地放弃平台的控制权会损害平台所处的中心位置，进而影响互联网平台的价值获取；过少地放弃平台的控制权会影响第三方的加入，从而削弱共同创造价值的能力（Schreieck et al.，2021）。例如，Boudreau（2010）研究了两种不同的开放技术对互联网平台创新的影响，其中，给予独立硬件开发公司更大的访问权限会使平台创新的开发速度加快5倍。因此，在结构系统角度下，平台所有者的领导地位来自设备的逻辑能力层或逻辑能力层和物理机器层的主导地位（Oh et al.，2015）。平台生态系统的价值创造依赖对系统组件与模块所有权和控制权的多样性决策（Thomas，2014）。因此，本节提出以下假设。

假设1：互联网平台生态系统多样性与平台提供者价值存在相互影响关系。

（二）互联网平台生态系统的交互性

交互性是依据互联网平台生态系统的多边关系和参与者相互之间的促进作用和互补性形成的（Alaimo et al.，2020）。生态系统是通过互动实现核心价值主张的多边合作伙伴的组合结构（Adner，2017）。基于此，互联网平台中各参与者及其各自的资源组成了生态系统的关系网络，价值共创是各方通过资源整合来共同创造价值的过程。Tian 等（2008）指出 B2B 环境下的价值共创跨越了供应商—公司或公司—客户的双向互动，延伸到了工件、流程、界面和人员的异质关系。

互联网平台生态系统将单边、双边网络关系拓展至多边网络关系，更模糊的边界与更多的参与方会使平台复杂程度提高。更多参与方的互动意味着更容易达成直接、间接网络效应，形成互补效应，但会带来更难以平衡的利益分配（Pagani，2013）。例如，Ceccagnoli 等（2012）通过分析 1996~2004 年 1210 家小型独立软件开发商的合作活动和绩效指标发现，拥有大型平台所有者的生态系统与软件开发商的销售增长和更有可能进行首次公开募股（IPO）相关。因此，平台所有者可以利用生态系统，形成参与者之间的互补效应，并利用网络效应，通过参与者的互动，与其他公司共同创造价值。

因此，平台所有者价值创造的决策体现在如何相互联系以创造价值，如何变化以影响其他要约对价值的贡献（Kapoor，2018）。"甲越多，则乙就越有价值"的论断是生态系统特有的互补性所产生的市场效应。这种投入活动或产出方互补关系的动态性和特殊性促使生态系统形成（Alaimo et al.，2020）。比如，在社交媒体网站（脸书、YouTube 等），用户流量越大，内容创作和分享越多，社区内的互动越频繁，平台越活跃、越有价值，越容易吸引更多的用户加入。因此，本节提出以下假设。

假设 2：互联网平台生态系统交互性与平台提供者价值存在相互影响关系。

三　生态系统提升平台整体价值的研究设计

（一）方法说明

互联网平台生态系统是由生物生态系统借鉴而来的（Kapoor，2018），因而测度其价值可以参考生物生态系统的价值衡量方法。互联网平台生态系统符合空间维度上的动态发展系统，生态系统内成员的多样性反映了平台生态系统的发展情况，反映了物种的种类与丰富程度。因此，本节创造性地借鉴生物生态系统衡量物种多样性的辛普森指数，对互联网平台开放程度表现的成员多样性与成员不同类别进行衡量。辛普森指数的测度满足了多样性衡量的最基本的概念标准，它被广泛运用于生态系统多样性的衡量。也有学者将其用于企业管理的研究，比如石璋铭和江朦朦（2019）运用其测算并购带来的产业融合效应。借鉴 Roma 和 Vasi（2019）运用开发人员的收入来体现平台多元化发展的决策，本节运用互联网平台收入来源的多样性来衡量互联网平台生态系统的多样性。

具体的计算如下：辛普森指数衡量生态系统多样性的依据是在无限大小的群落中，随机取样的两个个体属于不同种群的概率。在平台生态系统中，多样性体现为随机抽取的收入来源属于不同业务范围的概率。用公式（7-15）衡量。

$$D = 1 - \sum_{i=1}^{s} P_i^2 \tag{7-15}$$

其中，互联网平台生态系统中的第 i 种收入占总收入的比例为 P_i，S 为总收入来源。

本节采用 VAR 模型对互联网平台生态系统作用于平台提供者价值的两条路径进行分析。原因如下。第一，VAR 模型可以用来预测相关联的经济时间序列系统，并分析随机扰动对变量系统的动态冲击，从而进一步解释该冲击对经济变量所产生的影响。互联网平台生态系统是一个自主动态的系统，平台提供者价值、平台生态系统多样性与交互性之间会相互作用，满足模型所构建的动态外部环境。第二，VAR 模型包含内生变量的滞后期，可以体现互联网平台生态系统中由于平台发展所形成的价值指标之间相互作用的时间范围内的差异。第三，脉冲响应函数分析方法可以描述一个内生变量对由误差项带来的冲击反应，从而体现对变量当期值和未来值产生的影响程度，适合衡量互联网平台提供者价值与平台生态系统变量之间的变化。

（二）变量设置

本节将电子零售商（阿里巴巴生态系统）、内容/社区网站（Facebook 生态系统）两种不同类型的互联网平台形成的生态系统季度数据作为时间序列，从平台提供者角度出发，研究生态系统多样性指标与交互性指标对互联网平台提供者的价值影响。使用数据均来源于各大平台官方网站。①

（1）平台提供者价值（*Price*）。权益市场价格通常用来衡量互联网平台的价值（Hand，2003）。Bartov 等（2002）使用首次公开募股的初步发行价、最终发行价和首次市场价格来预测互联网平台 IPO 三个不同阶段的估值。Demers 和 Lev（2011）在提出互联网成熟的初步观点中，使用互联网平台的股价作为价值相关性的衡量指标。综上所述，作为平台生态系统的提供者，其是在进入成熟期后才建立起了生态系统，因而在资本市场一般存在稳定的估值。故本节将使用各大生态系统平台提供者在稳定权益市场的股票价格作为平台所有者价值的衡量指标。

（2）多样性指标（*Diversity*）。生态系统多样性指标按照平台生态系统收入来源的业务类型进行划分，并运用辛普森指数进行计算，得到各业务收入占总收入的比例，计算互联网平台生态系统收入来源的多样性，进而体现生态系统的多样性。

（3）交互性指标（*Users*）。交互性指标反映互联网平台生态系统内的交互类型与交互频率。互联网平台价值与独立用户访问数和页面

---

① 阿里巴巴网站：https://www.alibabagroup.com/en/ir/earnings。Facebook 网站：https://investor.fb.com/financials/default.aspx。

浏览量显著正相关（Gupta，2009；Kumar et al.，2004）。平台生态系统参与者的数量受到直接和间接网络外部性的影响，网络价值随着用户基数的增加而提升（Yablonsky，2019）。平台生态系统互动的结果是一方更多的活跃用户会导致其他方更多的活跃用户参与，从而实现平台提供者的价值增值。因而，对不同的生态系统，考虑数据的可得性与适用性，本节在阿里巴巴生态系统中采用年活跃买家数、在Facebook 中采用月活跃用户数分别体现生态系统的交互性指标。

四　生态系统提升平台整体价值的实证研究

（一）电子零售商阿里巴巴生态系统

1. 变量平稳性检验及协整检验

本节采用阿里巴巴生态系统 2014 年 12 月 31 日至 2021 年 3 月 31 日季度数据作为研究对象，共计 24 组。首先对变量进行平稳性检验与协整检验，以判断变量是否为平稳时间序列数据。检验结果如表7-32 所示，变量 $Price$、$Users$ 在一阶差分处理后平稳，变量 $Diversity$ 为平稳时间序列。残差序列平稳，说明变量之间存在协整关系，即存在长期均衡关系。

表 7-32　单位根检验结果（阿里巴巴）

变量	ADF 值	P 值	1%临界值	5%临界值	10%临界值	平稳性
$Price$	−3.3649	0.0791	−4.3743	−3.6032	−3.2380	不平稳
$\Delta Price$	−6.3199	0.0001	−4.3943	−3.6122	−3.2431	平稳
$Users$	1.6282	1.0000	−4.4983	−3.6584	−3.2689	不平稳
$\Delta Users$	−4.5567	0.0070	−4.3943	−3.6122	−3.2431	平稳
$Diversity$	−5.4075	0.0010	−4.3743	−3.6032	−3.2380	平稳
残差序列	−2.9065	0.0057	−2.6743	−1.9572	−1.6082	平稳

2. 格兰杰因果关系检验

为进一步判定平台生态系统多样性与交互性指标对平台提供者股价的影响，对三个变量做格兰杰因果关系检验。由表 7-33 可以看出，多样性是股价的格兰杰原因，即互联网平台生态系统的多样性与平台提供者股价之间存在格兰杰因果关系。

表 7-33　格兰杰因果关系检验结果（阿里巴巴）

原假设	F 值	P 值	检验结果
多样性不是股价的格兰杰原因	3.51368	0.0758	拒绝
股价不是多样性的格兰杰原因	7.11065	0.0154	拒绝
交互性不是股价的格兰杰原因	0.33993	0.8925	接受
股价不是交互性的格兰杰原因	0.27162	0.9311	接受
多样性不是交互性的格兰杰原因	1.37638	0.3540	接受
交互性不是多样性的格兰杰原因	1.20109	0.4148	接受

3. 滞后阶数选择

最优滞后阶数的判断是通过信息准则进行的，表 7-34 指出，滞后 2 期显著指标最多，且 AIC 值最小，为最佳选择。因此设置模型的最优滞后阶数为 2，构建 VAR（2）模型。

表 7-34　滞后阶数判断结果（阿里巴巴）

滞后阶数	LogL	LR	FPE	AIC	SC	HQ
0	125.0688	NA	3.04e-09	-11.09716	-10.94839*	-11.06212
1	137.7524	20.75502	2.20e-09	-11.43204	-10.83692	-11.29185
2	152.3454	19.89952*	1.40e-09*	-11.94049*	-10.89904	-11.69516*
3	160.1641	8.529496	1.81e-09	-11.83310	-10.34532	-11.48262

注：*表示 10%的显著性水平，NA 表示不适用。下同。

4. 模型平稳性检验

模型平稳性体现的是构建的 VAR 模型是否恰当，本节对 VAR 模型的残差进行检验。采用 AR 检验方法，如果 VAR 模型所有根模的倒数都小于 1，落在单位圆内，则模型平稳。表 7-35 的结果显示，模型平稳。

表 7-35　AR 根模倒数结果（阿里巴巴）

Root	Modulus
0. 909044	0. 909044
-0. 724719	0. 724719
-0. 086359-0. 689830i	0. 695214
-0. 086359 + 0. 689830i	0. 695214
-0. 156614-0. 125914i	0. 200954
-0. 156614 + 0. 125914i	0. 200954

5. 脉冲响应函数

脉冲响应函数是用于描述误差项对内生变量当期值和未来值产生冲击的程度。通过 EViews 软件建立脉冲响应函数，最长时期为 16 季，绘制图 7-11 与图 7-12。从图 7-11 可以看出，当本期给阿里巴巴生态系统多样性一个正向冲击后，平台提供者的股价会在第 1 季度内反弹，在第 2 季度为负并达到最低点，并在第 3 季度反弹为正，之后保持平稳。这说明阿里巴巴生态系统多样性对平台提供者股价的冲击存在一个季度的滞后期，并呈现先负后正的波动效果。

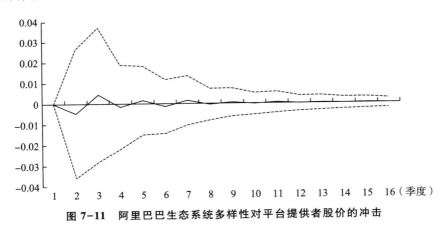

图 7-11　阿里巴巴生态系统多样性对平台提供者股价的冲击

平台生态系统交互性对平台提供者股价冲击同样表现出波动效果，滞后期为一个季度。这种冲击正向的影响大于负向的影响。当本期给平台生态系统交互性一个正向冲击后，平台提供者的股价会在第 1 季度内反弹，在第 2 季度达到最高点，之后下降，于第 3 季度达到最低点后上升，大约于第 6 季度影响削弱。这说明平台生态系统交互性对平台提供者股价的冲击存在一个季度的滞后期，并表现为正向的波动效果。

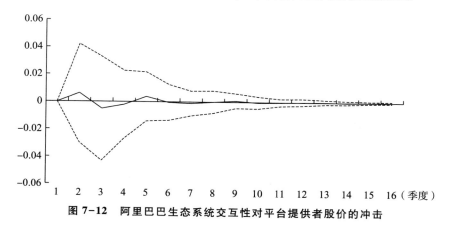

图 7-12 阿里巴巴生态系统交互性对平台提供者股价的冲击

6. 方差分解

方差分解可以解释 VAR 模型的动态特征，从而从每个结构冲击影响内生变量的不同程度评价冲击对变量的重要性。根据互联网平台提供者价值的方差分解结果可知，股价本身信息对自身变动的解释程度最高，随着预测期数的逐步增加，在第 8 季度，互联网平台多样性对股价的贡献度保持在 0.55%，交互性对股价的贡献度保持在 0.89%，价格本身信息占比达到 98.56%（见表 7-36、图 7-13）。

表 7-36 方差分解结果（阿里巴巴）

季度	标准差	Price（%）	Diversity（%）	Users（%）
1	0.091216	100.00000	0.000000	0.000000
2	0.097053	99.35605	0.237154	0.406798
3	0.097293	98.87247	0.448647	0.678885
4	0.097353	98.80060	0.474271	0.725132
5	0.097490	98.62336	0.499891	0.876752
6	0.097550	98.60241	0.519657	0.877932
7	0.097568	98.56632	0.543469	0.890213
8	0.097573	98.56427	0.545598	0.890135
9	0.097579	98.55309	0.548523	0.898386

续表

季度	标准差	Price（%）	Diversity（%）	Users（%）
10	0.097583	98.55132	0.549003	0.899681
11	0.097585	98.54846	0.551576	0.899959
12	0.097585	98.54831	0.551636	0.900057
13	0.097586	98.54745	0.552170	0.900375
14	0.097586	98.54729	0.552170	0.900542
15	0.097586	98.54692	0.552545	0.900537
16	0.097586	98.54689	0.552553	0.900554

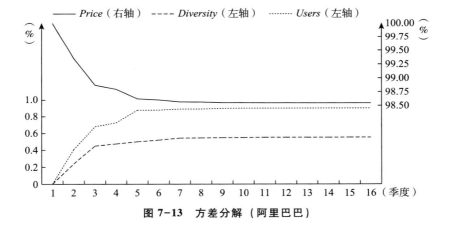

图 7-13　方差分解（阿里巴巴）

（二）内容/社区网站 Facebook 生态系统

1. 变量平稳性检验及协整检验

对于内容/社区网站 Facebook 生态系统，本节采用 2012 年 3 月 31 日至 2021 年 9 月 30 日季度数据作为研究对象。首先对变量进行平稳性检验与协整检验，以判断变量是否为平稳时间序列数据。检验结果如表 7-37 所示，分别对变量进行差分处理，形成平稳的时间序列。残差序列平稳，说明变量之间存在协整关系，即存在长期均衡关系。

表 7-37　单位根检验结果（Facebook）

变量	ADF 值	P 值	1%临界值	5%临界值	10%临界值	平稳性
Price	−2.3214	0.4127	−4.2268	−3.5366	−3.200	不平稳

续表

变量	ADF 值	P 值	1%临界值	5%临界值	10%临界值	平稳性
$\Delta Price$	-8.2415	0.0000	-4.2350	-3.5403	-3.2024	平稳
$Users$	-0.0108	0.9945	-4.2350	-3.5403	-3.2024	不平稳
$\Delta Users$	-3.3254	0.0783	-4.2350	-3.5403	-3.2024	不平稳
Δ（2）$Users$	-6.2364	0.0001	-4.2436	-3.5443	-3.2047	平稳
$Diversity$	-2.2371	0.4550	-4.2529	-3.5485	-3.2071	不平稳
$\Delta Diversity$	-6.7139	0.0000	-4.2529	-3.5485	-3.2071	平稳
残差序列	-3.5674	0.0468	-4.2268	-3.5366	-3.2003	平稳

2. 格兰杰因果关系检验

对互联网平台生态系统多样性、交互性及平台提供者股价三个变量做格兰杰因果关系检验。由表 7-38 可以看出，多样性与股价互为格兰杰原因，即互联网平台生态系统的多样性与平台提供者的股价之间存在格兰杰因果关系。交互性是多样性的格兰杰原因，即互联网平台生态系统的交互性是互联网平台生态系统多样性的格兰杰原因。

表 7-38　格兰杰因果关系检验结果（Facebook）

原假设	F 值	P 值	检验结果
多样性不是股价的格兰杰原因	3.27181	0.0364	拒绝
股价不是多样性的格兰杰原因	2.89480	0.0535	拒绝
交互性不是股价的格兰杰原因	0.89409	0.4574	接受
股价不是交互性的格兰杰原因	0.5215	0.6713	接受
多样性不是交互性的格兰杰原因	0.82707	0.4910	接受
交互性不是多样性的格兰杰原因	4.19698	0.0151	拒绝

3. 滞后阶数选择

最优滞后阶数的判断是通过信息准则进行的，表 7-39 指出，滞后 3 期显著指标最多，且 AIC 值最小，为最佳选择。因此设置模型的最优滞后阶数为 3，构建 VAR（3）模型。

表 7-39　滞后阶数判断结果 （Facebook）

滞后阶数	LogL	LR	FPE	AIC	SC	HQ
0	283. 4238	NA	8. 35e-12	−16. 99538	−16. 85933 *	−16. 94961 *
1	293. 0253	16. 87540	8. 08e-12	−17. 03184	−16. 48765	−16. 84874
2	300. 2235	11. 34261	9. 16e-12	−16. 92264	−15. 97031	−16. 60221
3	314. 1383	19. 39642 *	7. 07e-12 *	−17. 22050 *	−15. 86004	−16. 76275

4. 模型平稳性检验

模型平稳性体现的是构建的 VAR 模型是否恰当，本节对 VAR 模型的残差进行检验。采用 AR 检验方法，如果 VAR 模型所有根模的倒数都小于 1，落在单位圆内，则模型平稳。根据图 7-14 和表 7-40 的结果，模型平稳。

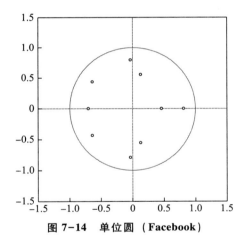

图 7-14　单位圆 （Facebook）

表 7-40　AR 根模倒数结果 （Facebook）

Root	Modulus
0. 813013	0. 813013
−0. 033596−0. 792801i	0. 793512
−0. 033596 + 0. 792801i	0. 793512
−0. 637775−0. 435215i	0. 772119
−0. 637775 + 0. 435215i	0. 772119
−0. 700689	0. 700689

续表

Root	Modulus
0. 129225−0. 554826i	0. 569676
0. 129225 + 0. 554826i	0. 569676
0. 463135	0. 463135

5. 脉冲响应函数

对 Facebook 生态系统建立脉冲响应函数，结果如图 7-15 与图 7-16 所示。从图 7-15 可以看出，当本期给平台生态系统多样性一个正向冲击后，平台提供者的股价有负向的反应。从第 1 季度末开始，大幅下降至第 2 季度的最低点，之后回升，于第 5 季度又出现一个低点，之后进入波动阶段。这说明 Facebook 生态系统多样性对平台提供者股价存在负向的影响效果。

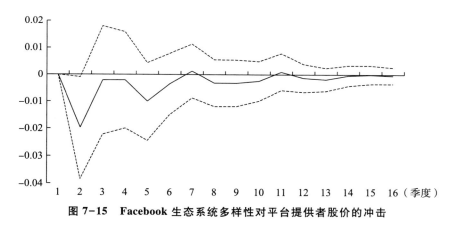

图 7-15 Facebook 生态系统多样性对平台提供者股价的冲击

图 7-16 表现出 Facebook 生态系统交互性对平台提供者股价有一个正向的反应。股价对冲击的反应从第 2 季度开始，第 3 季度有一个正向的效果，第 4 季度有负向波动效果，之后震荡。这说明 Facebook 生态系统交互性对平台提供者股价的影响表现为滞后 2 期的正向波动。

6. 方差分解

根据 Facebook 生态系统平台提供者价值的方差分解结果可知，股价本身信息对自身变动的解释程度最高，平台生态系统多样性指标贡献度在第 2 季度产生，平台生态系统交互性指标贡献度自第 3 季度以

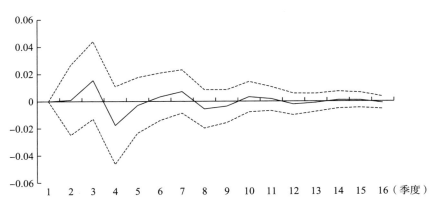

图 7-16 Facebook 生态系统交互性对平台提供者股价的冲击

来才较为明显。其中，在第 2 季度，平台股价本身贡献了 92.44% 的信息，平台生态系统多样性贡献了 7.54% 的信息，平台生态系统交互性贡献了 0.02% 的信息。在第 4 季度，平台生态系统交互性指标贡献度超过平台生态系统多样性指标，分别为 9.60% 和 6.89%。之后，平台股价信息本身贡献度基本保持在 80% 左右，平台生态系统多样性指标贡献度保持在 8.5% 左右，平台生态系统交互性指标贡献度保持在 11% 左右（见表 7-41、图 7-17）。

表 7-41 方差分解结果（Facebook）

季度	标准差	Price（%）	Diversity（%）	Users（%）
1	0.066892	100.00000	0.000000	0.000000
2	0.071965	92.44361	7.538772	0.017618
3	0.073736	88.29449	7.261932	4.443581
4	0.076126	83.51527	6.886472	9.598259
5	0.077205	82.14951	8.372374	9.478116
6	0.077366	81.83301	8.540246	9.626748
7	0.077961	81.22797	8.439232	10.332800
8	0.078373	80.73464	8.513060	10.752300
9	0.078625	80.47109	8.621686	10.907220
10	0.078781	80.28595	8.682867	11.031180
11	0.078809	80.23106	8.693594	11.075350

季度	标准差	Price（%）	Diversity（%）	Users（%）
12	0.078853	80.14828	8.711381	11.140340
13	0.078903	80.10107	8.755309	11.143620
14	0.078915	80.08860	8.755095	11.156310
15	0.078921	80.07976	8.753760	11.166480
16	0.078938	80.06488	8.752986	11.182130

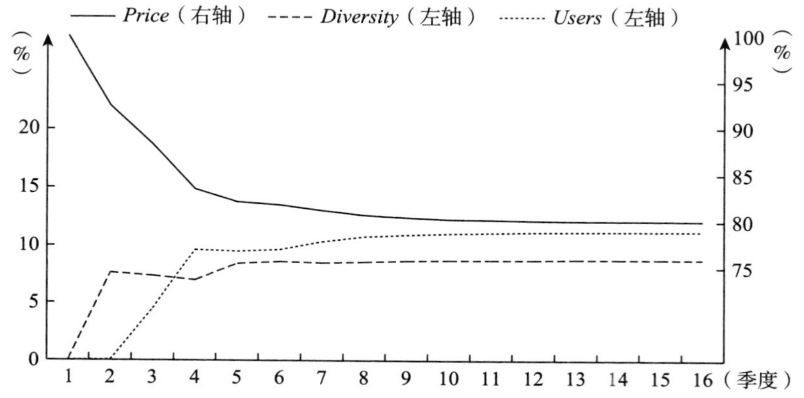

图 7-17　方差分解（Facebook）

五　生态系统提升平台整体价值的策略分析

（一）生态系统提升平台整体价值的研究结论

通过上述实证研究，本节得到如下三点研究结论。第一，对于互联网平台提供者的价值而言，其股价本身的信息含量对未来价值走向的影响最大，平台提供者股价信息大部分由其自身价格信息解释。因此，从宏观角度分析，加强我国证券市场建设，为平台提供者创造一个有效市场环境以展开融资并进行资本运作是平台提供者接受我国政府监管并在我国继续发展的必要条件。大部分平台提供者在选择上市地点时，都绕过了内地的证券交易所，选择美股、港股上市，这也是我国资本市场的一大损失。从微观角度分析，选择一个合适的上市地点并接受市场的监管对平台提供者而言是决定企业未来发展的重要战略决策，而上市地点选择与上市市场的不同并没有在现有的互联网平台生态系统建设研究中得到应有的关注。

第二，互联网平台生态系统提供者股价与平台生态系统的多样性和交互性具有长期的相互关系。平台生态系统的多样性与交互性对股价的冲击存在至少一个季度的滞后期。从对平台提供者股价的方差分解角度看，平台生态系统的交互性对股价的信息贡献最终会大于平台生态系统的多样性。

第三，不同类型的平台生态系统建设的侧重点不同。对于电子零售商而言，多样性对股价的冲击表现为先负后正的波动影响，交互性对股价的冲击表现为先正后负的波动影响。对于内容/社区网站而言，多样性带来了负面的冲击，交互性带来先正后负的冲击，交互性影响滞后于多样性。具体见表7-42的总结。

表 7-42　平台多样性、交互性与股价之间的影响关系

平台类型	多样性		交互性		股价信息贡献
	影响情况	影响时间	影响情况	影响时间	
电子零售商	先负后正波动	滞后一个季度	先正后负波动	滞后一个季度	交互性大于多样性
内容/社区网站	负向影响	滞后一个季度	先正后负波动	滞后两个季度	前三季度多样性大于交互性，之后交互性大于多样性

（二）生态系统提升平台整体价值的管理启示

根据上述分析，本节为互联网平台生态系统建设提出三点管理启示，具体见图7-18。第一，互联网平台生态系统是建立在接受我国公共监管机构基于社会公共利益角度的监管基础上的。提供一个有效市场来满足平台提供者上市融资的需求是首要保障。因而需要有两大抓手来优化平台生态系统的融资环境。一是内在强化，即加强我国资本市场建设，通过科创板等多种上市渠道，拓宽平台提供者上市的通道。二是外在监管，即以"自治理"和"他治理"内外统一监管平台生态系统建设，权衡平台生态系统经济垄断对社会公共利益损耗的风险以及平台生态系统经济垄断带来资源有效利用的收益。这种监管也依赖于平台对自身合理边界的划定（Lou et al.，2022），即在只做平台和兼做自营两者之间的权衡。这种权衡既要体现平台追求自身价值最大化的个体利益诉求，也要兼顾整个生态系统价值最大化的社会利益诉求（王节祥等，2024b）。

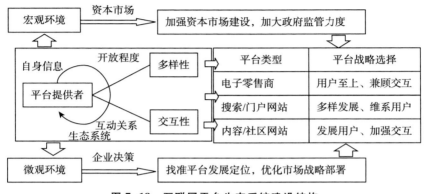

图7-18　互联网平台生态系统建设结构

第二，互联网平台生态系统是从互联网平台不断发展起来的，比如阿里巴巴最早是以 C2C 电子商务平台为核心业务，后围绕电子商务平台业务，拓展至信用、金融、物流、小企业工作平台及大数据生态系统。平台提供者需要按照已有业务与平台定位，规划行业布局，做好战略部署，做好基础平台的组件建设，判定平台参与者之间在多大程度上相互补充、相互独立的标准。同时，平台提供者需要选择合适的商业模式，做好社群与用户的维系，提升平台生态系统内部的交互性与参与者之间的互动有效性。

第三，不同的互联网平台生态系统适用不同的平台战略。电子零售商需要以生态系统参与者，特别是用户为重点，帮助他们获得更多更好的使用体验。比如，淘宝平台 slogan 从"淘你喜欢"——定位为电子商务主要用途，发展为"太好逛了吧"——突出以用户核心体验为中心的平台战略。

内容/社区网站的重点在于发展用户，组建社群，加强用户之间的交互。多样性发展对平台提供者价值的冲击为负，即内容/社区网站不应该过度地发展多样性，而应该专注于增强用户黏性与强度。

本节主要运用实证方法，证实了可以通过生态系统的优化，提高平台的市场价值，但并没有对如何发展生态系统的策略进行深入阐述。感兴趣的读者，可以参阅段文奇和宣晓（2016）从复杂网络角度对平台生态系统动态建模、竞争策略和管理方法的系统论述，王节祥等（2021b，2024a）、蔡宁等（2024）对互联网平台自身成长战略的深入研究，以及陈威如和王节祥（2021）、梅景瑶和王节祥（2024）对生态系统参与成员的数字化转型和平台依赖型创业等展开的广泛探讨。为聚焦主题，此处对相关内容不再赘述。

参考文献

［1］ 白鹏，张喜斌，张斌等．支持向量机理论及工程应用实例［M］.西安：西安电子科技大学出版社，2008.

［2］ 柏培文，喻理．数字经济发展与企业价格加成：理论机制与经验事实［J］.中国工业经济，2021（11）：59-77.

［3］ 柏培文，张云．数字经济、人口红利下降与中低技能劳动者权益［J］.经济研究，2021，56（5）：91-108.

［4］ 蔡宁，刘双，王节祥等．平台生态系统战略更新的过程机制研究：相互依赖关系构建的视角［J/OL］.南开管理评论，1-19［2024-08-09］.

［5］ 陈爽英，傅锋，李启月．"个体-组织"情境嵌套下CEO互联网行业经历与平台企业战略变革［J］.管理学报，2020，17（10）：1461-1469.

［6］ 陈威如，王节祥．依附式升级：平台生态系统中参与者的数字化转型战略［J］.管理世界，2021，37（10）：195-214.

［7］ 陈威如，余卓轩．平台战略-正在席卷全球的商业模式革命［M］.北京：中信出版社，2013.

［8］ 陈小勇．基于"全球价值网络"的企业内生优势生成路径研究［J］.当代经济管理，2017，39（2）：27-31.

［9］ 陈艳莹，鲍宗客．行业效应还是企业效应？——中国生产性服务企业利润率差异来源分解［J］.管理世界，2013（10）：81-94.

［10］ 陈铀．网络企业价值评估研究［D］.西南财经大学，2003.

［11］ 程芳洁．债务结构对互联网平台企业经营绩效的影响研究

［D］. 山西财经大学，2019.

［12］ 池国华，王志，杨金 . EVA 考核提升了企业价值吗？——来自
中国国有上市公司的经验证据［J］. 会计研究，2013（11）：
60-66+96.

［13］ 迟考勋 . 商业模式创新构念化研究回顾与理论构建：基于组合
模型视角［J］. 科技进步与对策，2020，37（16）：151-160.

［14］ 戴立新，孙晓 . 基于支持向量机的收益法自由现金流量预测
［J］. 财会月刊，2015（33）：79-82.

［15］ 董欣欣 . 基于主成分分析的股价影响因素实证研究——来自中
小企业板的经验数据［J］. 财会通讯：综合（下），2011（12）：
64-67.

［16］ 段文奇，惠淑敏 . 网络平台与风险资本的互动机理和战略［J］.
情报杂志，2009，28（9）：198-201.

［17］ 段文奇，宣晓 . 管理者能力是传递互联网平台企业价值的信号
吗——基于财务和非财务指标价值相关性的检验结果［J］. 南开
管理评论，2018，21（3）：54-65.

［18］ 段文奇，宣晓 . 网络视角下平台生态系统的动态建模、竞争策
略和管理方法研究［M］. 北京：中国社会科学出版社，2016.

［19］ 段文奇，张旭，罗旭东 . 用户忠诚度对共享出行平台价值提升
的影响研究［J］. 学习与探索，2020（3）：66-77+174+2.

［20］ 龚丽敏，江诗松 . 平台型商业生态系统战略管理研究前沿：视角
和对象［J］. 外国经济与管理，2016，38（6）：38-50+62.

［21］ 郭建峰，王丹，樊云，刘樱 . 互联网企业价值评估体系研究——基
于实物期权模型的分析［J］. 价格理论与实践，2017（7）：153-
156.

［22］ 韩经纶，韦福祥 . 顾客满意与顾客忠诚互动关系研究［J］. 南开
管理评论，2001（6）：8-10+29.

［23］ 贺锦江，王节祥，蔡宁 . 场域转变视角下互联网平台企业的制
度创业研究［J］. 科学学研究，2019，37（12）：2231-2240.

[24] 贺俊.创新平台的竞争策略：前沿进展与拓展方向 [J].经济管理，2020，42（8）：190-208.

[25] 胡滨，杨涛，程炼，郑联盛，尹振涛.大型互联网平台的特征与监管 [J].金融评论，2021，13（3）：101-122+126.

[26] 胡海波，卢海涛，王节祥，黄涛.众创空间价值共创的实现机制：平台视角的案例研究 [J].管理评论，2020，32（9）：323-336.

[27] 黄文妍.互联网平台企业价值驱动因素及评估指标的实证研究 [D].浙江师范大学，2016.

[28] 蓝莎，苗泽雁.内部控制缺陷披露与企业价值创造效率 [J].会计之友，2019（13）：64-69.

[29] 李昌学.基于组合赋权法的互联网平台企业价值评估模型研究 [D].浙江师范大学，2019.

[30] 李鸿磊.基于价值创造视角的商业模式分类研究——以三个典型企业的分类应用为例 [J].管理评论，2018，30（4）：257-272.

[31] 李健，王明月，许路明，田英春.基于用户感知价值的医疗信息服务评价体系构建 [J].数据分析与知识发现，2019，3（2）：118-126.

[32] 李琳.公司治理机制对高管薪酬影响的研究 [J].战略管理，2010，2（1）：101-108.

[33] 李牧南，张璇.我国导入"工业4.0"赋能概念的大型制造企业研发效率研究 [J].工业技术经济，2021，40（3）：13-20.

[34] 李善民，刘永新.并购整合对并购企业绩效的影响——基于中国液化气行业的研究 [J].南开管理评论，2010（4）：154-160.

[35] 李永强.价值管理：产生、争论与发展 [J].财会通讯，2016（7）：44-46.

[36] 李玉菊.基于企业能力的商誉计量方法研究 [J].管理世界，

2010（11）：174-175.

［37］李治，孙锐．推荐解释对改变用户行为意向的研究——基于传播说服理论的视阈［J］.中国软科学，2019（6）：176-184.

［38］梁美健，姜晓文，晁昊．每股收益和每股综合收益的价值相关性比较——基于房地产行业上市公司的面板数据［J］.会计之友，2016（23）：14-17.

［39］林钟高，郑军，卜继栓．环境不确定性、多元化经营与资本成本［J］.会计研究，2015（2）：36-43+93.

［40］刘凯宁，樊治平，李永海，戴相全．基于价值链视角的企业商业模式选择方法［J］.中国管理科学，2017，25（1）：170-180.

［41］刘圻，王春芳．企业价值管理模式研究述评［J］.中南财经政法大学学报，2011（5）：62-67.

［42］刘笑萍，黄晓薇，郭红玉．产业周期、并购类型与并购绩效的实证研究［J］.金融研究，2009（3）：135-153.

［43］罗珉，李亮宇．互联网时代的商业模式创新：价值创造视角［J］.中国工业经济，2015（1）：95-107.

［44］罗淇．引入非财务指标的互联网企业价值评估研究［D］.山东大学，2013.

［45］罗旭东．基于用户感知价值视角下共享出行平台用户忠诚度的影响因素研究［D］.浙江师范大学，2019.

［46］毛艺宁．互联网平台企业商业模式对价值创造效率的影响研究［D］.浙江师范大学，2021.

［47］梅景瑶，王节祥．平台依赖型创业企业如何应对双元身份困境——基于奇点云的案例研究［J/OL］.管理世界，1-21［2024-08-09］.

［48］石璋铭，江朦朦．并购、融合与高技术企业成长［J］.宏观经济研究，2019（10）：78-87.

［49］孙耀吾，翟翌，顾荃．服务主导逻辑下移动互联网创新网络主

体耦合共轭与价值创造研究 [J]. 中国工业经济, 2013 (10): 147-159.

[50] 唐建新, 陈冬. 地区投资者保护、企业性质与异地并购的协同效应 [J]. 管理世界, 2010 (8): 102-116.

[51] 童迎香, 潘雅琼. 互联网生态视角下企业并购财务协同效应研究——基于阿里收购饿了么的案例 [J]. 财会通讯, 2021 (2): 105-109.

[52] 汪旭晖, 张其林. 平台型网络市场中的"柠檬问题"形成机理与治理机制——基于阿里巴巴的案例研究 [J]. 中国软科学, 2017 (10): 31-52.

[53] 王烽权, 江积海. 互联网短视频商业模式如何实现价值创造?——抖音和快手的双案例研究 [J]. 外国经济与管理, 2021, 43 (2): 3-19.

[54] 王节祥, 蔡宁, 盛亚. 龙头企业跨界创业、双平台架构与产业集群生态升级——基于江苏宜兴"环境医院"模式的案例研究 [J]. 中国工业经济, 2018 (2): 157-175.

[55] 王节祥, 陈威如, 龚奕潼, 陈衍泰. 工业互联网平台构建中如何应对"个性与共性"矛盾?——基于树根互联的案例研究 [J]. 管理世界, 2024a, 40 (1): 155-180.

[56] 王节祥, 陈威如, 江诗松, 刘双. 平台生态系统中的参与者战略: 互补与依赖关系的解耦 [J]. 管理世界, 2021a, 37 (2): 126-147+10.

[57] 王节祥, 郭斌, 江诗松, 贺锦江. 数字平台企业的边界塑造机制: 嵌入式案例研究 [J]. 中国工业经济, 2024b (3): 175-192.

[58] 王节祥, 杨洋, 邱毅, 龚奕潼. 身份差异化: 垂直互联网平台企业成长战略研究 [J]. 中国工业经济, 2021b (9): 174-192.

[59] 王昕天, 汪向东. 社群化、流量分配与电商趋势: 对"拼多多"现象的解读 [J]. 中国软科学, 2019 (7): 47-59.

[60] 王永贵, 马双. 虚拟品牌社区顾客互动的驱动因素及对顾客满意

影响的实证研究 [J].管理学报，2013，10（9）：1375-1383.

[61] 王正巍，黄芳.疫情背景下我国国家财政治理研究 [J].地方财政研究，2021（2）：53-58.

[62] 项国鹏，杨卓，罗兴武.价值创造视角下的商业模式研究回顾与理论框架构建——基于扎根思想的编码与提炼 [J].外国经济与管理，2014，36（6）：32-41.

[63] 肖红军，阳镇.平台型企业社会责任治理：理论分野与研究展望 [J].西安交通大学学报（社会科学版），2020，40（1）：57-68.

[64] 肖翔，权忠光.企业价值预测指标体系的构建 [J].中国软科学，2004（10）：83-87.

[65] 谢蓬.互联网企业商业模式价值评估研究 [D].西南财经大学，2009.

[66] 徐远彬，卢福财.互联网对制造企业价值创造的影响研究——基于价值创造环节的视角 [J].当代财经，2021（1）：3-13.

[67] 许沿.中国 A 股上市公司价值的时间效应检验 [J].企业导报，2016（12）：3-5.

[68] 宣晓，段文奇.价值创造视角下互联网平台企业价值评估模型研究 [J].财会月刊，2018（2）：73-78.

[69] 宣晓，段文奇.资源视角下互联网平台用户价值评估方法 [J].会计之友，2019（12）：148-155.

[70] 杨峰.企业估值问题——来自实践的挑战 [M].北京：中国财政经济出版社，2012.

[71] 杨宏林，崔奕晨，查勇，陈收.价值与动量混合策略 DEA 多期限资产组合选择及效率评价 [J].中国管理科学，2015，23（6）：57-64.

[72] 杨林，陆亮亮，刘娟."互联网+"情境下商业模式创新与企业跨界成长：模型构建及跨案例分析 [J].科研管理，2021，42（8）：43-58.

[73] 杨书芳.战略网络对平台型互联网企业价值的影响——基于对

544 条联盟公告的研究 [D].浙江师范大学，2019.

[74] 阳镇，尹西明，陈劲.国家治理现代化背景下企业社会责任实践创新——兼论突发性重大公共危机治理的企业社会责任实践范式 [J].科技进步与对策，2020，37（9）：1-10.

[75] 于鹏.IPO 公司预测盈利的价值相关性 [J].会计研究，2007（6）：76-82.

[76] 岳云嵩，李兵.电子商务平台应用与中国制造业企业出口绩效——基于"阿里巴巴"大数据的经验研究 [J].中国工业经济，2018（8）：97-115.

[77] 张余华.大规模定制的内涵及其分类研究 [J].国际经贸探索，2010，26（4）：78-83.

[78] 张云，柏培文.数智化如何影响双循环参与度与收入差距——基于省级—行业层面数据 [J].管理世界，2023，39（10）：58-83.

[79] 赵晶.中国上市公司价值的时间效应及其内生性研究 [D].吉林大学，2012.

[80] 赵息，刘佳音.并购支付方式影响我国上市企业并购绩效的实证研究——基于事件研究法与财务报表分析法的比较研究 [J].电子科技大学学报（社科版），2014（1）：51-56.

[81] 赵昕.考虑非财务因素的互联网企业价值评估研究 [D].北京交通大学，2015.

[82] 赵炎，王燕妮.联盟网络内企业角色与创新能力的探析 [J].科研管理，2017，38（S1）：63-70.

[83] 赵振，彭毫."互联网+"跨界经营——基于价值创造的理论构建 [J].科研管理，2018，39（9）：121-133.

[84] 宋正子.并购视角下平台企业的价值评估方法 [D].浙江师范大学，2021.

[85] 郑文风，王凤荣.存量改革视域下的企业并购与资本配置效率——基于目标企业融资约束缓解的实证研究 [J].山东大学学报（哲学社会科学版），2018（2）：118-132.

[86] 郑宇琦，张欣瑞.平台企业的市场竞争策略探讨 [J].商业经济研究，2020 (6)：125-127.

[87] 中国互联网协会，工业和信息化部中心.2016年中国互联网企业 100 强 [R].2016

[88] 周小春，李善民.并购价值创造的影响因素研究 [J].管理世界，2008 (5)：134-143.

[89] 朱明洋，李晨曦，曾国军.商业模式价值逻辑的要素、框架及演化研究：回顾与展望 [J].科技进步与对策，2021，38 (1)：149-160.

[90] 卓骏，李富斌，陈亮亮，卫军.共赢的生态链——阿里巴巴的商业生态系统之路 [J].浙江经济，2012 (2)：32-33.

[91] Abhayawansa S, Guthrie J. Intellectual capital and the capital market: A review and synthesis [J]. Journal of Human Resource Costing & Accounting, 2010, 14 (3): 196-226.

[92] Adner R. Ecosystem as structure: An actionable construct for strategy [J]. Journal of Management, 2017, 43 (1): 39-58.

[93] Aggarwal R, Bhagat S, Rangan S. The impact of fundamentals on IPO valuation [J]. Financial Management, 2009, 38 (2): 253-284.

[94] Aghabekyan L. Value-relevance of financial and non-financial information for the publicly traded internet—Based companies in the Post-Sarbanes-Oxley period [J]. Available at SSRN 1982500, 2010: 1-89.

[95] Ahuja G. Collaboration networks, structural holes, and innovation: A longitudinal study [J]. Administrative Science Quarterly, 2000, 45 (3): 425-455.

[96] Alaimo C, Kallinikos J, Valderrama E. Platforms as service ecosystems: Lessons from social media [J]. Journal of Information Technology, 2020, 35 (1): 25-48.

[97] Alvarez S A, Barney J B. How entrepreneurial firms can benefit from

alliances with large partners [J]. Academy of Management Executive, 2001, 15 (1): 139-148.

[98] Amblee N, Bui T. Harnessing the influence of social proof in online shopping: The effect of electronic word of mouth on sales of digital microproducts [J]. International Journal of Electronic Commerce, 2011, 16 (2): 91-114.

[99] Ameels A, Bruggeman W, Scheipers G. Value-based Management Control Processes to Create Value through Integration: A Literature Review [M]. Vlerick School Voor Management, 2002: 1-76.

[100] Amit R, Zott C. Value creation in e-business [J]. Strategic Management Journal, 2001, 22 (6-7): 493-520.

[101] Angelis J, da Silva E R. Blockchain adoption: A value driver perspective [J]. Business Horizons, 2019, 62 (3): 307-314.

[102] Artz K W, Norman P M, Hatfield D E, et al. A longitudinal study of the impact of R&D, patents, and product innovation on firm performance [J]. Journal of Product Innovation Management, 2010, 27 (5): 725-740.

[103] Baik B, Chae J, Choi S, et al. Changes in operational efficiency and firm performance: A frontier analysis approach [J]. Contemporary Accounting Research, 2013, 30 (3): 996-1026.

[104] Bai P W, Cheng W L. Labour misallocation in China: 1980-2010 [J]. Applied Economics, 2016, 48 (25): 2321-32.

[105] Balzer R, Užík M, Glova J. Managing growth opportunities in the digital era—An empiric perspective of value creation [J]. Polish Journal of Management Studies, 2020, 21 (2): 87-100.

[106] Banker R D, Daprough M N, Huang R, et al. The relation between CEO compensation and past performance [J]. Accounting Review, 2013, 88 (1): 1-30.

[107] Barney J B. Firm resources and sustained competitive advantage

[J]. Journal of Management, 1991 (17): 99-120.

[108] Bartov E, Mohanram P, Seethamaraju C. Valuation of internet stocks-an IPO perspective [J]. Journal of Accounting Research, 2002, 40 (2): 321-345.

[109] Baum J A C, Calabrese T, Silverman B S. Don't go it Alone: Alliance network composition and startups' performance in Canadian biotechnology [J]. Strategic Management Journal, 2000, 21 (3): 267-294.

[110] Beattie V, Smith S J. Value creation and business models: Refocusing the intellectual capital debate [J]. The British Accounting Review, 2013, 45: 243-254.

[111] Becerra M. A resource-based analysis of the conditions for the emergence of profits [J]. Journal of Management, 2008, 34 (6): 1110-1126.

[112] Bellis-Jones R. Customer profitability analysis [J]. Management Accounting (UK), 1989: 26-28.

[113] Bergvall-Kåreborn B, Howcroft D. A mazon Mechanical Turk and the commodification of labour [J]. New Technology, Work and Employment, 2014, 29 (3): 213-223.

[114] Bertoni F, Colombo M G, Croce A. The effect of venture capital financing on the sensitivity to cash flow of firm's investments [J]. European Financial Management, 2010, 16 (4): 528-551.

[115] Bharadwaj A S. A resource-based perspective on information technology capability and firm performance: An empirical investigation [J]. MIS Quarterly, 2000: 169-196.

[116] Bhattacharya N, Demers E, Joos P. The relevance of accounting information in a stock market bubble: Evidence from internet IPOs [J]. Journal of Business Finance & Accounting, 2010, 37 (3-4): 291-321.

[117] Bocken N M P, Short S W, Rana P, Evans S. A literature and practice review to develop sustainable business model archetypes [J]. Journal of Cleaner Production, 2014, 65 (11): 42-56.

[118] Bondegård M, David L. Earnings management using classification shifting of revenues [J]. The British Accounting Review, 2018, 50 (3): 291-305.

[119] Bos B, Faems D, Noseleit F. Alliance concentration in multinational companies: Examining alliance portfolios, firm structure, and firm performance [J]. Strategic Management Journal, 2017, 38 (11): 2298-2309.

[120] Boudreau K J. Let a thousand flowers bloom? An early look at large numbers of software App developers and patterns of innovation [J]. Organization Science, 2012, 23 (5): 1409-1427.

[121] Boudreau K. Open platform strategies and innovation: Granting access vs. devolving control [J]. Management Science, 2010, 56 (10): 1849-1872.

[122] Bowen R M, Davis A K, Rajgopal S. Determinants of revenue-reporting practices for internet firms [J]. Contemporary Accounting Research, 2002, 19 (4): 523-562.

[123] Bowman C, Ambrosini V. Value creation versus value capture: towards a coherent definition of value in strategy [J]. British journal of management, 2000, 11 (1): 1-15.

[124] Brown B, Butler J E. Competitors as allies: A study of entrepreneurial networks in the US wine industry [J]. Journal of Small Business Management, 1995, 33 (3): 57.

[125] Burnham T A, Frels J K, Mahajan V. Consumer switching costs: A typology, antecedents, and consequences [J]. Journal of the Academy of marketing Science, 2003, 31 (2): 109-126.

[126] Burnie A, MchAwrAB S A A. Pricing of internet companies: Fi-

nancial and non-financial value drivers [J]. Bankers, Markets & Investors, 2017, 146 (1).

[127] Campbell A, Goold M J. Synergy: Why Links between Business Units Often Fail and How to Make Them Work [M]. Capstone Pub., 1998.

[128] Capaldo A. Network structure and innovation: The leveraging of a dual network as a distinctive relational capability [J]. Strategic Management Journal, 2007, 28 (6): 585-608.

[129] Casadesus-Masanell R, Ricart J E. From strategy to business models and onto tactics [J]. Long Range Planning, 2010, 43 (2-3): 195-215.

[130] Cavallo A, Ghezzi A, Balocco R. Entrepreneurial ecosystem research: Present debates and future directions [J]. International Entrepreneurship and Management Journal, 2019, 15 (4): 1291-1321.

[131] Ceccagnoli M, Forman C, Huang P, et al. Cocreation of value in a platform ecosystem! The case of enterprise software [J]. MIS quarterly, 2012: 263-290.

[132] Cennamo C, Santalo J. Platform competition: Strategic trade-offs in platform markets [J]. Strategic Management Journal, 2013, 34 (11): 1331-1350.

[133] Chanal V, Caron-Fasan M L. The difficulties involved in developing business models open to innovation communities: The case of a crowdsourcing platform [J]. Management, 2010, 13 (4): 318-340.

[134] Chang S J. Venture capital financing, strategic alliances, and the initial public offerings of Internet startups [J]. Journal of Business Venturing, 2004, 19 (5): 721-741.

[135] Chemmanur T J, Krishnan K, Nandy D K. How does venture capital financing improve efficiency in private firms: A look beneath the surface [J]. Review of Financial Studies, 2011, 24 (12): 4037-4090.

［136］ Chen C F. Investigating structural relationships between service quality, perceived value, satisfaction, and behavioral intentions for air passengers: Evidence from Taiwan ［J］. Transportation Research Part A: Policy and Practice, 2008, 42 (4): 709-717.

［137］ Cheng J M S, Wang E S T, Lin J Y C, et al. Why do customers utilize the internet as a retailing platform? A view from consumer perceived value ［J］. Asia Pacific Journal of Marketing and Logistics, 2009, 21 (1): 144-160.

［138］ Chen P Y, Hitt L M. Measuring switching costs and the determinants of customer retention in Internet-enabled businesses: A study of the online brokerage industry ［J］. Information Systems Research, 2002, 13 (3): 255-274.

［139］ Chen Y F, Lu H F. We-commerce: Exploring factors influencing online group-buying intention in Taiwan from a conformity perspective ［J］. Asian Journal of Social Psychology, 2015, 18 (1): 62-75.

［140］ Chesbrough H, Lettl C, Ritter T. Value creation and value capture in open innovation ［J］. Journal of Product Innovation Management, 2018, 35 (6): 930-938.

［141］ Chesbrough H, Rosenbloom R S. The role of the business model in capturing value from innovation: Evidence from Xerox Corporation's technology spin-off companies ［J］. Industrial and Corporate Change, 2002, 11 (3): 529-555.

［142］ Chu J, Manchanda P. Quantifying cross and direct network effects in online consumer-to-consumer platforms ［J］. Marketing Science, 2016, 35 (6): 870-893.

［143］ Chu M K, Song H G, Kim C, et al. Clinical features of headache associated with mobile phone use: A cross-sectional study in university students ［J］. BMC Neurology, 2011, 11 (1): 1-7.

［144］ Chung W, Alcácer J. Knowledge seeking and location choice of foreign direct investment in the United States ［J］. Management Science, 2002, 48 (12): 1534-1554.

［145］ Cochran J J, Darratb A F, Elkhal K. On the bankruptcy of internet companies: An empirical inquiry ［J］. Journal of Business Research, 2006, 59 (10-11): 1193-1200.

［146］ Colgate M, Stewart K. The challenge of relationships in services—A New Zealand study ［J］. International Journal of Service Industry Management, 1998, 9 (5): 454-468.

［147］ Colombo M G, Grilli L. On growth drivers of high-tech start-ups: Exploring the role of founders' human capital and venture capital ［J］. Journal of Business Venturing, 2010, 25: 610-626.

［148］ Colombo M G, Luukkonen T, Mustar P, et al. Venture capital and high-tech start-ups ［J］. Venture Capital, 2010, 12 (4): 261-266.

［149］ Coombs W T. The protective powers of crisis response strategies: Managing reputational assets during a crisis ［J］. Journal of Promotion Management, 2006, 12 (3-4): 241-260.

［150］ Cronin Jr J J, Brady M K, Hult G T M. Assessing the effects of quality, value, and customer satisfaction on consumer behavioral intentions in service environments ［J］. Journal of Retailing, 2000, 76 (2): 193-218.

［151］ Cuéllar-Fernández B, Fuertes-Callén Y, Laínez-Gadea J A. The impact of strategic alliances on the market value of telecommunications firms ［J］. The Journal of High Technology Management Research, 2011, 22 (1): 1-13.

［152］ Cumming D, Dai N. Fund size, limited attention and valuation of venture capital backed firms ［J］. Journal of Empirical Finance, 2011, 18 (1): 2-15.

[153] DaSilva C M, Trkman P. Business model: What it is and what it is not [J]. Long Range Planning, 2014, 47 (6): 379-389.

[154] Das T K, Teng B S. A Resource-based theory of strategic alliances [J]. Journal of Management, 2000, 26 (1): 31-61.

[155] Davies G, Chun R, Kamins M A. Reputation gaps and the performance of service organizations [J]. Strategic Management Journal, 2010, 31 (5): 530-546.

[156] Dechow P, Ge W, Schrand C. Understanding earnings quality: A review of the proxies, their determinants and their consequences [J]. Journal of Accounting and Economics, 2010, 50 (2): 344-401.

[157] Deeds D L, Hill C W L. Strategic alliances and the rate of new product development: An empirical study of entrepreneurial biotechnology firms [J]. Journal of Business Venturing, 1996, 11 (1): 41-55.

[158] Demerjian P, Lev B, McVay S. Quantifying managerial ability: A new measure and validity tests [J]. Management Science, 2012a, 58 (7): 1229-1248.

[159] Demerjian P R, Lev B, Lewis M F, et al. Managerial ability and earnings quality [J]. The Accounting Review, 2012b, 88 (2): 463-498.

[160] Demers E, Lev B. A rude awakening: Internet shakeout in 2000 [J]. Review of Accounting Studies, 2011, 6: 331-359.

[161] Dierickx I, Cool K. Asset stock accumulation and sustainability of competitive advantage [J]. Management Science, 1989 (35): 1504-1511.

[162] Dinerstein M, Einav L, Levin J, et al. Consumer price search and platform design in internet commerce [J]. American Economic Review, 2018, 108 (7): 1820-1859.

[163] Duan K, Keerthi S, Poo A. Evaluation of simple performance measures for tuning SVM hyperparameters [J]. Neurocomputing, 2003, 51: 41-59.

[164] Enders A, Hungenberg H, Denker H P, et al. The long tail of social networking: Revenue models of social networking sites [J]. European Management Journal, 2008, 26 (3): 199-211.

[165] Filson D. The impact of e-commerce strategies on firm value: Lessons from Amazon. com and its early competitors [J]. The Journal of Business, 2004, 77 (S2): S135-S154.

[166] Firk S, Schrapp S, Wolff M. Drivers of value creation—The role of value-based management and underlying institutions [J]. Management Accounting Research, 2016, 33: 42-60.

[167] Fjeldstad D, Snow C C. Business models and organization design [J]. Long Range Planning, 2018, 51 (1): 32-39.

[168] Francis J, Olsson P, Oswald D R. Comparing the accuracy and explainability of dividend, free cash flow, and abnormal earnings equity value estimates [J]. Journal of Accounting Research, 2000, 38 (1): 45-70.

[169] Frey R V, Bayón T, Totzek D. How customer satisfaction affects employee satisfaction and retention in a professional services context [J]. Journal of Service Research, 2013, 16 (4): 503-517.

[170] Frijns B, Margaritis D, Psillaki M. Firm efficiency and stock returns [J]. Journal of Productivity Analysis, 2012, 37 (3): 295-306.

[171] Gallarza M G, Saura I G. Value dimensions, perceived value, satisfaction and loyalty: An investigation of university students' travel behaviour [J]. Tourism Management, 2006, 27 (3): 437-452.

[172] Gao X R, Yang J, Dong W. An improved real option pricing model of internet asset [J]. International Journal of Asian Business and

Information Management（IJABIM），2018，9（2）：15-28.

［173］ García-Fernández J，Gálvez-Ruiz P，Vélez-Colon L，et al. Exploring fitness centre consumer loyalty：Differences of non-profit and low-cost business models in Spain ［J］. Economic Research-Ekonomska Istraživanja，2018，31（1）：1042-1058.

［174］ Garg S. Venture boards distinctive monitoring and implications for firm performance ［J］. Academy of Management Review，2013，38（1）：90-108.

［175］ Gavious I，Schwartz D. The valuation implications of sales growth in start-up ventures ［J］. The Journal of Entrepreneurial Finance（JEF），2009，13（2）：1-24.

［176］ Gawer A，Cusumano M A. Industry platforms and ecosystem innovation ［J］. Journal of Product Innovation Management，2014，31（3）：417-433.

［177］ Gentile C，Spiller N，Noci G. How to sustain the customer experience：An overview of experience components that co-create value with the customer ［J］. European Management Journal，2007，25（5）：395-410.

［178］ Ghandour A M. E-commerce website evaluation framework：An owner's perspective ［D］. Dunedin：University of Otago，2010.

［179］ Goerzen A，Beamish P W. The effect of alliance network diversity on multinational enterprise performance ［J］. Strategic Management Journal，2005，26（4）：333-354.

［180］ Golden P A，Dollinger M. Cooperative alliances and competitive strategies in small manufacturing firms ［J］. Entrepreneurship Theory and Practice，1993，17（4）：43-56.

［181］ Golonka M. Proactive cooperation with strangers：Enhancing complexity of the ICT firms' alliance portfolio and their innovativeness ［J］. European Management Journal，2015，33（3）：168-178.

[182] Gommans M, Krishman K S, Scheffold K B, et al. From brand loyalty to e-loyalty: A conceptual framework [J]. Journal of Economic, 2001, 3 (1): 43-58.

[183] Graham J R, Li S, Qiu J. Managerial attributes and executive compensation [J]. The Review of Financial Studies, 2012, 25 (1): 144-186.

[184] Green A, Ryan J J C H. A framework of intangible valuation areas (FIVA): Aligning business strategy and intangible assets [J]. Journal of Intellectual Capital, 2005, 6 (1): 43-52.

[185] Griffin J M, Harris J H, Topaloglu S. Who drove and burst the tech bubble [J]. The Journal of Finance, 2011, 66 (4): 1251-1290.

[186] Grönroos C, Ravald A. Service as business logic: Implications for value creation and marketing [J]. Journal of Service Management, 2011, 22 (1): 5-22.

[187] Gulati R. Network location and learning: The influence of network resources and firm capabilities on alliance formation [J]. Strategic Management Journal, 1999, 20 (5): 397-420.

[188] Gupta S. Customer-based valuation [J]. Journal of Interactive Marketing, 2009 (23): 169-178.

[189] Gupta S, Hanssens D, Hardie B, et al. Modeling customer lifetime value [J]. Journal of Service Research, 2006, 9 (2): 139-155.

[190] Gupta S, Lehmann D R, Stuart J A. Valuing customers [J]. Journal of Marketing Research, 2004, 41 (1): 7-18.

[191] Habib A, Hossain M. CEO/CFO characteristics and financial reporting quality: A review [J]. Research in Accounting Regulation, 2013, 25 (1): 88-100.

[192] Haenlein M, Kaplan A M, Schoder D. Valuing the real option of abandoning unprofitable customers when calculating customer life-

time value [J]. Journal of Marketing, 2006, 70 (3): 5-20.

[193] Hagedoorn J, Link A N, Vonortas N S. Research partnerships [J]. Research Policy, 2000, 29 (4-5): 567-586.

[194] Hajli M. A research framework for social commerce adoption [J]. Information Management & Computer Security, 2013, 21 (3): 144-154.

[195] Hajli M N. A study of the impact of social media on consumers [J]. International Journal of Market Research, 2014, 56 (3): 387-404.

[196] Hajli N, Sims J. Social commerce: The transfer of power from sellers to buyers [J]. Technological Forecasting and Social Change, 2015, 94: 350-358.

[197] Hallen B L, Eisenhardt K M. Catalyzing strategies and efficient tie formation: How entrepreneurial firms obtain investment ties [J]. Academy of Management Journal, 2012, 55 (1): 35-70.

[198] Hamel G. Leading the revolution: An interview with Gary Hamel [J]. Strategy and Leadership, 2001, 29 (1): 4-10.

[199] Hand J R M. Evidence on the winner-takes-all business model: The profitability returns-to-scale of expenditures on lntangibles made by US internet firms [J]. Journal of Marketing, 2001: 1995-2001.

[200] Hand J R M. Profits, losses and the non-linear pricing of Internet stocks [J]. Intangible Assets: Values, Measures and Risks, 2003: 248-268.

[201] Hein A, Schreieck M, Riasanow T, et al. Digital platform ecosystems [J]. Electronic Markets, 2020, 30 (1): 87-98.

[202] Hennig-Thurau T, Gwinner K P, Walsh G, et al. Electronic word-of-mouth via consumer-opinion platforms: What motivates consumers to articulate themselves on the internet? [J]. Journal of Interactive Marketing, 2004, 18 (1): 38-52.

[203] Hilger S, Mankel S, Richter A. The use and effectiveness of top

executive dismissal [J]. The Leadership Quarterly, 2013, 24 (1): 9-28.

[204] Hinz O, S A. Estimating network effects in two-sided markets [J]. Journal of Management Information Systems, 2020, 37 (1): 12-38.

[205] Holcomb T R, Holmes Jr R M, Connelly B L. Making the most of what you have: Managerial ability as a source of resource value creation [J]. Strategic Management Journal, 2009, 30 (5): 457-485.

[206] Hsu C L, Chen M C. How does gamification improve user experience? An empirical investigation on the antecedences and consequences of user experience and its mediating role [J]. Technological Forecasting and Social Change, 2018, 132: 118-129.

[207] Hsu H C S. Technology timing of IPOs and venture capital incubation. [J]. Journal of Corporate Finance, 2013, 19 (2): 36-55.

[208] Hult G T M. Market-focused sustainability: Market orientation plus! [J]. Journal of the Academy of Marketing Science, 2011, 39 (1): 1-6.

[209] Hur W M, Kim Y, Park K. Assessing the effects of perceived value and satisfaction on customer loyalty: A 'Green' perspective [J]. Corporate Social Responsibility and Environmental Management, 2013, 20 (3): 146-156.

[210] Ip G. Analyst discovers the order in internet stocks valuations [J]. The Wall Street Journal, 1999, 12: 27-99.

[211] Jain B A, Jayaraman N, Kini O. The path-to-profitability of internet IPO firms [J]. Journal of Business Venturing, 2008, 23 (2): 165-194.

[212] Jensen M. Agency costs of free cash flow, corporate finance, and takeovers [J]. American Economic Review, 1986, 76 (2): 323-

329.

[213] Joha A, Janssen M. Design choices underlying the software as a service (saas) business model from the user perspective: Exploring the fourth wave of outsourcing [J]. Journal of Universal Computer Science, 2012, 18 (11): 1501-1522.

[214] Johnson W, Christensen M, Henning K. Reinventing your business mode [J]. Harvard Business Review, 2008, 12 (3): 51-59.

[215] Jones M A, Mothersbaugh D L, Beatty S E. Why customers stay: Measuring the underlying dimensions of services switching costs and managing their differential strategic outcomes [J]. Journal of Business Research, 2002, 55 (6): 441-450.

[216] Jones T O, Sasser J W E. Why satisfied customers defect [J]. Harvard Business Review, 1995, 73 (6): 88-101.

[217] Joo Y H, Kim Y, Yang S J. Valuing customers for social network services [J]. Journal of Business Research, 2011, 64 (11): 1239-1244.

[218] Kagermann H. Change through digitization—Value creation in the age of Industry 4.0 [A] //Management of Permanent Change. Springer Gabler, Wiesbaden, 2015: 23-45.

[219] Kalafut P C, Low J. The value creation index: Quantifying intangible value [J]. Strategy & Leadership, 2001, 29 (5): 9-15.

[220] Kalaignanam K. Essays on New Product Development Alliances [M]. Texas A&M University, 2007.

[221] Kandinskaia O, Lubián F L. Assessing value of a digital company: Uber's IPO 2019 [J]. The CASE Journal, 2021, 17 (4): 588-624.

[222] Kaplan S N, Klebanov M M, Sorensen M. Which CEO characteristics and abilities matter? [J]. The Journal of Finance, 2012, 67 (3): 973-1007.

[223] Kaplan S N, Ruback R S. The valuation of cash flow forecasts: An

empirical analysis [J]. The Journal of Finance, 1995, 50 (4): 1059-1093.

[224] Kapoor R. Ecosystems: Broadening the locus of value creation [J]. Journal of Organization Design, 2018, 7 (1): 1-16.

[225] Kaye B K, Johnson T J. Research methodology: Taming the cyber frontier: Techniques for improving online surveys [J]. Social Science Computer Review, 1999, 17 (3): 323-337.

[226] Keel A L, Lending C E, Marshall B. The impact of online buzz on internet IPO valuation [J]. Journal of Strategic Marketing, 2021, 29 (1): 24-46.

[227] Kemper A. The Valuation of Network Effects in Software Markets [M]. Springer: Verlag Berlin and Heidelberg GmbH & Co. KG, 2012.

[228] Kenney M, Pon B. Structuring the smartphone industry: Is the mobile internet OS platform the key? [J]. Journal of Industry, Competition and Trade, 2011, 11: 239-261.

[229] Khajvand M, Zolfaghar K, Ashoori S, et al. Estimating customer lifetime value based on RFM analysis of customer purchase behavior: Case study [J]. Procedia Computer Science, 2011, 3: 57-63.

[230] Khoma I, Kostiuk-Pukaliak O. Improvement of tools for cash flow analysis of e-commerce companies [J]. Financial and Credit Activity Problems of Theory and Practice, 2019, 3 (30): 305-314.

[231] Kim K, Yoo B, Kauffman R J. Valuation of participation in social gaming [J]. International Journal of Electronic Commerce, 2013, 18 (2): 11-50.

[232] Kim M-K, Park M-C, Jeong D-H. The effects of customer satisfaction and switching barrier on customer loyalty in Korean mobile telecommunication services [J]. Telecommunications Policy, 2004, 28 (2): 145-159.

[233] Kim W G. EVA and traditional accounting measures: Which metric

is a better predictor of market value of hospitality companies? [J]. Journal of Hospitality & Tourism Research, 2006, 30 (1): 34-49.

[234] Kode G V M, Ford J C, Sutherland M M. A conceptual model for evaluation of synergies in mergers and acquisitions: A critical review of the literature [J]. South African Journal of Business Management, 2003, 34 (1): 27-38.

[235] Koller T, Goedhart M, Wessels D. Valuation-Measuring and Managing the Value of Companies, 5th Edition [M]. Hoboken: John Wiley & Sons Inc, 2010.

[236] Koski H, Kässi O, Braesemann F. Killers on the road of emerging start-ups—Implications for market entry and venture capital financing [R]. ETLA Working Papers, 2020: 1-27.

[237] Kotha S, Rajgopal S, Rindova V. Reputation building and performance: An empirical analysis of the top-50 pure internet firms [J]. European Management Journal, 2001a, 19 (6): 571-586.

[238] Kotha S, Rindova V P, Rothaermel F T. Assets and actions: Firm-specific factors in the internationalization of US Internet firms [J]. Journal of International Business Studies, 2001b, 32 (4): 769-791.

[239] Kretschmer T, Leiponen A, Schilling M, et al. Platform ecosystems as meta-organizations: Implications for platform strategies [J]. Strategic Management Journal, 2022, 43 (3): 405-424.

[240] Kübler R, Seifert R, Kandziora M. Content valuation strategies for digital subscription platforms [J]. Journal of Cultural Economics, 2021, 45 (2): 295-326.

[241] Kumar V, Ramani G, Bohling T. Customer lifetime value approaches and best practice applications [J]. Journal of Interactive Marketing, 2004, 18 (3): 60-72.

[242] Kuo Y-F, Wu C-M, Deng W-J. The relationships among service quality, perceived value, customer satisfaction, and post-purchase

intention in mobile value-added services [J]. Computers in Human Behavior, 2009, 25 (4): 887-896.

[243] Kurnia P, Darlis E, Putr A A. Carbon emission disclosure, good corporate governance, financial performance, and firm value [J]. The Journal of Asian Finance, Economics, and Business, 2020, 7 (12): 223-231.

[244] Laitinen E K. Discounted Cash Flow (DCF) as a measure of startup financial success [J]. Theoretical Economics Letters, 2019, 9 (8): 2997-3020.

[245] Lansing K J. Speculative growth, overreaction, and the welfare cost of technology-driven bubbles [J]. Journal of Economic Behavior & Organization, 2012, 83 (3): 461-483.

[246] Lavie D, Stettner U, Tushman M L. Exploration and exploitation within and across organizations [J]. Academy of Management Annals, 2010, 4 (1): 109-155.

[247] Lawler E J, Thye S R. Bringing emotions into social exchange theory [J]. Annual Review of Sociology, 1999, 25 (1): 217-244.

[248] Lazer R, Lev B, Livnat J. Internet traffic and portfolio returns [J]. Financial Analysts Journal, 2001, 57 (3): 30-40.

[249] Lepak D P, Smith K G, Taylor M S. Value creation and value capture: A multilevel perspective [J]. Academy of Management Review, 2007, 32 (1): 180-194.

[250] Liao J, Kickul J R, Ma H. Organizational dynamic capability and innovation: An empirical examination of internet firms [J]. Journal of small business management, 2009, 47 (3): 263-286.

[251] Libby T, Salterio S E, Webb A. The balanced scorecard: The effects of assurance and process accountability on managerial judgment [J]. The Accounting Review, 2004, 79 (4): 1075-1094.

[252] Lindsey L. Blurring firm boundaries: The role of venture capital in

strategic alliances［J］. The Journal of Finance, 2008, 63 (3):
1137-1168.

[253] Liu L X, Sherman A E, Zhang Y. The role of the media in initial
public offerings［J］. DePaul University and Hong Kong University
of Science & Technology Working Paper, 2009: 1-42.

[254] Livne G, Simpson A, Talmor E. Do Customer acquisition cost, re-
tention and usage matter to firm performance and valuation?［J］.
Journal of Business Finance & Accounting, 2011, 38 (3-4):
334-363.

[255] Lounsbury M, Glynn M A. Cultural entrepreneurship: Stories, le-
gitimacy, and the acquisition of resources［J］. Strategic Manage-
ment Journal, 2001, 22 (6-7): 545-564.

[256] Lou S Z, Wang J X, Xia J. Understanding the boundary decision of
digital platform enterprises［J］. Industrial Management & Data Sys-
tems, 2022, 122 (1): 235-250.

[257] Luo X, Homburg C, Wieseke J. Customer satisfaction, analyst stock
recommendations, and firm value［J］. Journal of Marketing Research,
2010, 47 (6): 1041-1058.

[258] Luo X, Zhang J, Duan W. Social media and firm equity value［J］.
Information Systems Research, 2013, 24 (1): 146-163.

[259] Ma L, Feng J, Feng Z, et al. Research on user loyalty of short video
app based on perceived value—Take TikTok as an example［C］//
2019 16th International Conference on Service Systems and Service
Management (ICSSSM). IEEE, 2019: 1-6.

[260] Ma L, Gao S, Zhang X. How to use live streaming to improve con-
sumer purchase intentions: Evidence from China［J］. Sustainabili-
ty, 2022, 14 (2): 1045.

[261] Magretta J. Why business models matter［J］. Harvard Business Re-
view, 2002, 80 (5): 86-92+133.

[262] Maines L A, Bartov E, Fairfield P M, et al. Recommendations on disclosure of nonfinancial performance measures [J]. Accounting Horizons, 2002, 16 (4): 353-362.

[263] Markides C C. A dynamic view of strategy [J]. Sloan Management Review, 1999, 40 (3): 55-63.

[264] Martens B. Data access, consumer interests and social welfare-An economic perspective on data [C] //Data Access, Consumer Interests and Public Welfare. Nomos Verlagsgesellschaft mbH & Co. KG, 2021: 69-102.

[265] Martínez-Noya A, Narula R. What more can we learn from R&D alliances? A review and research agenda [J]. BRQ Business Research Quarterly, 2018, 21 (3): 195-212.

[266] Massa L, Tucci C L, Afuah A. A critical assessment of business model research [J]. Academy of Management Annals, 2017, 11 (1): 73-104.

[267] Matook S. Measuring the performance of electronic marketplaces: An external goal approach study [J]. Decision Support Systems, 2013, 54 (2): 1065-1075.

[268] McGoldrick P J, Andre E. Consumer misbehaviour: Promiscuity or loyalty in grocery shopping [J]. Journal of Retailing and Consumer Services, 1997, 4 (2): 73-81.

[269] McIntyre D P, Srinivasan A. Networks, platforms, and strategy: Emerging views and next steps [J]. Strategic Management Journal, 2017, 38 (1): 141-160.

[270] McVay S E. Earnings management using classification shifting: An examination of core earnings and special items [J]. The Accounting Review, 2006, 81 (3): 501-531.

[271] Melville N, Kraemer K, Gurbaxani V. Review: Information technology and organizational performance: An integrative model of IT

business value [J]. MIS Quarterly, 2004, 28 (2): 283-322.

[272] Milunovich S, Tsuei A. EVA in the computer industry [J]. Journal of Applied Corporate Finance, 1996, 9 (1): 104-116.

[273] Moghaddam K, Bosse D A, Provance M. Strategic alliances of entrepreneurial firms: Value enhancing then value destroying [J]. Strategic Entrepreneurship Journal, 2016, 10 (2): 153-168.

[274] Morris M H, Shirokova G, Shatalov A. The business model and firm performance: The case of Russian food service ventures [J]. Journal of Small Business Management, 2013, 51 (1): 46-65.

[275] Nambisan S, Siegel D, Kenney M. On open innovation, platforms, and entrepreneurship [J]. Strategic Entrepreneurship Journal, 2018, 12 (3): 354-368.

[276] Nekrasov A, Shroff P K. Fundamentals-based risk measurement in valuation [J]. The Accounting Review, 2009, 84 (6): 1983-2001.

[277] Nenonen S, Storbacka K. Business model design: Conceptualizing networked value co-creation [J]. International Journal of Quality and Service Sciences, 2010, 2 (1): 43-59.

[278] Newbert S L, Tornikoski E T, Quigley N R. Exploring the evolution of supporter networks in the creation of new organizations [J]. Journal of Business Venturing, 2013, 28 (2): 281-298.

[279] Ng I C L, Ding D X, Yip N. Outcome-based contracts as new business model: The role of partnership and value-driven relational assets [J]. Industrial Marketing Management, 2013, 42 (5): 730-743.

[280] Obloj T, Capron L. Role of resource gap and value appropriation: Effect of reputation gap on price premium in online auctions [J]. Strategic Management Journal, 2011, 32 (4): 10.

[281] Oh J, Koh B, Raghunathan S. Value appropriation between the platform provider and App developers in mobile platform mediated

networks [J]. Journal of Information Technology, 2015, 30 (3):
245-259.

[282] Oliver R L. Whence consumer loyalty? [J]. Journal of Marketing,
1999: 33-44.

[283] Ordanini A, Pasini P. Service co-production and value co-creation:
The case for a Service-Oriented Architecture (SOA) [J]. Europe-
an Management Journal, 2010, 26 (5): 289-297.

[284] Osterwalder A, Pigneur Y, Tucci C. Clarifying business models:
origins, present, and future of the concept [J]. Communications
of Association for Information Systems, 2005, 15 (01): 1-43.

[285] Ozcan S, Overby M L. A cognitive model of stock market reactions
to multi-firm alliance announcements [J]. Strategic Organization,
2008, 6 (4): 435-469.

[286] Pae J H, Hyun J S. Technology advancement strategy on patronage
decisions: The role of switching costs in high-technology markets
[J]. Omega, 2006, 34 (1): 19-27.

[287] Pagani M. Digital business strategy and value creation: Framing the dy-
namic cycle of control points [J]. MIS Quarterly, 2013: 617-632.

[288] Parker G G, Van Alstyne M W. Two-sided network effects: A the-
ory of information product design [J] . Management Science,
2005, 51 (10): 1494-1504.

[289] Parker G, Petropoulos G, Van Alstyne M. Platform mergers and
antitrust [J]. Industrial and Corporate Change, 2021, 30 (5):
1307-1336.

[290] Park N K, Mezias J M, Song J. A resource-based view of strategic
alliances and firm value in the electronic marketplace [J]. Journal
of Management, 2004, 30 (1): 7-27.

[291] Patterson P G, Spreng R A. Modelling the relationship between per-
ceived value, satisfaction and repurchase intentions in a business-

to-business, services context: An empirical examination [J]. International Journal of Service Industry Management, 1997, 8 (5): 414-434.

[292] Pekař J. Importance of managerial accounting from high growth online company valuation perspective [J]. European Financial and Accounting Journal, 2017, 12 (3): 129-144.

[293] Peteraf M A. The cornerstones of competitive advantage: A resource-based view [J]. Strategic Management Journal, 1993 (14): 179-191.

[294] Priem R L, Wenzel M, Koch J. Demand-side strategy and business models: Putting value creation for consumers center stage [J]. Long Range Planning, 2018, 51 (1): 22-31.

[295] Puri M, Zarutskie R. On the life cycle dynamics of venture-capital- and non-venture-capital-financed firms [J]. Journal of Finance, 2012, 67 (6): 2247-2293.

[296] Qiu L, Benbasat I. Online consumer trust and live help interfaces: The effects of text-to-speech voice and three-dimensional avatars [J]. International Journal of Human-Computer Interaction, 2005, 19 (1): 75-94.

[297] Rajgopal S, Kotha S, Venkatachalam M. The relevance of web traffic for stock prices of internet firms [J]. Available at SSRN, 2000.

[298] Rajgopal S, Shevlin T, Venkatachalam M. Does the stock market fully appreciate the implications of leading indicators for future earnings? Evidence from order backlog [J]. Review of Accounting Studies, 2003a, 8 (4): 461-492.

[299] Rajgopal S, Venkatachalam M, Kotha S. Managerial actions, stock returns, and earnings: The case of business-to-business internet firms [J]. Journal of Accounting Research, 2002, 40 (2): 529-556.

[300] Rajgopal S, Venkatachalam M, Kotha S. The value relevance of

network advantages: The case of e-commerce firms [J]. Journal of Accounting Research, 2003b, 41 (1): 135-162.

[301] Rappaport A. Creating Shareholder Value: A Guide for Managers and Investors [M]. Simon and Schuster, 1999.

[302] Reddy K S, Agrawal R, Nangia V K. Reengineering, crafting and comparing business valuation models—The advisory exemplar [J]. In-ternational Journal of Commerce and Management, 2013, 23 (3): 216-241.

[303] Reddy N R, Rajesh M, Reddy T N. Valuation through EVA and traditional measures an empirical study [J]. International Journal of Trade, Economics and Finance, 2011, 2 (1): 19.

[304] Rhodes-Kropf M, Robinson D T, Viswanathan S. Valuation waves and merger activity: The empirical evidence [J]. Journal of Financial Economics, 2005 (77): 561-603.

[305] Rindfleisch A, Moorman C. The acquisition and utilization of information in new product alliances: A strength-of-ties perspective [J]. Journal of Marketing, 2001, 65 (2): 1-18.

[306] Ritala P, Golnam A, Wegmann A. Coopetition-based business models: The case of Amazon. com [J]. Industrial Marketing Management, 2014, 43 (2): 236-249.

[307] Roma P, Vasi M. Diversification and performance in the mobile app market: The role of the platform ecosystem [J]. Technological Forecasting and Social Change, 2019, 147: 123-139.

[308] Rong K, Li B, Peng W, et al. Sharing economy platforms: Creating shared value at a business ecosystem level [J]. Technological Forecasting and Social Change, 2021, 169: 120804.

[309] Rothaermel F T, Deeds D L. Exploration and exploitation alliances in biotechnology: A system of new product development [J]. Strategic Management Journal, 2004, 25 (3): 21.

[310] Rowley T, Behrens D, Krackhardt D. Redundant governance structures: An analysis of structural and relational embeddedness in the steel and semiconductor industries [J]. Strategic Management Journal, 2000, 21 (3): 19.

[311] Ryan H E, Trahan E A. Corporate financial control mechanisms and firm performance: The case of value-based management systems [J]. Journal of Business Finance & Accounting, 2007, 34 (1-2): 111-138.

[312] Sabine M. Measuring the performance of electronic marketplaces: An external goal approach study [J]. Decision Support Systems, 2013, 54: 1065-1075.

[313] Sakakibara M. Formation of R&D consortia: Industry and company effects [J]. Strategic Management Journal, 2002, 23 (11): 1033-1050.

[314] Sakouvogui K. A comparative approach of stochastic frontier analysis and data envelopment analysis estimators: Evidence from banking system [J]. Journal of Economic Studies, 2020, 47 (7): 1787-1810.

[315] Sanou F H, Le Roy F, Gnyawali D R. How does centrality in coopetition networks matter? An empirical investigation in the mobile telephone industry [J]. British Journal of Management, 2016, 27: 143-160.

[316] Santoso A S, Wahyuni S. Maximizing strategic alliances in the multi-sided platform firms [J]. International Journal of Business, 2018, 23 (1): 26-53.

[317] Santosuosso P. Do efficiency ratios help investor to explore firm performances? Evidence from Italian listed firms [J]. Interna-tional Business Research, 2014, 7 (12): 110-112.

[318] Schmidt J, Keil T. What makes a resource valuable? Identifying the drivers of firm-idiosyncratic resource value [J]. Academy of

Management Review, 2013, 38 (2): 206-228.

[319] Schreieck M, Wiesche M, Krcmar H. Capabilities for value co-creation and value capture in emergent platform ecosystems: A longitudinal case study of SAP's cloud platform [J]. Journal of Information Technology, 2021, 36 (4): 365-390.

[320] Schwartz E S, Moon M. Rational pricing of internet companies [J]. Financial Analysts Journal, 2000, 56 (3): 62-75.

[321] Semmler W, Bernard L. Boom-bust cycles: Leveraging, complex securities, and asset prices [J]. Journal of Economic Behavior & Organization, 2012, 81 (2): 442-465.

[322] Serrano-Cinca C, Fuertes-Callén Y, Mar-Molinero C. Measuring DEA efficiency in Internet companies [J]. Decision Support Systems, 2005, 38 (4): 557-573.

[323] Shane S, Cable D. Network ties, reputation, and the financing of new ventures [J]. Management Science, 2002, 48 (3): 364-381.

[324] Sharma N. The role of pure and quasi-moderators in services: An empirical investigation of ongoing customer-service-provider relationships [J]. Journal of Retailing and Consumer services, 2003, 10 (4): 253-262.

[325] Sharma V M, Klein A. Consumer perceived value, involvement, trust, susceptibility to interpersonal influence, and intention to participate in online group buying [J]. Journal of Retailing and Consumer Services, 2020, 52: 101946.

[326] Sheng M L, Teo T S H. Product attributes and brand equity in the mobile domain: The mediating role of customer experience [J]. International Journal of Information Management, 2012, 32 (2): 139-146.

[327] Sheth J N, Newman B I, Gross B L. Why we buy what we buy: A theory of consumption values [J]. Journal of Business Research,

1991, 22 (2): 159-170.

[328] Sievers S, Mokwa C F, Keienburg G. The relevance of financial versus non-financial information for the valuation of venture capital-backed firms [J]. European Accounting Review, 2013, 22 (3): 467-511.

[329] Simon F, Roederer C. When social intrusiveness depletes customer value: A balanced perspective on the agency of simultaneous sharers in a commercial sharing experience [J]. Psychology & Marketing, 2019 (36): 1082-1097.

[330] Singh V. Did institutions herd during the internet bubble [J]. Review of Quantitative Finance and Accounting, 2013, 41 (3): 513-534.

[331] Sirdeshmukh D, Singh J, Sabol B. Consumer trust, value, and loyalty in relational exchanges [J]. Journal of Marketing, 2002, 66 (1): 15-37.

[332] Sirmon D G, Hitt M A, Ireland R D. Managing firm resources in dynamic environments to create value: Looking inside the black box [J]. Academy of Management Review, 2007 (32): 273-292.

[333] Sirmon D G, Hitt M A. Managing resources: Linking unique resources, management, and wealth creation in family firms [J]. Entrepreneurship Theory and Practice, 2003, 27 (4): 339-358.

[334] Smith E R. E-loyalty: How to Keep Customers Coming Back to Your Website [M]. HarperInformation, 2000.

[335] Soares A M, Pinho J C. Advertising in online social networks: The role of perceived enjoyment and social influence [J]. Journal of Research in Interactive Marketing, 2014, 8 (3): 245-263.

[336] Soto-Acosta P, Meroño-Cerdan A L. Analyzing e-business value creation from a resource-based perspective [J]. International Journal of Information Management, 2008, 28 (1): 49-60.

[337] Sousa M, Pinho M. Is internet industry facing an IPO Bubble 2. 0?

[J]. Available at SSRN 2533383, 2014.

[338] Srinivasan S, Hanssens D M. Marketing and firm value: Metrics, methods, findings, and future directions [J]. Long-term Impact of Marketing: A Compendium, 2018: 461-519.

[339] Stähler P. Business models as an unit of analysis for strategizing [C] //International workshop on business models, Lausanne, Switzerland. 2002, 45 (7): 2990-2995.

[340] Stewart D W, Zhao Q. Internet marketing, business models, and public policy [J]. Journal of Public Policy Marketing, 2000, 19 (3): 287-296.

[341] Stuart T E. Interorganizational alliances and the performance of firms: A study of growth and innovation rates in a high-technology industry [J]. Strategic Management Journal, 2000, 21 (8): 21.

[342] Stuart T, Hoang H, Hybels R C. Interorganizational endorsements and the performance of entrepreneurial ventures [J]. Administrative Science Quarterly, 1999, 44 (2): 315-349.

[343] Sullivan D, Jiang Y. Media convergence and the impact of the Internet on the M&A activity of large media companies [J]. Journal of Media Business Studies, 2010, 7 (4): 21-40.

[344] Sun T, Youn S, Wu G, et al. Online word-of-mouth (or mouse): An exploration of its antecedents and consequences [J]. Journal of Computer-Mediated Communication, 2006, 11 (4): 1104-1127.

[345] Sun Y, Shao X, Li X, et al. How live streaming influences purchase intentions in social commerce: An IT affordance perspective [J]. Electronic Commerce Research and Applications, 2019, 37: 100886.

[346] Swaminathan V, Moorman C. Marketing alliances, firm networks, and firm value creation [J]. Journal of Marketing, 2009, 73 (5): 52-69.

[347] Sweeney J C, Soutar G N. Consumer perceived value: The develop-ment of a multiple item scale [J]. Journal of Retailing, 2001, 77 (2): 203-220.

[348] Szymanski D M, Henard D H. Customer satisfaction: A meta-anal-ysis of the empirical evidence [J]. Journal of the Academy of Mar-keting Science, 2001, 29 (1): 16-35.

[349] Tallau C. A customer-based stochastic valuation approach for growth companies [J]. Available at SSRN 924155, 2006.

[350] Teece D J. Business models, business strategy and innovation [J]. Long Range Planning, 2010, 43 (23): 172-194.

[351] Thomas J A. Meaning in Interaction: An Introduction to Pragmatics [M]. Routledge, 2014.

[352] Thomas R, Gup B E. The Valuation Handbook: Valuation Tech-niques from Today's Top Practitioners [M]. Hoboken: John Wiley & Sons, Inc, 2009.

[353] Tian C H, Ray B K, Lee J, et al. BEAM: A framework for busi-ness ecosystem analysis and modeling [J]. IBM Systems Journal, 2008, 47 (1): 101-114.

[354] Timmers P. Electronic markets on internet marketing [J]. Ele-ctronic Markets, 2013, 23 (03): 173-174.

[355] Tiwana A, Konsynski B, Bush A. Platform evolution: Coevolution of platform architecture, governance, and environmental dynamics [J]. Information Systems Research, 2010, 21 (4): 675-687.

[356] Trueman B, Wong M H F, Zhang X J. The eyeballs have it: Searching for the value in internet stocks [J]. Journal of Account-ing Research, 2000, 38 (sup): 137-162.

[357] Tsai H T, Huang H C, Jaw Y L, et al. Why on-line customers remain with a particular e-retailer: An integrative model and empirical evi-dence [J]. Psychology & Marketing, 2006, 23 (5): 447-464.

[358] Tseng T C, Ho J C. Exploring the Impact of Network Alliance on Digital Transformation Performance [C]//ISPIM Conference Proceedings. The International Society for Professional Innovation Management (ISPIM), 2021: 1-8.

[359] Uzzi B. Social structure and competition in interfirm networks: The paradox of embeddedness [J]. Administrative Science Quarterly, 1997, 42 (1): 35-67.

[360] van Beers C, Zand F. R&D cooperation, partner diversity, and innovation performance: An empirical analysis [J]. Journal of Product Innovation Management, 2014, 31 (2): 292-312.

[361] van der Goot T, van Giersbergen N, Botman M. What determines the survival of internet IPOs? [J]. International Journal of Quality and Service Sciences, 2009, 41 (5): 547-561.

[362] van der Heijden H. User acceptance of hedonic information systems [J]. MIS Quarterly, 2004, 4: 695-704.

[363] Verhoef P C, Lemon K N, Parasuraman A, et al. Customer experience creation: Determinants, dynamics and management strategies [J]. Journal of Retailing, 2009, 85 (1): 31-41.

[364] Villanueva J, Yoo S, Hanssens D M. The impact of marketing-induced versus word-of-mouth customer acquisition on customer equity growth [J]. Journal of Marketing Research, 2008, 45 (1): 48-59.

[365] Vogt S C. The cash flow/investment relationship: Evidence from US manufacturing firms [J]. Financial Management, 1994: 3-20.

[366] Wagner S, Cockburn I. Patents and the survival of Internet-related IPOs [J]. Research Policy, 2010, 39 (2): 214-228.

[367] Walsh G, Beatty S E. Customer-based corporate reputation of a service firm: Scale development and validation [J]. Journal of the Academy of Marketing Science, 2007, 35 (1): 127-143.

[368] Walsh G, Shiu E, Hassan L M. Replicating, validating, and reducing the length of the consumer perceived value scale [J]. Journal of Business Research, 2014, 67 (3): 260-267.

[369] Walters B A, Le S A, Kroll M. Post-IPO governance and top management team rent generation and appropriation [J]. Journal of Business Research, 2015, 68 (1): 47-55.

[370] Wang C H, Quan X I. The effect of R&D alliance diversity and network position on firm innovation performance: Evidence from the emerging biotechnology industry [J]. Science, Technology and Society, 2017, 22 (3): 407-424.

[371] Wang G. Managerial ability and informed insider trading [J]. SSRN Electron J. doi, 2013, 10.

[372] Wang H, Wuebker R J, Han S, et al. Strategic alliances by venture capital backed firms: An empirical examination [J]. Small Business Economics, 2012a, 38 (2): 179-196.

[373] Wang X, Yu C, Wei Y. Social media peer communication and impacts on purchase intentions: A consumer socialization framework [J]. Journal of Interactive Marketing, 2012b, 26 (4): 198-208.

[374] Wan X, Wang N, Liu B S C. Impact of O2O platform multihoming and vertical integration on performance of local service firms-a quantile regression approach [J]. Internet Research, 2020, 30 (5): 1583-1610.

[375] Weir K. Examining the theoretical influences of customer valuation metrics [J]. Journal of Marketing Management, 2008, 24 (7-8): 797-824.

[376] Wiesel T, Skiera B, Villanueva J. Customer equity: An integral part of financial reporting [J]. Journal of Marketing, 2008, 72 (2): 1-14.

[377] Wirtz B W, Schilke O, Ullrich S. Strategic development of business

models: Implications of the Web 2.0 for creating value on the internet [J]. Long Range Planning, 2010, 43 (2-3): 272-290.

[378] Wongkitrungrueng A, Dehouche N, Assarut N. Live streaming commerce from the sellers' perspective: Implications for online relationship marketing [J]. Journal of Marketing Management, 2020, 36 (5-6): 488-518.

[379] Xia M, Zhao K, Mahoney J T. Enhancing value via cooperation: Firms' process benefits from participation in a standard consortium [J]. Industrial and Corporate Change, 2012, 21 (3): 699-729.

[380] Xie J, Lv T, Tong P, et al. How does the efficiency of value realization on a platform influence sustainability transition? A case of the power industry in China [J]. Frontiers in Energy Research, 2021, 8: 411.

[381] Xue X, Jiang H. The Corporate Board Structure, Ownership Retention and IPO Underpricing: Evidence from China [C]//2021 5th Annual International Conference on Data Science and Business Analytics (ICDSBA). IEEE, 2021: 337-342.

[382] Yablonsky S. A multidimensional platform ecosystem framework [J]. Kybernetes: The International Journal of Systems & Cybernetics, 2019, 49 (7): 2003-2035.

[383] Yadav P L, Han S H, Rho J J. Impact of environmental performance on firm value for sustainable investment: Evidence from large US firms [J]. Business Strategy and the Environment, 2016, 25 (6): 402-420.

[384] Yang C C, Tang X, Dai Q, et al. Identifying implicit and explicit relationships through user activities in social media [J]. International Journal of Electronic Commerce, 2013, 18 (2): 73-96.

[385] Yang D H, Kwon Y, Rho J J, et al. The value drivers of US Internet retailers [J]. Review of Pacific Basin Financial Markets and

Policies, 2003, 6 (03): 253-271.

[386] Yang Z, Peterson R T. Customer perceived value, satisfaction, and loyalty: The role of switching costs [J]. Psychology & Marketing, 2004, 21 (10): 799-822.

[387] Yang Z, Xie L, Shen Q. Research on Financial Financing Mode of SME Supply Chain based on B2B E-commerce Platform [C]//2018 International Symposium on Social Science and Management Innovation (SSMI 2018). Atlantis Press, 2019: 502-507.

[388] Yi-Ting Y, Alison D. The contribution of emotional satisfaction to consumer loyalty [J]. International Journal of Service Industry Management, 2001, 12 (3): 234-250.

[389] Yu Y T, Dean A. The contribution of emotional satisfaction to consumer loyalty [J]. International Journal of Service Industry Management, 2001, 12 (3): 234-250.

[390] Zhang M, Sun L, Qin F, et al. E-service quality on live streaming platforms: Swift guanxi perspective [J]. Journal of Services Marketing, 2021, 35 (3): 312-324.

[391] Zhang X. Introduction to statistical learning theory and support vector machines [J]. Acta Automation Sinica, 2000, 26 (1): 32-41.

[392] Zhong J, Nieminen M. Resource-based co-innovation through platform ecosystem: Experiences of mobile payment innovation in China [J]. Journal of Strategy and Management, 2015, 8 (3): 283-298.

[393] Zhou Y, Hong Y, Liu J. Internal commitment or external collaboration? The impact of human resource management systems on firm innovation and performance [J]. Human Resource Management, 2013, 52 (2): 263-288.

[394] Zhu F, Liu Q. Competing with complementors: An empirical look at Amazon. com [J]. Strategic Management Journal, 2018, 39

（10）：2618-2642.

[395] Zoric J. Connecting business models with service platform designs: Exploiting potential of scenario modeling ［J］. Telematics and Informatics, 2011, 28 （1）: 40-54.

图书在版编目（CIP）数据

互联网平台价值创造、评估和提升／段文奇等著
. -- 北京：社会科学文献出版社，2024.10
（浙江省哲学社会科学规划后期资助课题成果文库）
ISBN 978-7-5228-3212-8

Ⅰ.①互…　Ⅱ.①段…　Ⅲ.①网络公司-企业管理-
研究-中国　Ⅳ.①F279.244.4

中国国家版本馆 CIP 数据核字（2024）第 024378 号

浙江省哲学社会科学规划后期资助课题成果文库
互联网平台价值创造、评估和提升

著　　者／段文奇 等

出 版 人／冀祥德
责任编辑／陈凤玲
文稿编辑／陈丽丽
责任印制／王京美

出　　版／社会科学文献出版社·经济与管理分社（010）59367226
　　　　　地址：北京市北三环中路甲 29 号院华龙大厦　邮编：100029
　　　　　网址：www.ssap.com.cn
发　　行／社会科学文献出版社（010）59367028
印　　装／三河市东方印刷有限公司

规　　格／开本：787mm×1092mm　1/16
　　　　　印 张：18.75　字 数：269 千字
版　　次／2024 年 10 月第 1 版　2024 年 10 月第 1 次印刷
书　　号／ISBN 978-7-5228-3212-8
定　　价／128.00 元

读者服务电话：4008918866